Die Weisheit der Steine

Sabine Korsukéwitz

Die Weisheit der Steine

Faszinierende Wegbegleiter des Menschen

© Heinrich Hugendubel Verlag, Kreuzlingen/München 2003,
alle Rechte vorbehalten.

Lizenzausgabe für KOMET Verlag GmbH, Köln
www.komet-verlag.de
Covermotiv: picture alliance/GODONG
ISBN 978-3-89836-612-0

Inhalt

Vorwort
Ein Stein ist ein Stein ist ein Stein … 7

1.
Die Steinzeitrevolution – Feuerstein 10

2.
Von Hünengräbern und Hinkelsteinen 26

3.
Jade und Türkis – Zwei Edelsteine der Vorzeit 41

4.
Ursuppe oder Höllenfeuer. Die Geschichte der Geowissenschaften im Schnelldurchgang 60

5.
Edelsteinräuber und Königsprivilegien 79

6.
Wie Quasimodo Paris rettete – Stein in der Romantik 98

7.
Himmelssteine und Sternenmetall 108

8.
A Girl's Best Friends … 120

9.
Die heilende Kraft der Steine 144

10.
Magier, Schamanen, Zaubersteine 171

11.
Die schönste Nase der Welt 185

12.
Der raue Stein – Die Welt der Baumeister 203

13.
Botschaften aus der Vergangenheit 221

14.
Suiseki – Die japanische Kunst, Steine zu bewundern 237

Nachwort
An einem Fluss in Afrika 247

Danksagung 250

Weiterführende Literatur 251

Anmerkungen 253

Vorwort
Ein Stein ist ein Stein ist ein Stein ...

Denken Sie sich einen Stein. Einen, der Ihnen angenehm ist, den Sie gerne in der Hand halten möchten. Einen, der Ihnen Ruhe, Wohlgefühl vermittelt. Es wird ein glatter Stein sein, ein rundlich geschliffener Kiesel vielleicht, etwas abgeflacht, oval. Langsam erwärmt er sich in Ihrer Hand, seine Farbe intensiviert sich.

Ich bin sicher, die meisten von Ihnen haben nicht an einen eckigen Stein gedacht, einen Würfel oder an einen rauen Stein, frisch gebrochen mit kantiger Oberfläche. Es sind immer wieder die bereits geglätteten, rundlichen Steine, die uns unwillkürlich anziehen, nach denen wir uns bücken, mit denen wir uns am Strand die Taschen füllen. Diese und dann die mit den schönen Farben. Durchscheinende Steine, Kristalle. Sie sind greifbar gewordenes Licht und Menschen haben sie begehrt, solange es Menschen gibt.

Vor mir auf meinem Schreibtisch steht eine kleine, sechskantige Amethystsäule, natürlich gewachsen, sieben Zentimeter hoch, etwa drei Zentimeter im Durchmesser. Sie hat eine Farbe, die mich berührt, ohne, dass ich sagen könnte warum. Nicht glasklar und rein – Amethyste sind selten klar, nicht so große Stücke. Mein Kristall ist wolkig, hat Risse und Einschlüsse, die das Licht brechen und ihn flüssig und irgendwie lebendig wirken lassen. Auf mich wirkt so ein Kristall, als wäre er ein flirrendes, lebendiges Wesen, das durch einen

Zauber in der Bewegung eingefroren, aus dem Lauf der Zeit genommen wäre.

Manche glauben, dass Steine leben, ebenso wie Pflanzen und Tiere und Menschen, nur sehr viel langsamer. So langsam, dass wir ihre Bewegungen nicht wahrnehmen können und sie wahrscheinlich nicht die unseren. Ist es das, was uns am Stein so anzieht? Seine Ruhe, sein Außer-der-Zeit-Stehen?

Stein hat viele Aspekte und Bedeutungen in der Kultur der Menschheit. Es ist das faszinierendste Material, das uns zur Verfügung steht, das vielfältigste und haltbarste, das erste Material, das vom Menschen bearbeitet wurde. An ihm versuchte sich der Mensch als Schöpfer. An der Arbeit mit ihm schulte er viele Fähigkeiten: Beobachtung, kreative Veränderung seiner Umwelt, Logik, abstraktes Denken, Zusammenarbeit in der Gruppe, Kommunikation. Und er erfand die ersten mechanischen Werkzeuge.

Ich kenne kaum jemanden, der von Stein ganz ungerührt bleibt, der niemals einen schönen Kiesel aus dem Bach oder vom Strand mit nach Hause genommen hat. Damit fängt es an.

Lassen Sie uns zusammen einen Spaziergang machen durch die Kulturgeschichte der Menschheit und ein paar Steine aufheben, sie näher anschauen:

Eine Feuersteinknolle – wie sich aus ihr und um sie herum Industrie und Handel entwickelt hat. Ein schwärzliches Stück Himmelsmetall in Babylon zu einem magischen Schwert verschmolzen; ein anderes ruht wahrscheinlich in Mekka in einem Kubus aus Stein, von schwarzem Tuch verhüllt. Kein Christ wird es je ansehen oder untersuchen dürfen.

Ein Findling – er erinnert an die so genannten Hünengräber, an Kelten, an Stonehenge: Welche ungeheuren Mühen und welchen Erfindungsgeist hat man da entwickelt. Warum, wozu?

Ein Türkis führt uns zu den Indianern von Arizona und New-Mexico, zu den alten Pueblo-Kulturen, Marmor zu den Bildhauern der griechischen Klassik. Die Steinbildhauer der Moderne bevorzugen Granit und sind zu den Ursprüngen lange vor dieser Klassik zurückgekehrt. Ich traf eine ostdeutsche Bildhauerin, die jetzt nur noch Landschaften mit Findlingen garniert. Sie bearbeitet sie gar nicht mehr.

Bildhauer und Architekten von Babylon bis zum Dritten Reich haben sich vom Stein zur Hybris verführen lassen, haben ihn dazu missbraucht, sich eine Unsterblichkeit anzueignen, die ihnen nicht zustand. Die Ideen von Völkern und Epochen sind in Stein festgehalten. Auch die Erbauer der christlichen Kathedralen wussten sehr wohl um die einschüchternde Wirkung von Stein. Und dann sieht man, wie die uralten Stufen ausgetreten sind, als wären sie aus Ton, die Monumente bröckeln, und die Schrift der Grabsteine ist fast ausgelöscht. Das macht demütig – eine andere Wirkung von Stein.

Edelsteine – viel mehr als Schmuck, mystifiziert in den Schriften der altägyptischen Magier so wie in der Bibel. Hartnäckig hält sich das Gerücht, die Atlanter hätten bereits Datenkristalle besessen – leider eine Fantasterei: Bei dem Erfinder der Atlanter, Platon, ist keine Rede davon. Hildegard von Bingen, eine gelehrte Klosterfrau des Mittelalters, entwickelte aufgrund von biblischen – heute einigermaßen fantastisch anmutenden – Vorstellungen ihre Edelsteinmedizin. Und der Mensch des 21. Jahrhunderts, inmitten seiner High-Tech-Welt, wendet sich ihr wieder zu, dieser Stein-Medizin, und dem Schamanentum. Die Vertrauenskrise der Medizin und der Wissenschaft, der Verlust der Kontrolle treibt ihn zurück zu Dingen, die er fühlen, sehen und im wahrsten Sinne des Wortes be-greifen kann. Ich gebe zu, auf meinem i-Mac ruht ein Stück Rosenquarz – gegen den Elektrosmog, und weil er mir gefällt. Moderne Technik und Schamanentum widersprechen sich weniger, als man meinen sollte, im Gegenteil. Sie ergänzen sich und fügen zu einem Ganzen, was bisher unvollständig war. Wie so oft ist der Mittelweg der richtige.

Was war Stein nicht alles und ist er noch: Waffe ebenso wie Medizin, Symbol für das Göttliche und Unerreichbare, Bild für das Leben als auch für den Tod, Kälte und Wärme, Schutz und Bedrohung, Objekt der Kunst, Objekt der Gier und Spekulation, Fokus der Besinnung, der Meditation ...

Je mehr ich darüber gelesen habe und mit je mehr Leuten ich mich über mein Thema unterhalten habe, desto umfangreicher wurde es. Jeder hatte etwas beizutragen: »Darüber musst du unbedingt schreiben: Die Kelten! Japanische Steingärten! Die Osterinsel! Die irischen *fairies,* die unter Steinen wohnen! Meteore, Steine aus dem All! Die Steinwesen bei Ann McCaffrey! Der Stein der Weisen! Plinius! Theophrast! Agricola!« Es nahm kein Ende. Ganz plötzlich schien es, als sei der Stein, unser sichtbar-unsichtbarer, geduldiger Diener, ganz unersetzlich und zentral im menschlichen Leben.

Also lassen Sie uns ein wenig näher hinschauen, ein paar Steine umwenden ...

1.
Die Steinzeitrevolution – Feuerstein

»Der Menschenaffe ist im Prinzip lernfähig, aber nicht immer lernwillig« – mit diesem Satz möchte die Wissenschaft die Affenfamilie von den Hominiden unterscheiden. Wir werden sehen, wie es mit der Lernwilligkeit der Hominiden steht …

Vor zwei, manche sagen drei Millionen Jahren – auf eine Million mehr oder weniger kam es damals noch nicht an – nahm ein Affe einen Stein zu Hilfe, um eine Nuss zu knacken, eine besonders harte. Damit war der erste Schritt in ein neues Zeitalter getan. Dieses erste Steinwerkzeug zog alle anderen nach sich und sollte unseren behaarten Vorfahren schließlich seines Fells berauben, ihm eine verkrümmte Wirbelsäule, degenerierte Muskeln und die Raumfahrt bescheren.

Wie das? Dieser Hominide, Adam, lebte aller Wahrscheinlichkeit nach an einem See oder Fluss in Ostafrika. Bislang hatte er sich, wie alle anderen Affen auch, damit zufrieden gegeben, pflanzliche Nahrung zu sammeln, allenfalls zu fressen, was schwächer und langsamer war als er. Vor allem, was stärker war, rannte er davon.

Wie man den alten Adam kennt, entdeckte er nun bald, dass sich mit so einem handlichen Stein nicht nur Nüsse, sondern auch die Schädel von Rivalen einschlagen ließen. Und schon war das Gesetz der größeren Muskelkraft unterminiert. Geschicklichkeit und Heimtücke konnten den eigenen Nachteil wettmachen.

Den nächsten Schritt könnte man sich so vorstellen: Der Affe Adam schlug eine Nuss oder einen leckeren Markknochen zwischen zwei Steinen auf und – pling! – einer der Klumpen bricht auseinander. Da liegen hauchdünne, halbdurchsichtige Splitter herum und glänzen in der Sonne. So etwas hat Adam noch nie gesehen. Er hebt einen davon auf, fährt mit dem Daumen an der feinen Bruchkante entlang. Autsch! Etwas hat ihn gebissen! Ein böser Blick: Wer war das?! Nochmalige Probe auf's Exempel. Und, schau, schau, wie er da so sitzt und an seinem blutenden Daumen lutscht, wird eine Idee geboren. Und so kann Adam beim nächsten gemeinsamen Mahl, anstatt sich an der Wuke die Zähne abzukauen, schlundgerechte Stücke heruntersäbeln. Elegant! Und wie die anderen schauen, vor allem die Weibchen!

Das Ganze ist passiert vor, bei konservativer Schätzung, sagen wir: 70 000 Generationen, vor ca. 2 Millionen Jahren. Das wiederum weiß man erst seit vergleichsweise kurzer Zeit. Obwohl man überall auf Spuren der Urmenschen stieß, ja ihre Techniken durchaus noch in Gebrauch waren, hatte man über all dem Fortschritt den Ursprung ganz vergessen.

Griechische und chinesische Kosmologen erfanden das Wort ›Steinzeit‹ (*lithos,* griechisch: Stein). Für sie bedeutete es eine mythische Zeit der Götter und Heroen, wiedergegeben in fantasievoll ausgeschmückten Schöpfungsgeschichten. Für uns ist der Begriff negativ besetzt, die Zeit der Helden ist jetzt nach vorn gerückt und etwa im Mittelalter angesiedelt.

Bei den Griechen war es Prometheus, ein Sohn des erdgeborenen Uranussohns Iapetos, der aus Ton die ersten Menschen nach seinem Bild formte. Die liefen zunächst ziemlich ratlos herum, ohne sich ihrer Umgebung und ihrer selbst bewusst zu werden. Es genügte aber schon zur Fortpflanzung und Vermehrung – dazu reicht es immer. »Unbekannt war ihnen die Kunst, Steine auszugraben«, heißt es in einem alten Text. Das deutet auf eine zentrale Bedeutung von Stein in der menschlichen Entwicklungsgeschichte. Bekanntlich nahm sich Prometheus seiner noch etwas tapsigen Geschöpfe an, lehrte sie alle möglichen Fertigkeiten und stahl für sie sogar das Feuer vom Sonnenwagen. Dafür musste er schauerlich büßen: Auf Ewigkeit an einen Felsen gekettet, von Adlern gequält, die an seiner Leber fraßen, bis der Held Herakles des Weges kam und den Lehrer der Menschheit befreite. Zeus war wohl inzwischen älter und milder geworden.

Er tolerierte die Freilassung unter der Bedingung, dass Prometheus ein Bröckchen jenes Felsens an einem eisernen Ring tragen musste, damit seinem Wort vom ewigen Angekettetsein Genüge getan war. Et voilà der erste Fingerring. Eine weitere griechische Schöpfungsgeschichte, in der Steine eine wesentliche und bezeichnende Rolle spielen, ist die von Deukalion und Pyrrha. Darauf komme ich noch zurück.

Schöpfungsmythen, Erklärungsversuche für erlebte Wirklichkeit, sind ja oft dieser Wirklichkeit erstaunlich nah. Man muss nur die Bilder am Wissensstand der Zeit messen und sie sich dann übersetzen.

Der Begriff ›Steinzeit‹ und der von der darauf folgenden ›ehernen Zeit‹ wurde geprägt am Beginn der Eisenzeit, ca. 1000 bis 700 v. Chr., zu Beginn von Philosophie und Wissenschaft. Da war die ›eherne‹, die Bronzezeit gerade vorbei, und die Vorstellungen von Vergangenheit und Entwicklung der Zivilisation waren nebelhaft. Der griechische Kosmologe Hesiod (700 v. Chr.) sah in der Steinzeit eine verlorene, glorreiche Vergangenheit, eine bessere Zeit als seine eigene, in der er nur Niedergang und Verfall zu erblicken glaubte. Der Römer Lukrez vermutete im letzten Jahrhundert v. Chr. immerhin schon, die Kultivierung des Menschen müsse mit der Bearbeitung von Stein ihren Anfang genommen haben.

Erst in der Neuzeit kam man auf die Spur der tatsächlichen und nachweisbaren Entwicklung der Menschheit. Die rationale Erkundung der Vergangenheit anstelle der bisherigen Mystifizierung zeigt eine bedeutende Wende im menschlichen Selbstbewusstsein. Nicht nur absolutistische Tyrannen, auch einengende Weltbilder fielen. Einzelne Vordenker wagten sogar, in den biblischen Schöpfungsmythen das zu sehen, was sie waren – mündliche Überlieferungen mit entsprechender Fehlerquote. Das ermöglichte Abweichungen vom Dogma, öffnete neue Wege für den Geist. Es war eine Zeit aufblühender Neugier und eine Zeit der Entdeckungen auf neuen Handelsrouten, der Beginn der Kolonisation. Immer neue Berichte über noch existierende ›Steinzeitmenschen‹ gelangten ins kultivierte Europa. Eine realistische Vorstellung von Zeitraum und Abläufen in der Steinzeit hatte man aber noch nicht. Herder prägte im 18. Jh. den Begriff der Urgeschichte. Hegel dagegen wollte die Geschichte der Menschheit gern auf die Epoche begrenzen, aus der schriftliche Quellen vorhanden waren. Ohne solche schriftlichen Quellen sei es schließlich unmöglich, sich ein verlässliches Bild zu schaffen. Alles bliebe intelligente Spekulation.

1797 fand ein gewisser John Frere in Südengland einen Faustkeil, offensichtlich Menschenwerk, planvoll und geschickt bearbeitet. Es waren schon vorher Waffen und Werkzeuge aus Feuerstein gefunden worden, aber dieser John Frere kam auf die Idee, das Objekt in zeitlichen Zusammenhang zu anderen Dingen an derselben Fundstelle zu setzen: Muscheln und Knochen von riesigen Tieren, die nicht mehr vorhanden waren. Da zu dieser Zeit Antiquitäten sehr in Mode waren, traf Frere auf einiges Publikumsinteresse, als er schrieb: »Diese Feuersteinwaffen sind von Menschen hergestellt und benutzt worden, die noch kein Metall verwendet haben, und die Lage, in der diese Waffen gefunden worden sind, lässt uns vermuten, dass sie in weit zurückliegender Zeit entstanden sein dürften.«

Ah, das war interessant: Vor der Metallzeit, vor der ›ehernen Zeit‹! Noch vor den Römern, vor den alten Griechen. Etwa vor dem biblischen Babylon? Vor den Pharaonen ... das wäre ungeheuerlich ... wann also, wann? Wie lange konnte das her sein? Wie lange hatte es Menschen gegeben? Das früheste westeuropäische Volk, von dem schriftliche Quellen berichteten, waren die Kelten. Bis dahin hatte man sich in den Schätzungen rückwärts gewagt. Aber die Kelten kannten bereits Eisen, sogar Stahl, waren geschickte Schmiede. Sie waren keineswegs auf primitives Steinwerkzeug beschränkt. Noch weiter zurück? Wie weit?

Zur Hilfe kamen den rätselnden Paläohistorikern (wenn sie sich auch noch nicht so nannten) andere Disziplinen: die Betrachtung von fossilen Meerestieren, Muscheln und Seeigeln auf hohen Bergen, die Katalogisierung von ausgestorbenen Tieren und Pflanzen durch Karl von Linné (1707–1778) und der Versuch, die offensichtlichen Veränderungen der Spezies nicht mit Hilfe der Bibel, sondern durch die Wechselbeziehung zwischen Klimabedingungen und Daseinskampf zu erklären. Die vorstellbaren Zeiträume wurden immer länger. Man begann zu unterscheiden zwischen einer älteren Steinzeit, der Epoche des roh geschlagenen Steins, und einer jüngeren Steinzeit, der des verfeinerten, geschliffenen Steins, dem Paläo- und Neolithikum.

Zur Datierungshilfe kam die Erfindung der Dendrochronologie, der Bestimmung eines Zeitraumes durch Zählung von Jahresringen von Hölzern am Fundort; auch einige brauchbar erhaltene Holzstücke wurden in den untersuchten Schichten gefunden. Und dann endlich der Durchbruch: Die C14-Methode, die zeitliche Einordnung eines Fundes auf der Grundlage der Zerfallszeit von radioaktivem Kohlenstoff. Erst an der Schwelle zum 21. Jh. ist es uns gelungen, dem Alter unserer Vorfahren, dem Ablauf ihrer und damit unserer eigenen Geschichte auf den Grund zu kommen.

Vor fünf bis acht Millionen Jahren trennten sich die Wege der Schimpansen und der Menschen. Der Hominide wurde immer menschlicher und der Schimpanse immer schimpansiger. (Die Verwandtschaft ist dennoch nicht abzustreiten, wenn man beispielsweise im Zoo einem Affen beim Essen zusieht, oder wie er trübe dösend ins Nichts stiert und sich dabei, Sie wissen schon wo, kratzt. Gehen Sie dann einfach ins nächste Hamburger-Restaurant, da kann man Ähnliches beobachten.)

Steinbearbeitung und die Beherrschung des Feuers waren die ersten Bedingungen für die Weiterentwicklung des Hominiden. Der ostafrikanische Adam, heute Oldowan-Mensch genannt, hatte also gelernt, dass gewisse Steine in sehr nützlicher Form splittern. Vielleicht kam er auch an einem Hangabbruch vorbei oder lief über die Geröllhalde eines Bergrutsches und trat auf einen scharfen Splitter, mit dem gleichen Ergebnis.

Zuerst mag er einfach die gefundenen Splitter verwendet haben. Aber schnell ging er dazu über zu untersuchen, welche Steine das genau waren: Heute wissen wir, dass alle diese Werkzeug-Steine der Gruppe der Kieselgesteine angehören. Sie bestehen hauptsächlich aus Siliziumdioxid, ein wenig Wasser und verschiedenen mineralischen Beimischungen, die Farbe, Härtegrad und Materialeigenschaften beeinflussen. Außen ist eine Feuersteinknolle oft mit einer weißlichen Kalkschicht überzogen.

Silex hat einen Härtegrad von 6,5 bis 7 Mohs auf einer Skala von 1 (Talk) bis 10 (Diamant). Aufgrund seiner feinen Kristallstruktur ist es fast beliebig und großflächig spaltbar, ein wenig elastisch; durch gezielte Schläge kann eine beabsichtigte Form gewonnen werden. Es bricht muschelig, scharfkantig und an den Bruchflächen zeigt sich ein auffallend glasiger, fettiger Glanz. Es sind eigentlich sehr hübsche Steine, wenn man sie aufmerksam betrachtet. Zu den so genannten Feuersteinen zählt man auch weißen, grün-grauen und roten Bohnerz-Jaspis sowie Hornstein, der von stumpf-gelblich bis bräunlichschwarz vorkommt. Seltener wurde auch Chalcedon verwendet. Amethyst, Achat, Rosenquarz und sogar der schillernde Opal gehören übrigens zur selben Steinfamilie.

Es gibt Archäologen und Amateurmineralogen, die die alte Kunst des Steinschlagens wieder erlernt haben. Stundenlang können sie über die Eigenschaften der verschiedenen Feuersteine dozieren, wenn man sie lässt. Der rote Bohnerzjaspis mit seiner Eisenbeimischung zum Beispiel sei schön, aber von geringer Qualität. Hervorragend dagegen sei der honigfarbene ›Grand Pressigny‹ aus Mittelfrankreich; »außergewöhnlich homogen«, so dass man aus einer entsprechend großen Knolle Klingen bis zu 30 Zentimeter Länge gewinnen könne.

Entstanden ist der Feuerstein vor etwa 120 Millionen Jahren im Kreidemeer des Erdmittelalters. Schwämme und Algen bildeten die Kieselsäure, die sich, meist um ein abgestorbenes Kleinstlebewesen als Kern, zu Knollen angelagert haben.

Eine Ausnahme in der Materialauswahl der Steinzeit-Ingenieure bildet der Obsidian, Vulkanglas, das ähnliche Eigenschaften hat wie Feuerstein. Dort, wo es keinen Feuerstein gab, wurde ersatzweise auch Hornblendeschiefer, Basalt oder Grauwacke verwendet, letztere genauso unattraktiv, wie sie klingt.

Der Titel Steinzeit-Ingenieur ist durchaus angemessen. Man macht sich kaum ein Bild von der Geschicklichkeit, dem Grad der Spezialisierung und dem Einfallsreichtum, der in der Vielfalt von Steinwerkzeugen und -Waffen zu erkennen ist. Die Entdeckung des Feuersteins scheint für unsere Vorfahren eine ähnliche Urknall-Wirkung gehabt zu haben, wie im 20. Jh. die Erfindung des Computers. Das war eine bewundernswerte Leistung des armen kleinen Neanderthalerhirns, sich sowas auszudenken: Wie schaffe ich es, diesen Brocken so aufzuschlagen, dass daraus wird, was ich brauche? Ich stelle mir vor, wie er da hockte und über einem Silexknollen brütete wie Hamlet über dem Totenschädel. Und schlug, wieder hockte, schlug, prüfte, beobachtete, wie die Splitter flogen, die dicken Brauen auf der massiven Stirn zusammengezogen.

Silexbrocken ließen sich schließlich nicht einfach miteinander bearbeiten, sondern man benötigte einen Schlagstein und eine Art steinernen Amboss, weitere Werkzeuge. Und das mussten Gesteine mit ganz anderen Materialeigenschaften sein als die zu bearbeitenden Feuersteinknollen. Das muss einem erstmal einfallen! ›Hammer‹ und ›Amboss‹ hatten von einer Art zu sein, die sich langsam und in ganz kleinen Körnern abschlug und abnutzte, mussten im Effekt weicher, nicht härter sein als der Silex. Grobkörnige Gesteine waren die besten Werkzeuge, Granit und Diorit. Schlagsteine kann man überall finden, wo der *homo habilis,* der Werkzeugmacher, seine Steinbrüche und Schlagplätze hatte. Man erkennt sie immer noch sehr gut an den Narben und der gleichmäßigen Form: teils eiförmig, teils zu kleinen Kugeln abgearbeitet.

Das erste paleolithische Design war der mandelförmige, grob zugerichtete Faustkeil: Nicht besonders schön – erst kam die Funktion, dann die Optik. Die scharfen kleinen Abfallsplitter wurden zum Schaben von Häuten verwendet. Wie geduldig hat man wohl experimentiert, um das Verhalten des Steins und das sinnvollste Verfahren herauszufinden; dass man zunächst grobe Stücke von einem Kern abschlägt, dass man, um eine möglichst gleichmäßige, gerade Klinge zu erhalten, die Kanten abwechselnd von der einen und dann von der gegengesetzten Kante behauen muss ... der alternierende Schlag, der das typische Zickzackmuster hervoruft. Schlug man zu stark, dann zersprang der Stein in viele kleine Stücke. Mit einem einzigen unbedachten Hieb kann man das innere Gefüge eines ganzen Knollens zerstören. Der richtige Schlagwinkel will gelernt sein. Wo musste man ansetzen, um eine geplante Rohform zu erhalten? Im Zentrum des Steins, oben oder seitlich?

Es heißt, dass der Mensch nicht der Einzige sei, der Werkzeuge benutzt. Affen verwenden Stöcke und Steine. Und es gibt Vögel, die mit Hilfe langer Dornen zahnstocherartig fette Maden aus der Rinde von Bäumen polken. Sie verändern sogar Vorgefundenes. Aber das Kürzen oder Anspitzen eines Astes kann wohl kaum mit der komplexen Feuersteintechnik verglichen werden, bei der geplant, erinnert, weiterentwickelt und das erworbene Wissen an Artgenossen weitergegeben wurde.

Es wird die Vegetarier von heute nicht freuen zu erfahren, dass ihr Modell von vorvorgestern ist. Wissenschaftler fanden nämlich in Afrika die Überreste zweier verschiedener Stämme von Oldowan-Menschen: Die Vegetarier und die Fleischfresser. Die Vegetarier zeichneten sich durch einen knorrigen Körperbau und einen ebenso gedrungen-knorrigen Schädel aus, mit stark ausgebildeten Kieferknochen und winzigem Gehirn. Die Fleischfresser dagegen waren schlanker, (vermutlich schneller,) hatten deutlich rückgebildete Kiefer und mehr Platz für den Denkapparat. Der Vergleich dieser Funde und Datierungen brachte die Forscher zu folgendem Schluss: Die Oldowan-Vegetarier konnten sich mit hochwertigem Eiweiß nur unzulänglich versorgen; sie mampften den ganzen Tag und die halbe Nacht Rüben. Für sie war es ein Festessen, wenn sie einmal ein reifes Stück Aas fanden. Die Oldowan-Tartarier – das waren die, die lernten, geschickt mit Steinwaffen umzugehen – erhielten ausreichend hochwertiges und leicht verwertbares Protein und konnten sich weiterentwickeln. Die Vegetarier waren nicht geschickt genug, mit dem neuen Steinwerkzeug umzugehen und verpassten den Anschluss an die Evolution. Sie starben aus.

Arme Vegetarier. Aber die Fleischfresser hatten es auch nicht leicht. Wie wir selbst leidvoll erfahren haben, sorgt ja nicht jeder Fortschritt ausschließlich für eine Erleichterung des Lebens. Im Gegenteil: Es wird ständig komplizierter.

Der erfolgreiche Teil der Oldowaner begann, seine Werkzeuge wechselnden Aufgaben und Umweltbedingungen anzupassen. Mit Hilfe seiner wunderbaren neuen Waffen und Werkzeuge lernte er, das ihn umgebende Ökosystem besser zu nutzen. Er kombinierte, verfeinerte, differenzierte. Eine immer größere Hirnkapazität war notwendig. Und die entwickelte er mit der Zeit. Das hochwertige Eiweiß, das dazu gebraucht wird, bekam er ja jetzt.

Adam und Co. begannen, weil die zu erzielende Beute es jetzt hergab, in größeren Gruppen zu leben. Jagd und Sammelei wurden in Teams effektiv organisiert. Es entstand eine – zunächst sinnvolle – Hierarchie (was man heute gelegentlich vermisst). Die sozialen Strukturen veränderten sich. Sprache war nötig, um das alles zu bewältigen. Der Evolutionszug rollte. Das Hirn wurde größer, der Darm kürzer, und der Knochenbau musste Volumen abgeben. Da haben wir den Salat: aufrechter Gang, schlechte Zähne, viel Hirn, aber dünner Schädel. Und alles wegen dieses unscheinbaren kleinen Steins, gräulich-bräunlich, mit dem mattierten *look*. Wer hätte das gedacht?

Notwendigkeit, also Druck von außen, führt zu Fortschritt. Fortschritt führt zu neuem Druck. Unsere Ahnen hatten weitaus mehr Zeit als wir, den Fortschritt zu bewältigen. Wir Bedauernswerten sind an einem Punkt der Fortschritts-Spirale angelangt, an dem einem der Kopf platzen möchte. Aber das Gehirn hat sich schon mehrmals angepasst. Es wird das wieder tun. Angeblich sind da ja ungenutzte Kapazitäten. Wir schaffen das schon.

Zurück zur Steinzeit und zu den Feuerstein-Ingenieuren: 20 000 Generationen später ist der Acheulmensch die überlegene Spezies der westlichen Alten Welt. Sein Hauptwerkzeug neben Grabstock und Speer, der Faustkeil, hat sich deutlich verändert. Er ist jetzt ein raffiniertes Universalgerät, insgesamt feiner und flacher, an einer Schmalseite rund und massiv, an der anderen spitz zulaufend, an beiden Breitseiten scharfkantig. Mit so einem Stück kann man sowohl hart als auch fein und punktgenau zuschlagen, brechen, außerdem kann man tiefe Schnitte führen. Das Werkzeug liegt optimal in der Hand. Funktionales, kombinatorisches Denken hat zu dieser verbesserten Form geführt.

Längst hatte der wunderbare Silex noch eine andere Seite seiner Nützlichkeit offenbart: Die Funkenbildung beim Gegeneinanderschlagen von Feuerstein und Schwefelkies. Fängt man die Funken mit Zunderschwamm oder trockenem Gras auf, ist man Herr des Feuers geworden: Prometheus lässt grüßen.

Vieles lässt sich aus der sorgfältigen Untersuchung von Fundstellen ableiten: Zum Beispiel, wann ungefähr man begann, Flammen nicht nur zum Rösten und Wärmen, sondern auch zur Beleuchtung zu nutzen, weil man nämlich ab einem bestimmten datierbaren Zeitraum feine Flintwerkzeuge im Inneren einer Höhle, weit vom lichtspendenden Eingang fand. Da saßen wahrscheinlich die Frauen am Feuer, tratschten und stichelten Lederhosen zusammen, während die Männer am Höhleneingang mit größeren Werkzeugen gröbere Arbeiten durchführten. Für's Grobe sind sie gut.

Zur Zeit des späten Pleistozän existierten viele verschiedene Arten und Größen von Messern, Dolchen, Schabern, Keilen, Pfeil- und Lanzenspitzen; steinerne Kämme für Faserverarbeitung, feine Stichel zum Nähen der Tierfellkleidung; Waffenspitzen für die Jagd auf große, dickhäutige und auf kleinere Tiere, Lanzenspitzen mit Widerhaken und solche, die sich leicht vom Schaft lösen, damit die Beute schnell verblutet und nicht verwundet entkommen konnte. Sie sollte schnell ausbluten und umfallen. Schließlich mochte man ihr nicht ewig hinterherrennen.

Archäologen kommen ins Schwärmen, wenn von Solutréen-Klingen die Rede ist, ich zitiere: »Das Phänomen Solutréen mit seinen herrlichen Lorbeerblattspitzen …« Gemeint ist eine Klinge in Lorbeerblattform von bemerkenswerter Schönheit und Präzision.

Man lernte Axtblätter, statt sie mit weich gekauten Lederriemen im gespaltenen Ende eines Astes zu befestigen, im Schaft zu durchbohren, so dass der Stiel einfach durchgesteckt werden konnte – nicht anders als heute, eine bahnbrechende Erfindung! Mit solchen Beilen kann man sogar Bäume fällen. Ein weiterer Fortschritt war das Schleifen der Äxte in Sandsteinwannen mit Hilfe von losem Sand und/oder Wasser, wobei ausgesprochen schöne Stücke entstanden. Die feinsten und farbig außergewöhnlichsten bekamen die Anführer und die besten Jäger. Die frühen Menschen konnten sich nun den

Luxus von Ästhetik leisten. Schönes bekam Wert. All diese Werkzeuge wurden noch lange in die Eisenzeit hinein genutzt. Metall war viel zu selten, die Herstellung von Metallgegenständen zu aufwändig, um für Gegenstände des alltäglichen Gebrauchs verwendet zu werden.

Erste Formen von Bergbau entstanden. Zunächst merkte man sich ergiebige Fundstellen. Die Jäger und Sammlergruppen kehrten in gewissen Zeitabständen zu diesen Fundstellen zurück und errichteten dort ihr Lager, das sie so lange bewohnten, bis ihr Vorrat an Feuerstein aufgefüllt war. Dann zogen sie weiter. Eichhörnchenhafte Depots wurden angelegt – und vergessen, zum Glück der Forscher von heute.

Ganze Familienindustrien wurden organisiert. Wahrscheinlich ging die ganze Gruppe zu einer Fundstelle. Die stärksten Männer hackten und gruben die Feuersteine frei, Frauen und Kinder sammelten sie auf und brachten sie zu den Steinschlägern, die an Ort und Stelle Rohlinge herstellten. Diese Rohlinge wurden dann zur Weiterverarbeitung ins Basislager oder in die gemeinsame Höhle gebracht. Ebenso wie bei den effektiveren Jagdmethoden war hier Teamwork gefragt, unmöglich ohne Sprache und vorausplanendes Denken.

Im heutigen Westfalen sind noch niedrige Stollen erhalten, so klein, dass sie wohl nur von zwergenhaften Menschen benutzt werden konnten (oder auf dem Bauch kriechend). Daher hat sich im deutschen Sprachraum die beliebte Sage von den bergbauenden Zwergen entwickelt.

›Spezialisierung‹ heißt der Weg zur Hölle. Der *homo habilis* hatte auf diesem Weg den ersten Schritt getan. Bei Eygaliers, Südfrankreich, gibt es einen riesigen vorgeschichtlichen Feuersteinbruch. Aus den Überresten haben Archäologen geschlossen, dass hier ausschließlich Waffen, kaum Werkzeug hergestellt wurde – eine vorsintflutliche Waffenfabrik. Manchem Griechen in Massilia und manchem Römer wurde wohl mit Qualitätsklingen aus Eygaliers die Kehle aufgeschlitzt.

Man kann sicher davon ausgehen, dass geschickte Steinschläger ebenso viel Geltung in der Gruppe besaßen wie besonders gute Jäger. Bei einer der letzten noch existierenden Steinzeitkulturen, den Asmat in Papua Neuguinea, stehen die Steinschnitzer, die *sibopeipits* in hohem Ansehen. Sie gelten als Künstler und Lieblinge der Götter. Die Qualität ihrer Werke wird nach Härte, Textur, Farbe, Schliff und Politur beurteilt. Besonders gelungene Stücke sind viele Generationen lang bis heute weitergegeben und bewahrt worden – als gehüteter Clan-Besitz. Sie werden im Wald unter Bäumen vergraben und versteckt und nur zu besonderen Anlässen hervorgeholt. Je älter sie sind, desto höher ihr Wert: Sie gelten als Verbindung zur Ahnenwelt.

Vor etwa acht bis 10 000 Jahren endete die letzte Eiszeit. Da begann die Fortschritts-Spirale ernstlich. Die Erfindungen und Verbesserungen folgten rasch und logisch aufeinander. Da sich die hominide Bevölkerung in dem milderen Klima wieder ausbreiten konnte und nach neuen Resourcen suchte, entstanden weite Handelsbeziehungen. Die besten Feuersteine kamen aus dem Gebiet des heutigen Norddeutschland und Mittelfrankreich und wurden bis weit in die Mittelmeergebiete gehandelt. Woher weiß man das? 1898 berichtete Rudolf Virchow – der nicht nur Pathologe war, sondern auch allgemein naturwissenschaftlich interessiert – von einer Entdeckung in Ösel im Landkreis Wolfenbüttel. Dort hatte man eine schöne große Mittelmeermuschel gefunden, eine Tritonschnecke, die mit Flintstücken gefüllt war. Das spitze Endstück der Muschel war bearbeitet und durchbohrt: Offenbar ist sie als Trompete genutzt worden und hatte – für damalige Verhältnisse – einen weiten Weg hinter sich. Aus solchen und ähnlichen Funden von Gegenständen weit von ihrem jeweiligen Ursprungsort entfernt hat man sich ein Bild machen können vom erstaunlichen Ausmaß steinzeitlicher Fernbeziehungen. Nach genauen Untersuchungen über die Herkunft bestimmter Gesteine, ließ sich für die schönen, tiefschwarz glänzenden Geräte aus Hornblendeschiefer aus dem Böhmischen zum Beispiel ein Handel entlang der großen Flüsse nachweisen bis zum Unterrhein, nach Friedland und in die Mark Brandenburg.

Die Methoden des Bergbaus waren um 3000 v. Chr. bereits auf hohem Niveau. Neben dem Tagebau und dem Herausarbeiten von Flintknollen aus Hängen und Wänden, wurden trichterförmige Löcher bis zu fünf Metern Tiefe gegraben und schließlich sogar Stollen in den Berg getrieben, so tief, dass man dort nur noch mit künstlichem Licht, im Schein von brennenden Kienspänen arbeiten konnte. Bis zu siebzehn Meter tief wurden die Stollen vorangetrieben, wobei sie progressiv niedriger wurden, um ein Einstürzen der Stollen zu verhindern. Hölzerne Stützen gab es zu dieser Zeit noch nicht. Besonders viele solch urgeschichtlicher Stollensysteme hat man in Belgien, England, den Niederlanden, Polen und Ungarn gefunden. Zeichen von Gewinnstreben: Man baute das weithin begehrte Material nun nicht mehr nur für den eigenen Bedarf ab, sondern um damit Handel zu treiben. Um gute Fundgründe dürfte es auch schon die ersten Kleinkriege gegeben haben. Flint war damals der wichtigste Rohstoff. Wer die Fundstellen kontrollierte, konnte die Preise diktieren; das war in der Steinzeit nicht anders als heute.

Mit der Ballung von Menschen konnte das Jagen von Wild und das Sammeln von Wurzeln, Kräutern und Beeren den Nahrungsbedarf nicht mehr decken. Nomadenhafte Tierhaltung gab es wahrscheinlich schon seit 50 000 Jahren. Jetzt kam der systematische Anbau von Pflanzen dazu. Gerätschaften zur Bearbeitung des Bodens und Getreideernte mussten erdacht werden. Regelrechte Sicheln von bis zu 30 Zentimetern Länge wurden aus den größten Rohlingen gefertigt, ein Meisterstück der Steinzeit-Technik. Neu dazu kam der Reib- und Mahlstein zur Bereitung von Breien und später Mehl für Brot. Hierzu eignete sich am besten Basaltlava, wie sie in der Eifel und an einigen Stellen in Frankreich und Ungarn vorkommt.

Die Sesshaftigkeit wurde auch durch die Nutzbarmachung eines weiteren Minerals, des Salzes begünstigt. Die Kelten von Halstatt entwickelten als Erste Methoden zu seiner massenhaften Gewinnung. Wie verhältnismäßig wohlhabend sie wurden, das lässt sich an den Grabbeigaben erkennen, aber auch daran, dass offenbar die Salzlagerstätten als heilig betrachtet wurden. Man hat viele Schmuckstücke und im Salz konservierte feine Kleidung gefunden, aber ungewöhnlich wenige Waffen in dieser Gegend. So war Salz eines der seltenen Güter, um das – wenigstens hier und in dieser Zeit – nicht gekämpft und gemordet wurde. Die Salzgabe zum Einzug in ein neues Haus stammt daher. Das keltische Wort für Salz war *hal* – daher Hallstatt – Bad Reichenhall oder auch Halle an der Saale, während der lateinische Ausdruck ganz ähnlich lautet: *sal*.

Tacitus berichtete, dass auch für die Germanen Salzgewinnungsstätten heilig waren:

»Im selben Sommer wurde zwischen den Hermunduren und den Chatten eine große Schlacht geschlagen, da die Chatten einen salzreichen Grenzfluss mit Gewalt an sich rissen, nicht allein aus Übermut, alles mit den Waffen zu entscheiden, sondern auch aus eingeborenem religiösen Glauben, dass vor allem diese Orte dem Himmel nahe seien und die Gebete der Sterblichen nirgends näher von den Göttern gehört würden.«

Salz war unentbehrlich und kostbar. Römische Legionäre wurden zum Teil in Salz entlohnt, mit dem *salarium*, der Salzgabe, woraus heute das ›Salär‹ geworden ist. Salz sollte auch eine bedeutende Rolle spielen in Magie und Alchemie, *sal* – eines der Hauptelemente der frühen Chemie, Bestandteil des Steines der Weisen. In der Magie sollte es böse Geister bannen; da es konservierende Kräfte besitzt, glaubte man, dass Dämonen es zu fürchten hätten. Dämonen waren schließlich flüchtige Wesen aus dem Jenseits ...

Salz und Silicium – zwei Minerale, die die Welt veränderten. Das dritte war das Eisenerz. Zwar hatten die Ägypter die verwandelnde Kraft des Feuers schon entdeckt und die Metallschmelze erfunden. Jedoch besaßen sie kein Eisen. Die Waffen ihrer Soldaten waren aus Bronze, einem Kupfer-Zinn-Gemisch. Das Ausschmelzen von Eisen wurde im Kaukasus entdeckt, wo das Erz reichlich vorhanden war. Als der Pharao, der damals mächtigste Mann der Welt, davon hörte, schickte er seine Handwerker aus, um die neue Kunst zu lernen. Aber die Schmiede des Kaukasus hüteten ihr Geheimnis. Der Pharao bettelte um Eisen und bekam keines. Er musste sich mit winzigen Mengen Magnetit zufrieden geben, der beim Goldwaschen im nubischen Sand anfiel. Folglich reichte in Ägypten das Eisen nur zu Herrschaftssymbolen, wie dem eisernen Helm, den Ramses II. trug, und zu Zauberamuletten.

Auch in der Bibel wird Eisen erwähnt: Den besiegten Juden war es verboten, Waffen zu besitzen. Ihre Schmieden waren zerstört. Wenn sie also Werkzeug brauchten, Sicheln, Sensen und Messer, so waren sie gezwungen, sie für teures Geld bei den verachteten Philistern zu kaufen. Die wiederum waren versprengte Indogermanen, die die Schmiedekunst auf ihren Raubzügen im heutigen Anatolien gelernt hatten.

Eisen und Stahl machten Kleinasien zum neuen Zentrum der Macht. Reiche fielen und wurden geboren aufgrund der neuen Waffen, die der Bronze überlegen waren. Hethiter eroberten das Mitannireich und wurden ihrerseits besiegt. Die Griechen stiegen zu neuen Herren auf und ihre weitgerühmte Demokratie verdankt man möglicherweise dem Umstand, dass ihre Adligen Bronzewaffen und -rüstungen trugen. Kupfer und Zinn waren nämlich seltener und teurer als Eisenerz. Folglich wurde das Heer des Fußvolks mit billigeren Eisenwaffen ausgestattet – und besaß nun bessere Waffen als ihre Herren.

Als die Römer begannen, ihr Weltreich auszubauen, förderten sie überall, wohin sie kamen, die Metallgewinnung. Schmiede wurden am Arm als wertvoller persönlicher Besitz gebrandmarkt. Sie wussten genau, welchem Umstand sie ihre Siege verdankten. So wertvoll wurde Eisenerz, dass es in zahlreichen Dichtungen verherrlicht wurde. Stahl aus Noricum, dem heutigen Kärnten, wurde von Tacitus gelobt, von Horaz und Ovid besungen.

Aber auch die Römer trafen auf Grenzen. 500 v. Chr. waren die Kelten allen anderen Völkern überlegen. Sie fanden direkt unter ihren Füßen einen Stoff, mit dem sich Stahl direkt, ohne lange Verfahren herstellen ließ: Manganeisenerz. Und da sie nun bessere Waffen hatten als die römischen Legionäre, beherrschten sie eine Zeit lang fast ganz Europa.

Warum aber machten die meisten Völker nach der Entdeckung der Steinbearbeitung einen gewaltigen Satz vorwärts, manche aber nicht? Noch heute gibt es einige wenige Menschengruppen, die wie in der Steinzeit leben und sogar vor den UN um ihr Recht auf diese Lebensweise kämpfen: Amazonas-Indianer, Buschmänner – die *San*, die *Inuit* und einige der australischen Aborigines. Bis noch vor wenigen Jahrzehnten stellte man das gern als Faulheit, mangelnde Intelligenz und Initiative dar. Betrachtet man inzwischen die Nachteile, die wir uns durch den unerbittlichen Fortschritt eingehandelt haben, dann sieht die Sache etwas anders aus. Aber warum nur verspürten sie so gar keinen Drang nach technischer Weiterentwicklung, nach dem Mehr, dem Bequemer, dem Geplanten und Berechenbaren? Aufhören, wenn man genug hat? Wer tut das schon? Was ist genug?

Die Aborigines, seit ca. 30 000 Jahren auf dem australischen Kontinent heimisch, gehören zu den egalitären Kulturen. Sie haben nie feste Machtstrukturen entwickelt und sahen dafür auch keine Notwendigkeit. Das beweist schon ihre Vorstellung von der Erschaffung der Welt. Kein übermächtiger Schöpfergott hat hier in einem Kraftakt alles einfach hingestellt. Am Anfang war Schlamm und Dunkelheit. Dann stiegen die Ahnen vom Himmel, wohlmeinende Tiere, denen sich die naturverbundenen Aborigines besonders nahe fühlten, und sie erschufen die Welt, die Berge, Gewässer und Pflanzen einfach durch ihr Sein und Wandeln. Hier legte sich eines von ihnen zur Ruhe und wurde zum Berg. Dort verspürte eines Durst und sang eine Quelle oder einen Tümpel herbei. So entstanden Meer, Flüsse, Berge und alles, was wir heute sehen. Die Schöpfung der Ahnen muss respektiert und durch das Wandern auf den Traumpfaden immer neu gedacht – also auf's Neue erschaffen werden. Dadurch, dass diese Menschen die Schöpfungsgeschichte oft rituell wiederholt haben, fühlten sie sich eins mit und verantwortlich für die Welt, während die hierarchischen Kulturen sie sich ›unterthan‹ gemacht haben.

Obwohl die australischen Ureinwohner in einer extremen Umwelt lebten, passten sie sich ihr an. Sie haben nie versucht, ihrerseits die Lebensbedingungen zu verändern – das, was wir ständig tun. Es heißt, sie benötigten für die Erfüllung aller primären Bedürfnisse, Nahrungssuche und Unterkunft, nur zwei Stunden täglich. Der Rest blieb ihnen zum Spielen, Tanzen, Träumen – welch paradiesische Welt! In diesem Paradies sind sie geblieben, bis die Weißen kamen und sie daraus mit Gewalt vertrieben.

Steine spielen eine besondere Rolle in der Aborigines-Kultur. Aber abgesehen von der Herstellung feinster Beile bearbeiteten sie die Steine nicht. Sie bewunderten ihre naturgegebene Schönheit. Und wer einmal gesehen hat, wie der Ayers Rock, *Uluru*, im Lichtspiel der untergehenden Sonne seine Farben ändert, von ocker-gelb und gold über brennend rot, rotbraun, magenta, violett zum tiefschwarz vor dem sternfunkelnden Wüstenhimmel, der kann vielleicht ermessen, dass man hier einer solitären Kraft gegenübersteht, die keine menschliche Verbesserung oder Veränderung verträgt. Die australischen Aborigines brauchen keine Götter, keine Helden, keine Denkmäler. Aber sie haben ihr Gefühl für die Mächtigkeit der Natur nicht verloren. *Uluru* ist der größte Monolith der Erde und strahlt eine seltsame Macht aus, die sich sogar einem einigermaßen sensiblen Europäer mitteilt. Abends, in der Stille der Dämmerung, wenn die Sonne hinter den Horizont taucht und die Touristenhorden in ihren Bussen verschwunden sind, dann kann man hören, wie *Uluru* singt.

Edelsteine oder Gold wurden von den Aborigines nicht besonders hoch geschätzt. Zum Stadium der Metallbearbeitung sind sie nie gelangt, nicht einmal zum Edelsteinschliff, obwohl es Edelsteine auf dem roten Kontinent gibt: Diamanten, Saphire, Rubine, Smaragde und den feurigen Opal, dazu zahlreiche bunte Halbedelsteine. Ihr Schmuck bestand aus geflochtenen Haaren, getrockneten Beeren und Kernen. Sie haben nie ein Streben nach Unvergänglichkeit gekannt, vielleicht, weil sie sich durch die Traumzeit mit der Ewigkeit bereits verbunden fühlten. Sie hatten den Tod nicht so zu fürchten wie wir.

Die einzigen von den australischen Ureinwohnern als wertvoll angesehenen Steine waren auffallend geformte Kiesel, bis zu handtellergroß und abgeflacht, die mit Pflanzenfarben bemalt und bestimmten Ritualen zugeordnet waren. Sie symbolisierten die Verbindung zu bestimmten Teilen der Traumzeit, in die auch lebende Menschen im Schlaf oder in Trance jederzeit zurückkehren können. Man könnte sagen, auch sie hatten das Bedürfnis, die Vergänglichkeit zu bewältigen, aber sie entwickelten dazu von Anfang an eine andere Strategie als wir: nicht die Trennung von der Natur und ihre Überwindung, sondern die Bewahrung der Einheit.

Ebenso wie die Aborigines haben andere Völker in extremen Umweltbedingungen sich ab einem bestimmten Punkt nicht weiterentwickelt oder, anders ausgedrückt, sich zufrieden gegeben. Aber unsere Welt ist zu klein geworden, der Druck zu groß. Man wird ihnen nicht erlauben, in der selbst gewählten Steinzeit zu verharren. Der Hominide will nicht unbedingt lernen, aber er muss.

2.
Von Hünengräbern und Hinkelsteinen

Morgennebel über den rauen Felsen der bretonischen Küste. Es riecht herb nach Salzwasser und Tang, nur wenig versüßt vom Duft des blühenden Ginsters. Hohe Wolkenschleier im Osten beginnen sich rosig zu färben, aber hier unten herrschen noch Schatten und Dämmerung. Hölzerne Boote scharren über den Sand, werden hastig vor dem Zugriff der gierigen Wellen ans Ufer gezogen. Zwei, drei halbwüchsige Jungen bleiben am Strand zurück. Eine Gruppe von gebückten Gestalten schleicht sich von der Küste her ins Landesinnere. Speere und Steinbeile heben sich aus den Umrissen ab. Es sind Krieger eines fremden Stammes auf Beutezug nach Frauen oder was sonst gerade fehlt bei ihnen zu Haus. Siegessicher sind sie, malen sich in Gedanken aus, wie man sie bei ihrer Rückkehr empfangen wird und welche Trophäen sie wegschleppen werden. Kein Wachfeuer brennt. Ahnungslos schläft das Dorf, dem sie sich nähern.

Da plötzlich tauchen im Dunst vor ihnen graue Schemen auf, grobschlächtig und riesenhaft, eine lange Reihe davon, und dahinter noch eine Reihe. Unzählbar stehen sie dort, die Wächter, dunkel und still. Die räuberische Horde bleibt stehen, duckt sich, wittert – geflüsterte Beratung. Die Riesen rühren sich nicht. Was ist das? Was wird geschehen, wenn man versucht, an ihnen vorbeizugelangen? Es wird gestikuliert, gedeutet, geschubst: Geh du zuerst! Nein du! Nein, du!

Keiner kann sich entschließen. Und die Riesen stehen und starren. Zu unbegreiflich, zu unheimlich sind diese grauen Wächter. Und während man unentschlossen starrt, leuchtet der Himmel schon golden, ein Hahn kräht. Die rechte Stunde ist vertan. Die Horde kehrt um. Der Angriff wurde abgewehrt ohne einen Speerwurf, ohne einen Laut.

Menhire, die bretonischen Fingersteine, verwitterte Brocken Granit, deren einstige Form nur zu ahnen ist. Auch 1000 Dolmen (keltisch: *tol* = Tisch, *men* = Stein) – zusammengesetzt aus drei Tragsteinen, darüber eine Deckplatte – stehen an der bretonischen Atlantikküste. Man nimmt an, dass es Gräber sind. Unter manchen fand man Knochen, Grabbeigaben. Nicht unter allen. Vielleicht wurden sie geplündert, vielleicht waren nie welche da. Und die 5000 Menhire? Wozu sie errichtet wurden unter unendlichen Mühen, zu welchem Zweck, teils einzeln, teils in langen Reihen, das lässt sich nicht mehr sagen. Ganz bestimmt waren es Heiligtümer, aber auf der Basis welcher Vorstellungen? Symbolisierten sie gefallene Krieger, eine Armee aus Stein, oder hilfreiche Geister, die Seelen der Ahnen, einen steinernen Wald? Hatten sie irgendwie mit den Gestirnen zu tun, wie der Steinkreis von Stonehenge? Unwahrscheinlich. Zwar verlaufen einige der Reihen von Ost nach West, aber nicht alle. Vergeblich hat man gemessen und nach Bezugspunkten am nächtlichen Firmament gesucht. Astrologische Observationsstätten wie Stonehenge in England lassen sich hier nicht sicher nachweisen.

Der Altertumsforscher Carl Schuchardt, der Erfahrungen mit den klassischen Mittelmeerkulturen hatte, verglich die bretonischen Anlagen mit griechischen Feststraßen, das war kreativ, blieb aber Spekulation: Dort führten gepflasterte Straßen von einem Anlegeplatz am Meer zu einer Kultstätte, so seine Theorie – auch in der Bretagne gäbe es entsprechende Verbindungen zwischen alten Anlegeplätzen im Golf von Morbihan und den Steinalleen, die zu einem *Cromlech* (*llech* – das walisische und bretonische Wort für Stein), also zu einem Steinkreis, führten, mit einer einzelnen rauen Granitsäule in der Mitte. Aber warum dann gleich vier Alleen parallel nebeneinander?

Zu viele Stücke fehlen für den schlüssigen Beweis. Viele Menhire sind umgefallen, zerschlagen und als Baumaterial verschleppt worden. In Plouharnel, Bretagne, lieferte beispielsweise ein 20 Meter langer Steinkorridor zu einem Gemeinschaftsgrab das Rohmaterial für ein nahes Dorf. Und zwischen 1830 und 1840 ist bei Saumur in Zentralfrankreich die tonnenschwere Deckplatte eines Großstein-Grabes als Brücke über einen Bach zweckentfremdet worden. Bei der Gelegenheit lernten wohl die französischen Bauern im Schweiße ihres Angesichts die Leistungen ihrer Vorfahren zu schätzen: 18 Ochsenpaare mussten vor das Trumm gespannt werden, um es zu bewegen, und vier Eichen von je einem Meter Durchmesser wurden gefällt, um die notwendigen Rollhölzer zu liefern, bevor die Sache auch nur in Gang kam. Eine Brücke! Welch profane Entfremdung eines Werks aus einer Zeit, in der nur höchste religiöse Ziele und die Urangst vor der Endgültigkeit des Todes die Verwendung solcher Steinkolosse rechtfertigten. Die Häuser der Lebenden waren diese Mühe nicht wert. Sie wurden aus Holz und Lehm, Schilf und anderen vergänglichen Materialien errichtet, mit einer einzigen Ausnahme: Skara Brae in den Orkneys. Dort war Holz so knapp, dass den Bewohnern der Insel nichts anderes übrig blieb, als ihre Behausungen aus flachen Steinplatten aufzuschichten. Das Aufstellen von massiven Steinriesen aber blieb eine Abnormität.

Einige Autoren haben die Fingersteine als frühgeschichtliche Kunst sehen wollen. Das widerspricht der Theorie von der religiösen Kultstätte nicht. Schließlich hat sich Andacht und Verehrung immer und überall in Kunst ausgedrückt. Kunst ist die Essenz der Andacht und ein Weg dazu. Doch wer hier verehrt wurde und warum, ist damit immer noch nicht erklärt. Auch ist vorstellbar, dass die frühe Menschheit noch gar keine fest definierten Gottheiten verehrte, sondern sich direkt an die Natur wandte. Sie betrieben eher einen Totenkult als einen Gotteskult. Ihre Heiligen waren die Geister von Quellen, Bergen, Bäumen und Steinen. Waren die Menhire also nicht Statuen *für* Götter sondern selbst Götter/Geister? Und wer waren die Erbauer?

Einer lokalen Sage nach lebte in der Bretagne früher eine zwergische Rasse, die Kérions oder Korrigans. Sie liebten die Steine und lebten in Löchern, die sie in die Berge gruben, oder in Steinhäusern, die sie mit Zauberkraft errichteten – so erklärte man sich später die Existenz von Menhiren und Dolmen, als die Kunst ihrer Aufstellung längst in Vergessenheit geraten war. In früherer Zeit hatten die Kérions noch Umgang mit Menschen, die von weither kamen, um sie um Rat zu fragen. Heutzutage sieht man sie nur noch selten und nur am Sabbat. Es gibt alte Leute, die behaupten, mit Kérions Bekanntschaft zu pflegen, aber es ist verboten, allzu viel darüber zu sagen oder gar zu einem Treffen einen Fremden mitzubringen. Das würde den Zorn der Kérions nach sich ziehen. Wem sie sich zeigen, das bestimmen sie selbst. Offenbar haben sie auch entschieden etwas gegen Kameras.

Sowohl die Sage von den hilfreichen Erdgeistern, als auch die phallische Form der *standing stones* verleitet bis heute romantisch veranlagte Paare, nächtens über die Schutzzäune zu klettern, um bei Vollmond zwischen den Steinen Fruchtbarkeitstänze aufzuführen. Man möchte sich das lieber nicht so genau vorstellen. Angeblich ist aber manche Bretagne-Touristin dann glücklich schwanger nach Hause zurückgekehrt.

Vierzig bis 50 000 solcher megalithischer Monumente sind allein in Westeuropa bekannt. Steinkreise, Gräber verschiedener Formen, die alle nur eins gemeinsam haben: die Verwendung von riesigen – von ›*mega*‹-Steinen. Ihre Maße und Gewichte sind eine Ansammlung von Superlativen.

Carnac: Vier Steinalleen, zusammen fast vier Kilometer lang;

Locmariaquer: Le Grand Menhir Brisé, der größte und schwerste aller Fingersteine, 20 Meter lang, 350 Tonnen schwer;

Morlaix: Der Grabhügel Barnenez, Parthenon der Steinzeit: 14 000 Tonnen Steine wurden hier aufgeschichtet;

Stonehenge: Klassisches Beispiel für frühgeschichtlichen Langstrecken-Transport. Einige der Stonehenge-Brocken stammen aus der Nähe, andere, die je 25 Tonnen schweren ›blue stones‹, kommen aus den Presely Mountains, 140 Meilen im Vogelflug von dem Heiligtum entfernt. Über den Weg und die Art und Weise des Transports ist viel geschrieben worden. Eine mögliche Landroute über die Severn nahe Gloucester wäre 180 Meilen lang, eine kurze Seeroute und über die Mendip Hills 150 Meilen, während die längste mögliche Route auf Booten oder Flößen um Cornwall herum ungefähr 400 Meilen lang wäre, aber viel mühselige Schlepperei erspart hätte. Stonehenge war ein Generationenwerk. Nur eine tiefe Überzeugung, ein fanatischer Glaube hat Menschen dazu bringen können, über mehrere Generationen hinweg ein solches Werk anzupacken und zu Ende zu bringen. Denn anders als in Ägypten hatten wir es hier nicht mit großmächtigen Herrschern und einem gewaltigen Beamten-Apparat zu tun. Es war die Arbeit von Freiwilligen. So etwas tut nur, wer an die Ewigkeit glaubt.

Das Wann hat den Forschern lange Schwierigkeiten gemacht – bis zur Erfindung der segensreichen Carbon-14-Methode. Das Wie kann man als geklärt betrachten. Vorbilder dafür sind heute noch in den Steinbrüchen von Assam und Afrika zu sehen. Dort werden noch Steine gebrochen wie in alter Zeit, weiterhin megalithische Monumente produziert.

Es gab mehrere Methoden: Entweder man trieb mit steinernen Schlegeln eine Rille entlang der Sollbruchstelle in den Fels und sprengte den Block dann durch Temperaturschock mit Hilfe von Feuer und Wasser ab. Anderswo arbeitete man mit Holzkeilen, die entlang der gewünschten Bruchkante in den Stein getrieben und dann befeuchtet wurden. Durch ihre Ausdehnung sprengten sie das Stück aus dem Fels. Um aber das gewünschte Ergebnis zu erzielen, nämlich einen Block von geplanten Ausmaßen zu erhalten, musste man damals bereits die gleiche Erfahrung, Geschicklichkeit, das Gefühl für die innere Beschaffenheit des Steins besitzen, die heute noch einen guten Steinmetz oder einen Steinbildhauer auszeichnen.

Wie man die Riesensteine aufstellt, das hat Thor Heyerdahl auf den Osterinseln anschaulich vorgeführt: Eine Grube für das Fundament wurde gegraben, der Stein in eine entsprechende Grundstellung geschleppt und geschoben und dann mit Seilen in die Senkrechte gezerrt. Auch das scheint auf der ganzen Welt gleich gehandhabt worden zu sein. Flaschenzüge oder Rad kannte man noch nicht.

In Westeuropa ging die megalithische Bewegung vom iberischen Raum aus und wurde über Frankreich nach Britannien, entlang der Nordmeerküsten bis nach Polen und vereinzelt an den großen Flüssen entlang bis in die Schweiz verbreitet. Die meisten Großstein-Konstruktionen sind Gräber: Gemeinschaftsgräber, individuelle Ruhestätten, Gräber mit langen geraden oder gewundenen Zugangsalleen, einfachen oder mehrfachen Kammern, *tumuli* mit Erde bedeckt, auch Schlüssellochgräber, von denen meist nur noch die Frontplatte stehen geblieben ist: einsame, abgeflachte Quader von zwei bis drei Metern Höhe mit hoch gelegenem Einstiegsloch. Wozu dieses Loch im Stein? Hätte man den Toten nur dort hindurchreichen wollen, wäre es doch praktischer gewesen, einen gewöhnlichen Eingang zu bauen und danach zu verschließen. Sollten die Verstorbenen daran gehindert werden, herauszukommen und Unheil zu stiften? Oder im Gegenteil: Sollte den Seelen Gelegenheit geboten werden durch dieses kreisrunde Loch im Stein in die Freiheit zu fliegen? Wenn zu bestimmten Tages- und Jahreszeiten ein Schaft Sonnenlicht in das Grab fiel, dann hätten die Seelen die Brücke aus Licht betreten können.

Es gibt Megalithmonumente am Schwarzen Meer, in Nordafrika, besonders in Algerien, im Senegal und im Sudan, auf Malta, in Persien und Indien, Assam, Sumatra, auf einigen Polynesischen Inseln, in Zentral- und Südamerika. Auch in Japan waren Großsteingräber weit verbreitet und es existieren sogar schriftliche Quellen darüber. Aber im 7. Jh. n. Chr. wurde diese Tradition plötzlich abgebrochen: Kaiser Kôtoku verbot den Bau solch extravaganter Ruhestätten – wegen der Verschwendung menschlicher Arbeitskraft.

Die besterhaltensten Zeugnisse alter Kulturen sind noch in der Sahara zu finden. Angefangen von Feuersteinwerkzeugen und Schleifwannen, die man an manchen Stellen so unversehrt findet, als seien sie gestern gefertigt worden, kann man ebenso unerwartet im Wüstensand auf Steinsetzungen stoßen: auch hier Dolmen, Trilithe – drei Steinsäulen mit einer Deckplatte –, mehrreihige Steinkreise und *croissants,* sichelförmig angelegte Steinsetzungen, die wohl den Dünen abgeschaut waren.

Von einer wunderbaren, einfachen Würde sind die *dallages* am algerischen Ahaggar-Gebirge: kreisförmige oder quadratische Areale, die mit schwarzen Steinen gepflastert sind, manche von menschlicher, andere von gigantischer Größe. Niemand weiß, wie viele von ihnen es in der Weite der Wüste noch gibt, wie viele unter Wanderdünen verschwunden sind. Waren es Gebetsstätten? Der Mensch scheint ja sehr früh das Bedürfnis entwickelt zu haben, die höheren Mächte auf sich aufmerksam zu machen. In Europa wurden zu diesem Zweck Kathedralen errichtet. In der Einsamkeit der Sahara genügte dazu ein Kreis aus Stein: »Schau her, hier bin ich. Hör mich an.« Und warum war Gott immer im Himmel, immer oben? Das hat mit dem Inbegriff von Macht zu tun, den wir schon als Kinder lernen: Klein sein bedeutet, schwach, hilflos zu sein, ausgeliefert. Die Großen sind die, von denen Wohltaten und Bedrohung ausgehen. Sie türmen sich über uns, ihre Augen können Blitze schleudern und sie tun, was ihnen beliebt.

So weit verbreitet und in einem relativ zur Menschheits- und Erdgeschichte sehr kurzen Zeitabschnitt von 3000 Jahren gedrängt, wie die Megalithkulturen waren, möchte man gern glauben, dass sie gemeinsame Schöpfer, einen universellen Zweck hatten. Im 19. Jh. war die Ansicht verbreitet, alle diese Monumente seien Spuren einer Herrenrasse, der ›Kinder der Sonne‹, die sich von Ägypten her über die Welt ausgebreitet hätten. Heute vertritt man diese Meinung nicht mehr, wohl weil man von Herrenrassen ein für alle Mal genug hat.

Das Einzige, das diese Werke miteinander gemeinsam haben, ist nach unserem Kenntnisstand die Übergröße. Vielleicht war es im Verlauf der Ich- und Welterkenntnis des Menschen an der Zeit, sich zum ersten Mal am Gigantismus zu versuchen.

Am beeindruckendsten aber von allen megalithischen Hinterlassenschaften scheinen die einzeln stehenden Steine zu sein. In wie vielen Sagen, in Literatur und abergläubischen Volksmärchen spielen sie eine Rolle! Sie berühren etwas in unserem Unterbewusstsein. Das Aufrichten aus der Vierfüßlerhaltung ist ein elementarer Schritt in der Menschwerdung gewesen. Aufrichten heißt Weiter-Schauen, Mehr-Sehen. Auch: Sich-größer-Machen – bei vielen Säugetieren und in allen menschlichen Kulturen eine Drohgebärde. In jedem Fall ist das Aufrichten, der erhobene Finger, die Senkrechte eine Aufmerksamkeits-heischende Geste. Und mehr als das: Sich Aufrichten bedeutete für den frühen Menschen: Sich dem Himmel nähern, den Göttern entgegentreten. Nicht ohne Grund ist der Baum (in Abwandlung: das Kreuz) eines der wichtigsten Symbole der Menschheit, in allen Kulturen bekannt und in vielen Märchen und Mythen verewigt als Himmelsbaum, an dem die Planeten hängen, als Lebensbaum, kosmischer Baum der parsischen Avesta, im Ägyptischen Totenbuch als Nabel der Welt; im Judentum wie im Christentum gibt es ihn. Die Esche Yggdrasil, tausendfach in Stein geschlagen in Form der Rune HAGAL ᚼ aus dem jüngeren (neueren) Futhark oder HAGALAZ aus dem älteren Futhark, dem germanischen Runenalphabet. HAGAL ist entstanden aus den Runen YR ᛣ für Eibe oder Esche, die die Verbindung zum irdischen Hier bezeichnet (auch ALGIZ nach dem älteren Futhark) und der Rune MAN ᛉ (oder MANNAZ nach dem älteren Futhark), die den Einfall göttlichen Lichts darstellen sollte – aus beiden ergibt sich ein Baum, dessen Zweige nach oben und nach unten zeigen, der menschliche und göttliche Sphäre miteinander verbindet. Und so drückte auch mancher Fingerstein ein erstes Streben aus: nach oben zu wachsen im Versuch, der leidensvollen Verhaftung mit dem irdischen Leben zu entgehen; eine Sehnsucht nach Versöhnung der irdischen und der himmlischen Welt.

Die schönste Auslegung von Fingersteinen ist die für den Ursprung ägyptischer Obelisken. Laut dem römischen Offizier und Universalgelehrten Plinius dem Älteren sollten diese ›Balken‹ aus Granit die Sonnenstrahlung nachahmen. Heute wissen wir, dass die Tradition der Obelisken von Vorgängern der Pharaonen stammt: Atum, der

Gott von Heliopolis, so glaubte man, sei seinem Volk zuerst in einem Fels erschienen, der sich aus den Urwassern erhob, um das Strahlen der Sonne auf seinem Gipfel zu empfangen. Folglich wurde im Haupttempel ein hoher Stein aufgestellt, vermutlich von einem Deckstein aus Gold gekrönt. Die Nachfolger-Kultur übernahm diese Sitte und passte sie ihrem ästhetischen Empfinden und handwerklichen Geschick an. Zwei Obelisken, auf den Befehl der Pharao-Regentin Hatschepsut errichtet, hatten Spitzen aus Bernstein, die die Sonnenstrahlen einfangen und verstärken sollten.

Oder sollten mit Menhiren, Dolmen, Obelisken tatsächlich Erd- und kosmische Strahlungen aufgefangen werden? Und wie sollten unsere primitiven Vorfahren darauf gekommen sein? Es gibt Orte auf dieser Erde, deren besondere Kraft sich sensiblen Menschen mitteilt, oder wie der französische Schriftsteller Maurice Barrès schrieb: »Stätten, wo der Geist weht«. (Es soll aber nicht verschwiegen bleiben, dass Barrès ein rassistischer Nationalist war, dessen Sorte sich nur allzu gern jeglichem altertümelnden Mystizismus hingibt.)

Dennoch: Ist es nicht so, dass wir uns an manchen Orten wohl und innerlich bestärkt und an anderen instinktiv unwohl fühlen? Ist es nicht denkbar, dass die Menschen einer früheren Zeit, in der die Erde noch nicht so überbaut und sie selbst von keiner Reizüberflutung abgelenkt waren, damals solche Orte stärker empfanden? Man sagt uns, die Erde sei von energetischen Linien überzogen, einem ganzen Netz davon. Es seien Erdströme, hervorgerufen durch die Erdbewegung, Magnetismus und unterirdische Gewässer. Forschungen haben ergeben, dass sich viele megalithische Monumente, Pyramiden, Tempel und Kathedralen gerade über solchen energetischen Knotenpunkten befinden. Menhire könnten aufgestellt worden sein, um diese Kräfte zu nutzen.

Steine können Strahlungen speichern und abgeben, das lässt sich an einem sonnengewärmten Stein leicht erfahren. Sonne ist Lebenskraft, Fruchtbarkeit. Steine können Kraft speichern und Dolmenkonstruktionen oder Steinkreise darüber hinaus wie Verstärker wirken. Das Aufrichten ›steinerner Balken‹ schafft zusätzlich noch die Verbindung zwischen Himmel und Erde, ein mächtiges Instrument und ein Zweck, eine Notwendigkeit, die den schier unvorstellbaren Aufwand erklären würde, der hier betrieben worden ist. Nur eine tief empfundene Dringlichkeit, keine frivolen Eitelkeiten, könnten die Erfindungen ausgelöst haben, die zur Errichtung dieser Giganten nötig waren. Manche wollen die Dolmen mit ihren drei oder vier Säulen, der Deckplatte und der Höhle darunter als kosmische Musikinstrumente sehen. Die Deckplatte wäre demnach die Klangplatte eines gigantischen Xylophons und die Höhle darunter der Resonanzboden. Steine, die unter Spannung stehen, kann man mit einem Fingernagel klingen lassen. Und Musik besitzt eine eigene Magie, die in Kirchen und Tempeln immer schon eingesetzt worden ist. Das ist ein uralter Instinkt. Eine solche Auslegung der Megalith-Monumente ist verführerisch. Sie würde vieles erklären und praktisch keine Ungereimtheiten übrig lassen, wie alle anderen Erklärungsversuche. Ein Menhir, der die Musik des Universums empfängt und weitergibt – welch wunderbare Vorstellung!

Stelen, Fingersteine, Säulen, Obelisken – sie alle erscheinen uns geheimnisvoll und ein wenig bedrohlich, je älter sie sind und je weniger wir über die Erbauer wissen. Vollends unheimlich wird es, wenn die Natur selbst solche Formen geschaffen hat. Fingerförmige Felsen haben seit dem Mittelalter oft die Kulisse für Schauergeschichten über Teufel und Hexen abgegeben. So gibt es im Crau, einer steinigen Gegend der Provence, einen einzeln stehenden, steilen Felsen, auf dem nächtlichen Reisenden der Teufel Matagon zu erscheinen pflegte. Er wollte nichts weiter als einen ehrlichen Handel abschließen. Unterschrieb man ein Papier, auf dem man ihn als Fürsten der Welt anerkannte, so wollte er dafür den neuen Untertanen mit Reichtümern überhäufen. Die Sache war durchaus freiwillig, es ist also gar nicht einzusehen, warum dem armen Matagon ein solch übler Ruf anhaftet. Es war doch bloß Wahlkampf.

In einigen nordischen Kulturen glaubte man, dass die Seelen von Toten gern solche Steine aufsuchten. Angenehmer ist die Vorstellung, dass Elfen in oder unter solchen Steinen wohnen. Das mit den Feen, den Fairies, *sidhe* (sprich: schii) oder *Tuatha Dé Danann* stammt von den Kelten. Nachdem sie von den Milesern, dem fünften Einwanderervolk Irlands besiegt worden waren, gingen die *sidhe* unter die Erde, wo sie sich wunderbare Reiche mit künstlicher Sonne geschaffen haben. Über der Erde gibt es Orte, die den *sidhe* heilig sind und die der Mensch besser nicht entweiht, Steinkreise, Dolmen zum Beispiel. Dort können besondere Menschen auch mit ihnen Kontakt knüpfen. Aber Vorsicht: Sie haben ihre Vertreibung durch Menschen weder vergessen noch vergeben und spielen ihnen gern einen Schabernack. Man kann sie mit Musik, die sie lieben, oder mit einer Schale Milch auf dem Fensterbrett besänftigen. Auf keinen Fall darf man ihre Wege und Häuser überbauen oder ihre Steingärten zerstören, um Ackerfurchen zu ziehen. Erstaunlicherweise halten sich, wenn auch verschämt, noch heute in England, Schottland, Irland und Island viele, selbst junge Leute, an diese alten Regeln. Man weiß ja nie. Island besaß sogar einen staatlich besoldeten Beamten für das Troll- und Feen-Wesen, der in Zweifelsfällen zu Rat gezogen wurde.

Als die Kelten Frankreich und die britannischen Inseln besiedelten, war die Zeit des Megalithikums noch nicht so weit entfernt. Man kann annehmen, dass sie um die Bedeutung und Verwendung der Megalithen wussten. Die alten Steinsetzungen wurden jungen Religionen einverleibt, wie das oft war. Die Kelten verzierten viele Menhire mit ihren Zeichen, mit dem keltischen Kreuz, den verschlungenen Knotenmustern, Göttersymbolen und mythischen Tieren, *Ogam*- oder *Ogham*-Inschriften und stellten auch eigene Steinsäulen auf.[1]

Der bekannteste keltisch-mythische Stein ist der Lia Fál, der irische Königsstein. Diese Steinsäule soll die Eigenschaft haben, laut aufzuschreien, wenn ein rechtmäßiger Herrscher sie berührt. Sie taucht in der Artussaga als Prüfstein für die Würdigkeit eines der Teilnehmer an der Tafelrunde auf.

Die alten Fingersteine und Skulpturen werden heute noch als Orte voller übernatürlicher Energien empfunden, und tatsächlich, wenn man es fertigbringt, an einem solchen Stein allein oder in der Runde Gleichgesinnter eine Nacht zu verbringen, dann wird man Empfindungen erleben, die sich mit unseren heutigen Vorstellungen und unserem spöttisch-überheblichen Weltbild schwer vertragen. Ob man sich dann beschützt oder bedroht fühlt, das hängt wohl vom eigenen Gewissen ab. Die grauen Riesen sind alt und schweigsam, aber sie haben eine unleugbare Präsenz, die eine Auseinandersetzung mit sich selbst herausfordert. Die schweigsamen Steine wurden aufgestellt, um Botschaften zu übermitteln. Stellt man den Lärm der Zivilisation für ein paar Stunden ab, werden sie zu uns sprechen in der universellen Sprache des Instinkts? Die Geschichten über Mutproben, bei denen Menschen für immer verändert wurden, werden ihre Wurzeln schon haben. Oder findet das alles nur in unseren Köpfen statt?

An der australischen Westküste, im Nirgendwo 245 km nördlich von Perth, gibt es ein einzigartiges Naturschauspiel, für die Aborigines heilig, von den eingewanderten Engländern respektlos *pinnacles*, Spitztürmchen, getauft. Man sieht dort auf einer Fläche von mehreren Quadratkilometern 150 000 Kalksteinspitzen aus dem Quarzsand ragen, alles blassgelb, die ganze Szenerie. Die Spitzen sind bizarr gezackt und variieren in der Größe von einigen Zentimetern bis zu vier Metern Höhe. Läuft man zwischen ihnen entlang im weichen Sand, fühlt man sich wie auf einem futuristischen Planeten. Als die Mannschaft eines holländischen Handelsschiffs an dieser Küste vor etwa 300 Jahren an Land ging, da hielten sie die Steinformation für Ruinen einer antiken Stadt. Tatsächlich sind es Wurzelzwischenräume. Auf wesentlich höherem Niveau stand vor etwa 30 000 Jahren ein Wald. Der Wald starb ab, aber die Wurzeln dieses sterbenden Waldes blieben so lange im Boden erhalten, dass sich die Erde rundumher zu Kalkstein verfestigte. Dann endlich verrotteten die Wurzeln. Der Humus und die lockeren Böden wurden durch Wind und Wasser abgetragen, bis nur die Zwischenräume zwischen den ehemaligen Wurzeln stehen blieben. Das ist das Geheimnis der *pinnacles*. Die Ureinwohner dagegen glaubten, dass es sich um versteinerte Krieger aus der Traumzeit handelte, ein Teil ihrer mündlich tradierten Geschichte.

Man sieht also, dass aufrecht stehende Steine, ob natürlich oder menschengemacht, einen hohen Aufmerksamkeitswert haben. Alle Kinder sind wohl von Hünengräbern und Schatzsuchen fasziniert. Auch ein gewisser Johann Joachim Winckelmann aus Stendal ist als kleiner Junge unter den gigantischen Steinen herumgekrochen und hat seine Altersgenossen dazu angestiftet, nach Urnen zu buddeln. Aus ihm wurde dann ein Begründer der modernen Archäologie.

Nun leiden wir Deutschen ja darunter, dass unsere Vorfahren so wenig vorzeigbar sind. Die Ägypter haben Pyramiden gebaut, die Griechen herrliche Skulpturen aus Marmor geschaffen und die Demokratie erfunden, die Mayas bilderübersäte Observatorien hinterlassen – von unseren germanischen Vorvätern lässt sich leider nur sagen, dass sie großartige Raufbolde und ausdauernde Säufer waren. Alles, was sie uns hinterlassen haben, sind ein paar grobschlächtige Hinkelsteine. Da kann es nicht verwundern, dass die Nationalsozialisten eben die Härte und Anspruchslosigkeit als beste germanische Eigenschaften betonten. Was anderes war ja nicht da.

Zur Ehrenrettung unserer Ahnen schritt kürzlich der Oberkustos des Museums für Vor- und Frühgeschichte in Berlin, Dr. Klaus Goldmann. Er stellte die Theorie auf, dass den Germanen in Sachen Nachruhm ihr Reichtum zum Verhängnis wurde, ihr Reichtum an

Holz nämlich. Und außerdem scheint sich da schon in römischer Zeit ein Dreckfuhler eingeschlichen zu haben: Ein Übersetzungsfehler machte aus reichem Kulturland einen düsteren Sumpf.

Germanien – ein unpräziser Begriff, aber Sie wissen, was ungefähr gemeint ist – war noch in römischer Zeit mit einem solchen Waldreichtum gesegnet, dass Reisende aus fernen, bereits abgeholzten Ländern davon schwärmten. Insbesondere wurden die hoch gewachsenen, geraden Stämme erwähnt. Die bei Ausgrabungen aus Torf und Mooren gefundenen außerordentlich gerade gewachsenen Stämme, oft von exakt gleichem Durchmesser, lassen sogar an erfolgreiche Forstwirtschaft denken. Bis ins Mittelalter hinein wurde fast ausschließlich mit Holz gebaut, Gegenstände und Verzierungen in Holz geschnitzt und mit Pflanzenfarben bemalt.

Vorstellbar ist also, dass, wie Dr. Goldmann schreibt, in Alteuropa durchaus ein geordnetes Staatensystem mit verfeinerter Kultur existiert hat. Nur sind aufgrund der Vergänglichkeit des Materials Holz kaum noch Spuren davon zu finden. Mit den wenigen gehobenen Schätzen scheint man auch unsachgemäß umgegangen zu sein. Vieles wurde aus Unwissenheit zerstört. So sind aus Mooren bei Nydam, Dänemark, hölzerne Schilde geborgen worden. Da sie schmutzig waren, wurden sie als Erstes mit einem Wasserschlauch abgespritzt. Viel zu spät fiel einem Archäologen auf, dass das, was da heruntertropfte, nicht nur Schlamm, sondern auch Farben waren. Die prachtvolle Malerei war fortgespült worden. Jetzt weiß man es besser und es sind neue Funde zu erhoffen.

Weil also unsere Vorfahren kaum Stein genutzt haben, sieht es heute so aus, als seien sie unkultivierte Barbaren gewesen. Dazu kam die Arroganz der römischen Eroberer, die naturgemäß ihre Feinde nicht im besten Licht erscheinen ließen in ihren Berichten. Kolonialherren rechtfertigen ja immer ihr Tun durch kulturelle und nicht durch militärische Überlegenheit. Auch die römischen Missionare ließen es im Nachhinein so aussehen, als habe die Zivilisation erst mit ihrem Kommen angefangen.

965 n. Chr. bereiste der jüdische Händler Ibrahim Ibn Jakub im Auftrag des Kalifen Hakan II. von Cordoba die nördlichen Länder Mitteleuropas, insbesondere Mecklenburg, Sachsen und Böhmen. Er schrieb einen ausführlichen Reisebericht, der leider nur in Abschriften überliefert ist, weil die Bibliothek von Cordoba einem christlichen Autodafé zum Opfer gefallen ist. Ibrahim Ibn Jakub beschreibt diese Länder als reich an Getreide, Fleisch, Honig und Fischen. Hirse,

Gerste und Weizen soll zweimal jährlich geerntet und bis nach Byzanz exportiert worden sein. Ebenso sollen die Germanen mit Reitpferden gehandelt haben, die man schließlich nicht gut in dichten, sumpfigen Wäldern züchten kann.

Ein späterer Kopist/Übersetzer hat dann den Sinn des Textes fast ins Gegenteil verkehrt: Das Missverständnis bezieht sich auf das arabische Wort *ham'a,* das anscheinend in der späteren Übertragung einfach mit ›Morast‹ übersetzt wurde. Das passt aber nicht zu den reichen Getreideernten. Man hätte es mit Lehm und Ton übersetzen müssen, was mehr Sinn macht. Laut Dr. Goldmanns Forschungen war das betreffende Gebiet nämlich trockengelegtes, fruchtbares Land. Dann gibt es da noch das Wort *giyad,* Plural von *gaida,* das man sowohl als sumpfiges Dickicht, als auch als trockengelegtes Land übersetzen kann. Viel von dem trockengelegten Land wäre demnach später wieder versumpft und überwuchert worden, nach Entvölkerung weiter Landstriche durch Krieg und Epidemien.

Deshalb also glauben einige moderne Altertumsforscher, dass Germanien nicht das finster-trübe Barbarenland gewesen ist, das Tacitus beschrieben hat, sondern durchaus eine Hochkultur mit Schrift und Kunst, nur leider einer sehr vergänglichen.

Auch die Wikinger waren wohl nicht die Vorzeit-Hooligans, als die sie neuerdings gern dargestellt werden. Weder das, noch ein Heldenvolk oder gar weitgereiste Diplomaten. Die Wahrheit liegt wie immer dazwischen. ›Die Wikinger‹ als Volk hat es nie gegeben. Altnordisch *vikingr* heißt einfach ›Seeräuber‹ und bezeichnet daher nur einen Teil der ausgedehnten und differenzierten skandinavischen Bevölkerung, einen ziemlich großen Teil – zugegeben –, sonst hätten sich ihre Raubzüge nicht so eingeprägt. Aber schließlich machen auch heute eine Handvoll brauner Dorfterroristen mehr Schlagzeilen als der viel größere friedliche Rest der Bevölkerung. Ein englischer Wissenschaftler hat den Wandel der Wikinger vom Seeräuber zum Eroberer treffend so beschrieben: »To viking war eine saisonale Beschäftigung. Im Winter ließ es sich nicht gut reisen und kriegführen, ob zur See oder auf dem Land. Also ging man heim mit seinem Erwerb zu Eltern, Frau und Kindern, reparierte das Dach, kratzte dem Hausschwein den Rücken, zeugte ein neues Baby und wartete den nächsten Ruf zu den Waffen ab. Aber im Ausland zu überwintern ... gab dem Vikingen eine neue Wendung: wenn einen Winter, warum nicht zwei, wenn zwei, warum nicht drei? Die Winter waren wärmer im Süden, die See gefror niemals, das Land war gut und wartete darauf, eingenommen zu werden. Warum überhaupt nach Hause zurückkehren?«

Abgesehen von schönen Schmiedearbeiten und Schmuck haben die Wikinger vor allem eines hinterlassen, das bei den Neoromantikern heute hoch im Kurs steht: Runensteine, roh zugerichtete Findlinge einfach, in die Runenzeichen eingemeißelt sind. Ich rechne sie wegen ihrer Wirkung ebenfalls zu den ominösen Fingersteinen. Zu Beginn des ersten Jahrtausends waren magische und religiöse Inschriften häufig. Eine andere Gruppe der Runeninschriften dagegen stellt Rechtsdokumente dar. Interessanterweise handelte es sich dabei meist um Gedenksteine an gefallene Männer. Sie wurden überwiegend von den hinterbliebenen Ehefrauen in Auftrag gegeben, weniger aus Pietät, als um sofort die Erbfolge klarzustellen und die Witwen abzusichern. In späterer Zeit und je weiter weg von der Heimat sie gefunden wurden, hatten die Runen dann oft nur noch Graffiti-Charakter: »Hägnar war hier!«

In Schweden gibt es 3000 erhaltene Runeninschriften, in Norwegen etwa sechzig, in Grönland fünfundsiebzig und im kleinen Dänemark immerhin 200. Und obwohl Dänemark so reich an Runensteinen ist, hat es einen 87 Jahre dauernden Vorgang zwischen Preußen und Dänemark wegen eines einzigen Runensteins gegeben, noch dazu einem, der, wie sich herausstellte, doch nur der Graffiti-Sorte angehörte ...

Man muss sich vorstellen: Seit der Renaissance war das Interesse an der Antike wiedererwacht, an ihrer Philosophie, der Medizin, der Magie, vor allem aber an ihrer Kunst. Seither war gierig und systemlos gesammelt, aber auch vieles zerstört worden. 1762 erschien Winckelmanns ›Geschichte der Kunst des Altertums‹, das erste systematische und umfassende Werk über die Entwicklung der antiken Kunst, ein Bestseller, der so packend geschrieben war, dass er die gebildete Welt mit Begeisterung für antike Schätze erfüllte und praktisch die Klassik einleitete.

Der Hohenzollernprinz Friedrich Carl Nikolaus von Preußen war so ein Antikensammler, ein wenig wahllos zwar und ohne Respekt, dafür aber von großer Begeisterung. Zu seinen Souvenirs aus aller Welt zählten ein Boot und ein Anker unbekannter Herkunft, zwei nordische Streitäxte, Schildbuckel, Türbeschläge sowie ein Mumiensarg aus Theben, den er 1883 der Ägyptischen Abteilung des Neuen Museums zu Berlin schenkte. Die Mumie hatte er allerdings zuvor im Billiardzimmer seines Jagdschlosses Dreilinden »unter den erläuternden Bemerkungen« anwesender Fachleute auswickeln lassen. Und im Deutsch-Dänischen Krieg von 1864 hatte er eben einen wikingischen Runenstein mitgehen lassen, um ihn später bei seinem Jagdschloss Dreilinden aufzustellen. Der Königliche Oberstabsarzt Friedel berichtete darüber in einem Brief an seinen Bruder: »Lieber Ernst! ... Der Runenstein stammt vom Ochsenwege dicht bei Rothenkrug nahe Apenrade, woselbst er herrenlos dastand und von Prinz Friedrich Carl mitgenommen wurde.« (Der ›Ochsenweg‹ war jene engste Stelle zwischen Ost- und Nordsee, an der die Wikinger ihre Drachenboote zwecks Weiterreise über Land gezogen hatten.)

Seltsamerweise war es ausgerechnet im Jahr 1864, angeblich kurz *vor* der Entführung des Steins, dass in Dänemark über ihn geschrieben wurde. Plötzlich war er ein »kleines nationales Heiligtum«. Die Inschrift lautete »hairulfr« und kein Mensch wusste damit etwas anzufangen. In Deutschland wurde die ›Erwerbung‹ bekannt durch Theodor Fontanes Dreilinden-Kapitel aus ›Neues aus der Mark Brandenburg‹.

Zunächst wurde der Stein noch einige Male erwähnt, unter anderem auf den Dreilindener Menü- und Tischkarten als nordgermanisches Heldendenkmal. Dann geriet das Ding in Vergessenheit. In den 1930ern tauchte es wieder auf. Das Interesse an Heldendenkmälern war schließlich immens gestiegen. Eine Rückgabe an Dänemark wurde von einigen Wissenschaftlern vorgeschlagen, aber dazu kam es nicht. Runenforscher und SS stritten sich nun um das gute Stück. Da man aber vordringlichere Probleme hatte, blieb es, wo es war. Nach Kriegsende war das Schloss Dreilinden zunächst von US-Militärs kassiert und für Deutsche verboten. Erst 1951 konnte Ernst Reuter den »Hairulfr«-Stein in einem feierlichen Akt dem dänischen Botschafter übergeben. Der versicherte, ganz Dänemark freue sich über die Rückgabe, die ein Beweis des guten Willens zu herzlichen, nachbarschaftlichen Beziehungen sei.

»Hairulf-R«, so weiß man heute, heißt ›Heerwolf‹. Und der war entweder ein gefallener Seeräuber oder ein Runenmeister, der wissen lassen wollte, dass er hier vorbeigekommen ist.

3.
Jade und Türkis –
Zwei Edelsteine der Vorzeit

Aus der chinesischen Tang-Dynastie (618–907 v. Chr.) ist eine grausame Geschichte überliefert:
3000 Schönheiten aus dem ganzen Reich zierten den Hof des Kaisers Ming. Einer davon gelang es, alle anderen auszustechen und den Kaiser an sich zu fesseln. Sie soll sehr schön gewesen sein, Yang-kuei-fei, Jade-gekrönte-Yang; schwarze Mandelaugen, der Mund eine Rosenknospe, eine Haut wie Pfirsich und Reispapier; ihre Gestalt war schlank und biegsam wie ein Schilfrohr im Wind und sie bewegte sich in so feinen Trippelschritten, dass sie über den Boden zu schweben schien.

Hinter dem zarten Äußeren muss sich ein harter Kern verborgen haben. Willensstark, intelligent und skrupellos brachte sie den Kaiser dazu, ihr jeden Wunsch von den Augen abzulesen und der Hofstaat tanzte wie Puppen an den Fäden ihrer kleinen Finger. Sie war die wirkliche Macht hinter dem Himmelsthron. Eine Zeitlang bewunderte man sie derart, dass die Geburt eines Mädchens der eines männlichen Nachkommen als gleichwertig galt.

Was Yang-kuei-fei trug, wurde sofort Mode im gesamten Reich. Ihr Geschmack war berühmt und kostspielig. Besonders liebte sie Jade und veranlasste Kaiser Ming, unsägliche Summen dafür auszugeben. Außerdem betrieb sie einen über die Maßen frechen und offenen Nepotismus, so dass bald jede einträgliche Stelle mit einem ihrer vormals armen Verwandten besetzt war.

So gewaltig wurde ihre Arroganz und Verschwendungssucht, so drückend die Steuern, dass es schließlich zu einem Volksaufstand kam. Der Kaiser und sein Hofstaat sahen sich gezwungen, mitten im bitteren Winter über die Berge nach Szechuan zu fliehen. Die Soldaten, die hungrig waren und lange keinen Sold bekommen hatten, machten Yang-kuei-fei für ihre Lage verantwortlich. Sie stellten dem Kaiser ein Ultimatum: Entweder Yang würde auf der Stelle hingerichtet, oder aber sie würden den Kaiser und seine Anhänger im Stich lassen, allein in den Bergen. Bei aller Liebe war dem Kaiser doch der eigene Pelz näher und, nachdem er sich mit einem wunderschönen Liebesgedicht bei Yang-kuei-fei entschuldigt hatte, überließ er sie den Söldnern.

Sie erhielt, wie es Sitte war, einen Seidenschal, an dem sie sich selbst aufzuhängen hatte. Da hing sie nun, an einem kahlen Pflaumenbaum, Heer und Kaiser zogen weiter. All ihr kostbarer Jadeschmuck fiel herab und lag dort im Gras und auf den nackten Felsen. Doch so verhasst war Jade-gekrönte-Yang, dass niemand die Schmuckstücke auflas. Wahrscheinlich liegen sie heute noch an dieser Stelle.

Das Verhältnis der Chinesen zu Jade ist mit der Freude anderer Völker an Schmuck-, Edelsteinen und schönen Dingen nicht zu vergleichen. Für sie besitzt Jade eine Qualität, die man nur als mystisch bezeichnen kann, und sie haben eine geradezu unheimliche Fähigkeit, wahre Jade von ähnlichen Grünsteinen zu unterscheiden. Es ist der Stein des Himmels und mit keinem anderen zu vergleichen. Noch in den 70er-Jahren bekam ein Drittel aller neugeborenen Mädchen das Wort Jade als Teil ihres Namens beigefügt: Rote Jade, Jadeschnee …, für Jungen suchte man Namen, die Prestige und Macht ausdrücken: Pi (Jadescheibe, die in alten Zeiten hohen Rang ausdrückte), Kuei (Jadezepter) oder Pu (rohe Jade von hohem Wert). Die chinesischen Schriftzeichen für König und Jade sind sich ähnlich. Sie unterscheiden sich nur durch einen einzigen Punkt. Und das war ganz sicher beabsichtigt. (In alten Zeiten war der König – oder was man bei uns etwa parallel darunter verstand – die höchste Person im Staat; der Begriff Emperor/Kaiser entstand erst später).

Jade war rar im alten China. Als *True jade,* ›wahre Jade‹, gilt nur Nephrit, den man hauptsächlich in Khotan, der Provinz Sinkiang

(Chinesisch Turkestan) findet und zwar am White Jade River und im Green Jade River, wo er heute noch abgebaut wird.

Das Verlangen nach dem Besitz von Jade war überwältigend. Frühe chinesische Herrscher richteten ihre Eroberungszüge danach aus, dem Reich so viel Jade-produzierende Gebiete wie möglich hinzuzufügen. Mehrmals sind chinesische Generäle an Burma gescheitert. So groß war die Angst der Generäle vor dem Zorn des Himmelsohns Chien-Kung, dass sie den burmesischen Prinzen hohe Bestechungsgelder zahlten, um Jade heimbringen zu können, die sie dem Kaiser dann als ›Tribut‹ präsentierten.

Allerdings kommt aus Burma nur Jadeit, auch Jadeitit. Der Unterschied zur ›wahren Jade‹ ist wohl nur einem Chinesen verständlich, denn beide sind Silikate mit unterschiedlichen Beimischungen von Magnesium, Eisen, Kalzium und Natrium.

Nephrit, wahre Jade, ist das zäheste Mineral, das wir kennen. Es gehört zur selben Gesteinsgruppe wie Asbest. So hart ist dieser Stein, dass er mit keinem Hammer auf einem Amboss zu zerschlagen ist. Es heißt, dass der Inhaber eines Mineralienkontors bei Bonn um 1910 einen sehr großen Nephritblock aus China in seinen Besitz bekam. Er wollte ihn natürlich gerne in kleinere, besser verkäufliche Stücke zerschlagen und – als die Hammer- und Amboss-Methode scheiterte – legte ihn unter einen Dampfhammer. Der Nephrit blieb unbeschädigt, der Dampfhammer war verbogen!

In China machte man vor 2000 Jahren folgendes Experiment: Ein Nephritstück wurde dreimal 24 Stunden in einem Kalkofen gebrannt – und kam wie Phoenix aus der Asche heraus, ohne etwas von Glanz und Farbe verloren zu haben. Durch das Glühen wurde er allerdings spröde, so dass er jetzt wenigstens leichter zerteilt werden konnte. So weit – so gut. Wie aber um alles in der Welt konnte man dieses unglaublich widerstandsfähige Material in der Frühzeit bearbeiten? Mit einem unwahrscheinlich hohen Werkzeugverbrauch, feinstem Schleifsand und Kupfersägen, in geduldigster Kleinarbeit, bei der sich Fortschritte nur millimeterweise zeigten. Ein chinesischer Jademeister rechnete für die Fertigstellung eines einzigen faustgroßen Stücks ein halbes Jahr.

Kultgegenstände aus Nephrit hat es mindestens schon seit der Jungsteinzeit gegeben. Sorgfältig geschliffene und geglättete Dolche und Äxte aus Grünstein sind aus Gräbern in Sachsen, Südeuropa, Dalmatien, Mähren, Ungarn, Schlesien, Österreich und der Schweiz geborgen worden. Gefunden wurde er in Europa aber nur sehr selten, in südlichen Geröllen und als Adern in der Schweiz. Alles weist also auf einen Fernhandel mit Asien hin. Das hat man sich anders vorzustellen als Handel heute. Es dauerte vielleicht einige Jahrhunderte, bis so ein Gegenstand von Hand zu Hand ging und immer weiter gen Norden wanderte, getauscht, geraubt, geplündert wurde, bis er schließlich als Prunkaxt am Gürtel eines Sachsenhäuptlings hing.

Eine regelrechte Nephritkultur ist sonst nur aus Neuseeland bekannt, wo Grünstein in großer Menge vorkam, aber wegen der unendlichen Mühseligkeit seiner Bearbeitung nur zu besonderen Zwecken verwendet wurde, beispielsweise zur Ahnenverehrung. Äxte aus Nephrit waren Häuptlingsprivileg.

Im Altertum rechnete man auch grünen Jaspis zu den Grünsteinen. Jaspis ist ein Siliciumoxid, das wesentlich leichter in die gewünschte Form zu bringen ist. Heute werden Fälschungen angeboten aus gefärbtem Marmor, Serpentin, Aventurin, Chrysopras, Rhodonit oder einfach aus Glas. Man ist also gut beraten, wenn man ein wirklich teures Stück erwirbt, sich auf der Kaufquittung versichern zu lassen, dass es sich um echte Jade handelt, so dass man den Kaufpreis reklamieren kann, wenn es sich als Fälschung herausstellt. Bei Groschenartikeln, wie man sie in vielen Steinläden und auf Flohmärkten findet, lohnt sich dieser Aufwand sicher nicht.

In der Antike war ›Grünstein‹ sehr beliebt. Er wurde von den Ägyptern, den Griechen und später den Römern abgebaut. Plinius der Ältere, General und Naturforscher, beschreibt ihn in seinen Steinbüchern so: »Im Morgenland soll man den Jaspis, welcher dem Smaragd ähnlich ist, und der mitten querdurch mit einer weißen Linie gezeichnet ist, auch Monogrammos heißt, oder wenn er mehrere solcher Linien enthält und dann ›der Vielbeschriebene‹ heißt, als Amulett tragen.«

Die Stämme Israels lernten ihn in der ägyptischen Gefangenschaft kennen. Anschließend trug der Hohepriester der Juden in seinem Brustschild einen als ›Jaspis‹ bezeichneten Stein, der wahrscheinlich ein Nephrit war. Für das wichtige Ritual der Knabenbeschneidung wurden Messer aus Nephrit verwendet. In Persien wurde dieses Mineral als *yeschem* bezeichnet – Sprachforscher machen daraus den ›hebräischen Jaspis‹. Im alten Assyrien galt der Nephrit als geburtsfördernder Stein. Eine Keilschrift von Ischtars Höllenfahrt erwähnt einen Gebärgürtel aus Nephrit. Man kann sich allerdings auf die Übersetzungen nicht unbedingt verlassen, weil es im Altertum mit den Bezeichnungen und Einordnungen für Steine und Minerale bunt durcheinander ging. Die Wertschätzung für milchig-grüne Steine war allerdings bei allen Völkern der Frühzeit hoch, viel höher als die für alle Edelsteine, die im Westen heute Frauenherzen und Kapital in Bewegung setzen.

Laut singhalesischer Überlieferung soll sich Gautama, als er zum Buddha wurde, auf einen Thron aus durchscheinendem grünem Stein gesetzt haben. Der Thron stand im Himalaya-Gebirge und soll bis in den Himmel gereicht haben. Ob es sich dabei um Nephrit gehandelt hat?

Der chinesische Philosoph Kvan Chung (7. Jh. v. Chr.) erklärte die überragende Bedeutung dieses Steins so: »In seiner glänzenden Glätte erkennt man das Sinnbild des Wohlwollens (der Götter), in seinem leuchtenden Schliff ist das Wissen verkörpert, in seiner unbiegsamen Festigkeit die Gerechtigkeit.« Sein chinesischer Name ist auch *yu*, ›Edelstein der Edelsteine‹ oder ›hohe Wahrheit‹.

Dieser Stein ist so einzigartig, weil er aus märchenhaften und zauberischen Vorzeiten stammt. Eine Schöpfungsgeschichte:

In der frühesten Zeit kämpften zwei mächtige Anführerinnen um die Herrschaft über das Reich der Mitte. Nach langem Streit besiegte endlich die Gute die Schlechte. Aber leider wurde bei dem heftigen Kampf eine der vier Säulen des Himmels beschädigt, so dass ein Teil des Firmaments einstürzte. Die neue Herrscherin war darüber traurig und sehr bestürzt und bat ihre Untertanen, ihr aus allen Teilen des Landes Steine von höchster Qualität zu bringen, aber was man ihr brachte, war nicht schön genug. Da verbrachte sie viele Tage damit, sie so zu verfeinern, dass sie der Farbe und Beschaffenheit des Himmels gleich kamen. Als die Reparatur endlich beendet war, freute sich das Volk daran und feierte das große Werk. Es waren aber einige von den Steinen übrig geblieben. Die verstreute die Herrscherin über das ganze Reich, damit sie von späteren Generationen gefunden und zu Kunstwerken von angemessener Schönheit verarbeitet werden konnten. Seither ist eine Bezeichnung für Jade auch ›Stein des Himmels‹.

Und tatsächlich, wenn man lange genug in so ein milchiges Stück helle Jade blickt, mit ihrem weichen Glanz, so viel angenehmer und ruhiger als ein funkelnder, grellbunter Edelstein – ist es nicht so, als ob man eine kleine Wolke in Händen hält? Das taktile Erlebnis, wenn man ein geschliffenes Stück Nephrit oder Jadeit in den Fingern hält, ist ausgesprochen luxuriös; es fühlt sich fein an und weich wie Seide, fest und doch nicht hart. Jade erwärmt sich in der Hand, ohne ein gewisses Gefühl von beruhigender Kühle zu verlieren. Man muss es selbst ausprobieren. Die Empfindung lässt sich nicht mit Worten teilen. In der Steinheilkunde soll Jade jähzornige Menschen besänftigen.

Die Besessenheit von diesem Stein kannte im Alten China keine Grenzen. Ganze Städte wurden für ein gutes Stück Jade eingetauscht, ungefähr so, als ob man Berlin und Potsdam für einen einzigen, schön geschnittenen Löwen aus Jade verschenkt hätte, mit all seinen Einwohnern darin.

Die besten Fundstücke hatten den Herrschern ausgeliefert zu werden und deren Sucht danach lässt sich mit simpler Prunksucht überhaupt nicht erklären. Und mit Gewinnstreben schon gar nicht, denn Jade war kein gewöhnliches Zahlungsmittel. Ihr wurden alle möglichen wundertätigen Eigenschaften zugeschrieben. Unter anderem sollte sie den Körper von Toten unverwest erhalten. Prinz Liu Sheng aus der Han-Dynastie wurde in einem Jadegewand begraben, das mit 2156 rechteckigen Stücken besetzt war, von Golddrähten zusammengehalten. Die Arbeitszeit zu diesem Kleidungsstück soll zwölf Jahre betragen haben. In der Zeit der Han-Dynastie (206 v. Chr.– 220 n. Chr.) wurde der Taoismus von der Philosophie zur Religion erhoben. Unsterblichkeit wurde zum Hauptziel aller menschlichen Bemühungen – so erklärt sich der Aufwand für das Begräbnisgewand aus Jade.

Erst in späterer Zeit wurde Jade ›entweiht‹ und begann, als individueller Schmuck zu dienen. An den Fürstenhöfen kam eine Weile lang die Mode auf, ›singende Steine‹ zu tragen, Gürtel, die durch die Anordnung der Jadestücke angenehme musikalische Tonfolgen erzeugten. So wollte man höflicherweise seine Annäherung ankündigen, damit Anwesende Gelegenheit hatten, eventuell peinlichen Klatsch über die sich nähernde Person zu beenden.

Wir kennen Jade hauptsächlich grün, aber es gibt sie auch in rosé, weiß und gelb. Die am meisten geschätzte Farbe von Jade war ›imperial yellow‹, weil sich alle Chinesen als Nachkommen des legendären Gelben Kaisers sehen, der 2698–2598 v. Chr. die Größe Chinas begründete.

Die feierlichste Zeremonie, die je ein Regierender auszuführen die Ehre hatte, war das Jadeopfer für Himmel und Erde auf dem heiligen Berg Tai. Sie konnte nur stattfinden, wenn die Nation wohlhabend und in Frieden lebte und keine Naturkatastrophen irgendwelche Teile des Reiches verwüstet hatten. Naturgemäß kam solch eine Gelegenheit nur selten, insgesamt acht Mal vom ersten König/Kaiser 221 v. Chr. bis Sung Chen Tsung 1008 n. Chr. Er war der Letzte, der die Zeremonie ausführte. Vorher musste er sieben Tage fasten und meditieren und trug dann zwei Sets von Jadebüchern (oder Tafeln) auf den Berg Tai. Sie enthielten Danksagungen und Bitten an die Geister von Himmel und Erde. Ein Set verblieb vergraben auf dem Berg, das zweite wurde wieder mit heruntergebracht und im kaiserlichen Palast aufbewahrt. Nur zwei solcher Tafeln wurden nach langer Zeit wiedergefunden und 1933 von General Ma Hung-kuei außer Landes geschafft. Er deponierte sie als seinen persönlichen Besitz in der Bank von Los Angeles. Seine Witwe gab sie 1971 der chinesischen Republik zurück.

Heutzutage existieren nur noch sehr wenige von den wunderbaren antiken Jadeschätzen in Rotchina und das ist wirklich eine Schande, gemessen an der einzigartigen Bedeutung, die Jade für Chinesen hat. Jeder kennt wohl die Geschichte der Eroberung Chinas durch die vereinigten Kolonialmächte, die Geschichte einer einzigartigen konföderierten Strafexpedition gegen ein Reich der Mitte, das sich weigerte, sich in ein Volk von Süchtigen verwandeln zu lassen. Vielleicht wäre die Sache anders ausgegangen, hätten die Herrscher dieses alten Kulturvolks – ebenso wie die jüngeren Nationen – Waffen höher geschätzt als Schönheit:

Man erzählt sich, dass die Kaiserin-Witwe Cixi wie alle Bewohner der Verbotenen Stadt vor ihr, nach ihrem persönlichen Geschmack und ohne Rücksicht auf die Kosten luxuriöse Umbauten und Verschönerungen vornehmen ließ. Entgegen dem Rat ihrer Beamten befand Cixi, dass ihr himmlisches Reich gegen eine Handvoll stinkender Barbaren keine Flotte benötigte und zog das Silber aus der Kriegskasse ab. Als die Umbauten im Vergnügungsgarten des Sommerpalastes beendet waren, lud sie die Edlen des Reiches zu einem Fest und präsentierte ihnen stolz einen künstlichen See, in dessen Mitte marmorne Schiffe elegant ihre Segel blähten. »Seht her: Das ist meine Flotte!«, soll sie lachend gerufen haben. Mitte des 19. Jh. war das Reich der Mitte besiegt und gedemütigt, weil seine altertümlichen Segler den dampfbetriebenen europäischen Kanonenbooten keinen nennenswerten Widerstand entgegenzusetzen hatten. Ich weiß nicht, ob diese Anekdote so ganz der Wahrheit entspricht. In der Regierungszeit der letzten Qing wurde die Armee nämlich mit großem

Aufwand modernisiert. Wie auch immer: Die Kriegsdschunken der Qing wurden versenkt. Lord Elgin marschierte in Peking ein. Und nun fielen natürlich die ›stinkenden Barbaren‹ über die Schätze des Sommerpalastes her. Unbezahlbare Jadekostbarkeiten, die seit hunderten und tausenden von Jahren im Besitz chinesischer Fürsten gewesen waren, verschwanden in den Hosentaschen englischer und französischer Marodeure. Die wertvollsten und größten Stücke wurden säuberlich in Kisten verpackt nach England und Frankreich gebracht, wo ein geringerer Teil in Museen, der weitaus größere Teil in Privatsammlungen landete.

Erst nachdem einiges von den Beutestücken ausgestellt und beschrieben worden war, kam Jade auch in Europa in Mode. Die Preise zogen an. 1863 verkaufte der König von Annam (heute Vietnam) aus einer Geldverlegenheit heraus dem Kaufmannhaus Siemssen, das eine Niederlassung in Kanton unterhielt, einen eineinhalb Kubikfuß großen grünen Stein. Wenig genug mag der Kaufmann dafür angeschrieben haben, denn ihm war Wert und Geschichte der Ware nicht bewusst. Später stellte sich heraus, dass er ein gutes Geschäft gemacht hatte: Der Stein wurde auf 36 000 Dollar taxiert.

Was bei der ersten Plünderung des Sommerpalastes hatte versteckt und gerettet werden können, verschwand 1900 während der Niederschlagung des Boxeraufstands durch englische Truppen. Aber kein langnäsiger Eroberer, sondern Mao gab der Jade-Kultur den Todesstoß, indem er die Bevölkerung zwang, zum Wohle der Revolution all ihren Jade-Schmuck herauszugeben. Da kamen dann die letzten fein geschnittenen Jade-Blüten zum Vorschein, die Dolche, Vasen, Schalen, Schmetterlinge, Vögel und mythischen Tiere, Einhörner und Phoenixe, Miniaturlandschaften, antike Steine von ungewöhnlicher Farbe, manche mit winzigen Einschlüssen von Gold. Diese mussten an die Partei ›gespendet‹ werden, um gegen Devisen ins westliche Ausland verhökert zu werden.

Offiziell wurde der Jade-Kult verpönt. Als während der Kulturrevolution dem damaligen Staatsoberhaupt Liu Shao-Chi der Prozess gemacht wurde, zählte zu den Anklagepunkten die Tatsache, dass er Jade-Antiquitäten gesammelt hatte – Beweis seiner bürgerlichen Dekadenz.

Heute ist zwar immer noch Hongkong die Jade-Hauptstadt der Welt. Kenner und Sammler aus aller Welt besuchen dort Auktionen, auf denen ungeheure Preise für historische und besondere Stücke gezahlt werden. Und die Jade, die heutzutage in Khotan gefördert wird, erzielt durchaus vergleichbare Preise. Aber es gibt nicht mehr so viele zahlungskräftige Kunden. Große Steine werden oft zerschlagen, weil sie in mehreren kleinen Teilen leichter verkäuflich sind, und es gibt, dank der Kulturrevolution, nur noch wenige Jademeister, die in der Lage wären, den Stein des Himmels wie in alter Zeit zu bearbeiten.

Nur ein anderer Stein wurde in der Frühzeit in ähnlich spiritueller Weise von einem Volk geschätzt: der Himmelsstein der Indianer, der Türkis oder *chalchihuitl*.

Das heutige Gebiet der Bundesstaaten Neu Mexiko, Arizona, Colorado, Utah, Nevada und Kalifornien war bewohnt von asiatischstämmigen Menschen, die vor 40 000 Jahren auf der Flucht vor dem sich ausbreitenden Eis eingewandert waren. Die Beringstraße war zu dieser Zeit trocken und zu Fuß überquerbar. Einige der Stämme zogen in den südlichsten Teil von Nordamerika. Im Laufe der Erdentwicklung stellte sich heraus, dass sie Eis gegen Feuer eingetauscht hatten. Ihre neue Heimat war eine unbarmherzige wasserarme Steinwüste mit einem empfindlichen ökologischen System, dem sie sich aber hervorragend anzupassen verstanden.

Hier fanden sie auch jenen nass schimmernden blau-grünen Stein, der in seiner Farbe all das repräsentierte, was ihnen lebensnotwendig, ja heilig war: Wasser und Himmel – den Türkis. Es störte sie nicht, dass er in Farbe und Qualität variierte, das tun Wasser und Himmel auch.

Die besten Stücke wurden bewahrt oder als Schmuck gefasst, die geringeren als Opfergaben für Rituale verwendet oder zerstoßen und magischen Gebräuen zugesetzt. (Da wurden, wenn meine Quellen stimmen, die Götter beschummelt.) Kein Schamane, Medizinmann, Cazique hätte ohne Türkis sein Amt ausüben können. Er war die Verbindung zum Göttlichen und zur Seelenwelt schlechthin.

Alle Stämme schätzten diesen Stein zu einem gewissen Grad, manche mehr, manche etwas weniger, und alle waren bereit, einige Mühen auf sich zu nehmen, wenn es darum ging, ein besonders gutes Stück zu erwerben. Mit Türkis und den Indianern sei es wie mit Jade bei Chinesen, so hat man mir versichert: Sie hätten ein geradezu übersinnliches Gespür für die Güte und Echtheit dieses Steins. Sie würden ihn durch ihre tiefe spirituelle Bindung daran erkennen. Nie könne man ihnen eine Fälschung oder ein minderwertiges Stück für einen guten Türkis aufschwatzen. Mit Sicherheit haben sie ihr Leben lang so engen Kontakt zum Türkis und er ist in ihrer Kultur so wichtig, dass sie wohl allein deshalb keinen Fälschungen aufliegen würden.

Seit der Steinzeit haben sie ihn vom Boden aufgesammelt – besonders nach einem Regenguss sind die schimmernden Steine gut auszumachen – und aus Bergen herausgegraben. An die zweihundert prähistorische Türkisminen sind heute noch bekannt, ein guter Teil davon dokumentiert und kartografiert durch die spanischen Eroberer.

In unserem präzisen, materialistischen Wertesystem, in dem es um Härtegrade, Reinheit und Seltenheit geht, um Geldwert, hat dieser Stein einen niederen Rang inne. Er ist ein wasserhaltiges Kupfer-Aluminiumphosphat, kryptokrystallin, knollig, tropfsteinförmig und ist als Kluftfüllung oder Überzug von bereits vorhandenem Gestein entstanden. Die besten Steine finden sich in weichen Talksäumen, aus denen man sie mühelos herausgraben kann; meist aber stecken sie in einer härteren Matrix von Ergussgesteinen oder Pegmatiten. Türkis hat einen Härtegrad von fünf bis sechs Mohs. Sein Glanz ähnelt Wachs oder Porzellan. Die Farbe variiert von blau-grün über dunkelgrün, rötlich-braun und violett bis hin zu weiß. Nur die wasser- und himmelfarbigen Qualitäten aber sind die ›Seelensteine‹, von denen ich erzählen möchte. Der so genannte ›schwarze Türkis‹ der Zuni-Indianer ist gar keiner; es ist versteinerte Kohle. Doch genug von diesem Mineralonesisch. Das können Sie in jedem Nachschlagewerk finden.

Gesammelt und als Edelstein geschätzt wurde Türkis in den Alten Reichen, in Ägypten, wo man ihn aus dem Sinai bezog, im Osmanischen Reich und in Persien. Den Namen, unter dem er uns geläufig ist, hat er von europäischen Kreuzfahrern bekommen, die ihn zum ersten Mal in der Türkei zu Gesicht bekamen – Türkis.

Aber für kein Volk hatte er auch nur annähernd die Bedeutung, wie für die indianischen Stämme des amerikanischen Südwestens. Ihre Religion oder Philosophie waren animistisch. Sie glaubten, dass jedes Objekt in der großen weiten Welt ein eigenes Leben und eine Seele besitzt. Einige dieser Wesen führten vorbildliche Existenzen, andere waren Tunichtgute und Verschwender. Einige besaßen magische Fähigkeiten, konnten über die Sonne schweben, andere waren erdgebunden und konnten gefunden oder gefangen werden. Manchen war es sogar gegeben, im Himmel und auf Erden, in beiden Sphären gleichzeitig zu sein. Diese mächtigen Wesen konnten die Leben der Menschen beeinflussen, sie schützen oder schädigen, sie belohnen oder bestrafen, je nach Verdienst und Laune.

Wie auch die australischen Ureinwohner überlieferten die Indianer ihre Urzeitlegenden mündlich. Sie erklärten die Entstehung der Welt, die Herkunft des Volkes und fixierten wünschenswerte Verhaltensmuster. So wird sogar noch in neuerer Zeit unter den Zuni-Indianern die Geschichte von Hli'okwa erzählt, dem personifizierten Türkis, der Santa Domingo verließ, weil die Einwohner Türkise benutzten, um Prostituierte zu bezahlen.

Es gibt wohl hunderte von Märchen und Schöpfungsmythen um den Türkis. Nach der Erntezeit folgte bei den Navajo die Zeit der großen Winterzeremonien, bei denen sie in einer Serie von Gesängen ihre Schöpfungsgeschichte nacherzählten. Die Entstehungsgeschichte der Welt und die hilfreichen Mächte nicht zu vergessen, hatte für sie eine ähnlich profunde Bedeutung wie für die australischen Aborigines. Auch hier spielen Tiere eine wichtige Rolle. Oft ist es die blaugrüne Eidechse, die zu Fundstellen von Türkisen führt oder weiter südlich ein Papagei, der geopferte Türkise verschluckt, um sie einem der Manitous zu bringen.

In der Schöpfungsgeschichte der Navajo gibt es vier Welten, eine über der anderen. In frühester Vorzeit gab es in der untersten Welt eine Überschwemmung und das Volk wurde von den Wassern nach oben in unsere Welt getrieben. Um sich zu retten, pflanzten sie ein hohles Schilfrohr, durch das sie die oberste Welt erreichen konnten. Erster Mann und Erste Frau brachten etwas Erde von den Bergen der Unterwelt mit und formten daraus die Berge im Navajoland.

Im Osten erschufen sie den heiligen Berg Sisnajinni (Blanca Peak in Colorado), schmückten ihn mit weißen Muscheln und befestigten ihn mit einem Blitz am Boden. Dawn Youth und Dawn Maiden lebten von nun an hier.

Im Süden machten sie den Tsosichi (Mount Taylor in New Mexiko), auch Turquoise Mountain genannt. Diesen Berg schmückten sie mit Türkisen und befestigten ihn mit einem Steinmesser. Turquoise Youth und Turquoise Maiden siedelten an dieser Stelle.

Im Westen pflanzten sie den Doko-oslid (den höchsten der San Francisco Peaks in Arizona), ausgestattet mit Muscheln und von einem Mondstrahl an der Stelle gehalten. Muschel-Mädchen und Mondlicht-Junge lebten hier.

In den Norden setzten sie Dipenitsa (Hesperus Peak in Kalifornien), den sie mit schwarzem Jet verzierten und mit einem Regenbogen auf der Oberwelt befestigten. Jet Youth und Darkness Maiden fanden dort ihre Heimat.

In der Mitte formten sie Tsichnaodiubli, der mit gestreiftem Achat dekoriert wurde. Hier erschufen sie den ersten Navajo und schenkten ihm einen Türkis-Hogan (*Hogan* = das halb in der Erde stehende, runde Navajo Haus). Als Sonne machten sie ein flaches rundes Objekt aus einem klaren Stein (Bergkristall?) und fassten ihn mit Türkisen ein.

Auch die Zuni kennen eine Oberwelt und eine Unterwelt. In der Himmelswelt der Zuni-Mythologie steht ein tiefblauer Berg aus Türkis, dessen Widerschein unserem Himmel die blaue Farbe verleiht. In dieser Himmelswelt leben viele interessante Charaktere, zum Beispiel Bär, der seinen Buckel bekam, weil er versehentlich von einem großen Türkis getroffen wurde, den Älterer Kriegsgott, offenbar in einem Anfall übler Laune, geworfen hatte.

Da gibt es Salt-Old-Woman, She-Who-Changeth und ihren Geliebten Johano-ai, Beautiful Flowers, Morning Green und bei den Zia einen Spielergott namens Po'shanjanice. Sie alle haben unendliche Mengen von Türkisschmuck, Türkisspielzeug, Türkisschalen, -häusern und so fort, so dass man sich vorstellen kann, welchen Prestigewert der Besitz dieses Steins für die Indianer dieser Region hatte und wahrscheinlich noch hat. Kein Ritual kam ohne ihn aus. Ein Indianer ohne Türkis war nackt und verachtenswert.

Die Yavapati meinen, ›Mana‹ residiere im Türkis, so etwas wie das personifizierte Glück im Sinne des chinesischen *joss,* also etwas, das unbedingt nötig ist, um alle seine Unternehmungen zu einem glücklichen Ende zu bringen.

Die Hopi kennen einen Liebeszauber, zu dem ein Medizin-Bündel zusammengestellt wird aus Teilen der Kleidung der Frau, die becirct werden soll, einem Türkis, einer Muschel, einem Bergkristall und einem Pferdehaar. Es ist unbedingt erforderlich, dass, wenn alles zusammengewickelt ist, das Pferdehaar oben ein Stück weit herausschaut ... Man hatte dann das Bündel vor sich zu halten und es zu besingen, woraufhin die Begehrte in Wallung geriet und unfehlbar zum Haus des Verliebten kam. Eine Bedingung gab es allerdings, die eingehalten werden musste – und das zeigt die moralischen Vorstellungen der Hopi: Das Ganze hatte unter allen Umständen geheim gehalten zu werden. Keine Macho-Prahlerei. Der Kavalier genießt und schweigt.

Türkise wurden als Gastgeschenke, Wiedergutmachung und bei der Beendigung von Feindseligkeiten gegeben und mit den Toten begraben. Die Navajo hatten eine solche Furcht vor ihren Toten, dass niemand es gewagt hätte, auch nur einen Stein aus dem Schmuck zu entfernen, den der oder die Tote bei ihrem Hinscheiden trug. Alles wurde mit ihr oder ihm zusammen beerdigt. Das bekamen natürlich weiße Grabräuber schnell heraus und so wurden viele alte Gräber wegen des Schmucks geplündert und die Toten entweiht.

Gern wird ja der ›edle Wilde Amerikas‹ zitiert mit den Worten: »Du verlangst, dass ich die Erde umpflüge! Soll ich etwa ein Messer nehmen und die Brust meiner Mutter zerfleischen? Wenn ich dann sterbe, wird sie mich nicht an ihren Busen zurücknehmen, wo ich ruhen kann. Du verlangst, dass ich nach Steinen grabe? Soll ich etwa unter ihrer Haut nach ihren Knochen wühlen? Dann, wenn ich sterbe, kann ich nicht in ihren Leib aufgenommen werden, um wiedergeboren zu werden.«

Für einige Stämme Nordamerikas mag das ja zugetroffen haben, die Indianer im Südwesten des amerikanischen Kontinents hatten da keinerlei Bedenken. Im Gegenteil: Die Götter hatten ihnen den Türkis geschenkt und es gab keine Erde-Mutter-Parallele, die den Bergbau verhindert hätte.

Die prähistorischen Indianer durchstreiften das Land mit offenen Augen für alles Brauchbare. Da mag der eine oder andere von ihnen auch nach einem Regen auf ein Stück Stein gestoßen sein, ausgewittert aus dem Fels oder in einem Bach fortgetragen, das ihm vorkommen musste wie ein Stück Himmel oder ein Tropfen grünlichen Wassers, ein kleines Wunder inmitten dieser rotverbrannten Landschaft voller glühender Felsen, Kakteen, brauner Stachelgräser und hartschaliger, schattenloser Joshuatrees. Das konnte nur ein gutes Omen sein, das Geschenk eines wohlwollenden höheren Wesens, eine große Kostbarkeit. Später stießen diese Steinzeitmenschen vielleicht auf eine offen liegende Ader, aus der die blau-grünen Tropfen mit steinernen Faustkeilen herausgelöst werden konnten. Die glücklichen Finder solcher Himmelssteine zeigten sie stolz herum; andere wollten auch so etwas besitzen.

Die ersten Türkisminen waren Tagebaue. Das Graben in einem Fels schuf vielleicht einen Überhang und man entdeckte, genau wie die Feuersteinsucher in Europa, dass es die umgebende harte Matrix aufschloss, wenn man unter so einem Überhang ein Feuer entfachte, insbesondere bei oder vor einem kalten Regenguss.

Auch hier führte Wunsch und Notwendigkeit zur Entwicklung geeigneter Werkzeuge: Steinhämmer, Keile, Picken aus Elchhorn,

Knochen und feuergehärtetem Holz wurden nach und nach erdacht sowie Bohrer mit Quarzspitzen, mit denen die Türkise durchlöchert wurden, so dass man sie an Lederbändern aufreihen konnte. Die ersten Schmuckstücke waren sicher einzelne oder als Ketten aufgezogene, unregelmäßige Steine, später stellte man Perlen daraus her, entdeckte Steinschneidekunst, Schliff und besonders die Kunst der Einlegearbeit, deren Meister die Mayas waren. Um die Steine auf ihren Untergrund zu leimen, benutzten die Mayas Rattendreck, während die Indianer weiter nördlich Gummi und Pinienharz verwendeten. Die Motive der Mosaike und die geschnittenen Steine symbolisieren immer wieder das Grundbedürfnis der Indianer nach Wasser: Frösche, Wasservögel und Schildkröten.

Die meisten alten Türkisminen waren nichts weiter als Untertassen-förmige Tagebaue, aber es gab auch Minenschäfte, ja ganze unterirdische Räume, von Menschenhand ausgehöhlt und sogar mit Holz abgestützt. Um von einem Level zum anderen zu gelangen, benutzten die Indianer dieselbe Art von Hühnerleiter, die auch in den Felspueblos üblich war.

Da der Transport von Rohsteinen mitsamt der Matrix mühselig war, wurden die Steine meist an Ort und Stelle zu einem gewissen Grad bearbeitet. Archäologen haben neben manchen prähistorischen Minen die Überbleibsel von Gebäuden gefunden, die wahrscheinlich Werkstätten waren. Man entdeckte auch, dass sich Glanz und Farbe des Steins künstlich verbessern ließen, indem man ihn mit Talg einrieb und polierte. Wollte man ein Stück zum Tauschhandel verwenden, so wurde es vorher oft im Mund getragen, weil Feuchtigkeit das Erscheinungsbild verbessert.

Hatte ein Stamm einen reichen Fundort entdeckt, so bemühte man sich selbstredend, ihn so lange wie möglich geheim zu halten. Aber dann setzte ein ›Goldrausch‹ ein. Der Türkis war ein heiliges Gut. Gruppen von anderen Stämmen musste das Schürfen gestattet werden. Indianer aus Gebieten, die nicht über Türkisstätten verfügten, haben regelmäßig weite Pilgerfahrten zu den Turquoise-Mountains unternommen. Die Besucher waren sicher nicht gerade willkommen, aber vor Ort herrschte eine Art Schürf-Frieden, den alle respektierten. Eine ganz andere Frage war es dann, ob man mit dem Gewinn heil nach Hause kam. Im Gebiet der Shoshonen machten weiße Archäologen unserer Tage einen grausigen Fund: Massen von Menschenknochen, offenbar waren sie alle an dieser Stelle eines gewaltsamen Todes gestorben, Knochen waren gebrochen, Schädel zertrümmert, Pfeilspitzen lagen noch zwischen den gebleichten Rippen. Die Machart der Stoffe und Gegenstände, die bei den Skeletten erhalten geblieben waren, suggerierte, dass es sich um eine unglückliche Gruppe von Hopis gehandelt haben muss, die auf dem Heimweg von Shoshonen massakriert wurde.

Einige Minen wurden, nachdem sie so weit wie möglich ausgebeutet waren, einfach verlassen. Andere wurden wieder aufgefüllt, eine mühselige Arbeit. Ob das getan wurde, um den Fundort geheim zu halten oder vielleicht doch, um die Natur zu heilen und zu versöhnen, lässt sich heute nicht mehr feststellen.

Als die Spanier Mexiko unterworfen und reich beladene Schiffe in ihre Heimat geschickt hatten, richtete sich ihr gieriger Blick nach Norden.

1536 tauchte ein halbverhungerter, völlig abgerissener Abenteurer in Ténochtitlan auf (Mexiko-Stadt), ein gewisser Alvar Nunez Cabeza de Vaca. In seiner Begleitung war ein schwarzer Sklave mit Namen Estevan. Acht Jahre lang hatten sie sich durch Dschungel, Fels und Halbwüsten von Stamm zu Stamm nach Florida gekämpft. Manchmal gelang es ihnen, sich als Abgesandte von Göttern auszugeben und die Gastfreundschaft der Indianer zu genießen, manchmal trieben sie Handel und einige Male mussten sie monatelang Sklavenarbeit verrichten, um sich am Leben zu erhalten.

De Vaca war ein gewaltiger Aufschneider und Märchenerzähler. Die Reichtümer der westlichen Indianerstämme müssen bei jedem neuen Vortrag angeschwollen sein, bis der Vizekönig selbst, Don Antonio de Mendoza, den Abenteurer an seinen Hof bringen ließ, um den Bericht mit eigenen Ohren zu hören. Und wieder schmückte de Vaca die Erzählung aus. So wurden mit der Zeit aus ein paar Zuni-Dörfern die Sieben Goldenen Städte von Cibola. Niemanden störte es offenbar, dass de Vaca für all seine Mühen nichts vorzuweisen hatte außer einer Handvoll von Türkisen. Er zeigte auch überhaupt kein Verlangen danach, die Reise zu wiederholen. Also schickte ihn Mendoza mit der nächsten Galeone nach Spanien, um seine Geschichte Karl V. zu erzählen.

Der Mohr Estevan dagegen, der als ›Abgesandter von Göttern‹ ein vergleichsweise gutes Leben geführt hatte, ließ sich gern als Übersetzer und scout einer Expedition von Fray Marcos de Niza zuteilen. Und so wurde Estevan der Gruppe jeweils ein paar Tagereisen vorweg geschickt mit dem Auftrag, durch indianische Kuriere Nachrichten zurückzuschicken. Waren die zu erwartenden Gewinne mittelmäßig, so sollte er dem Indianer ein Kreuz in Handtellergröße mitgeben mit entsprechender Steigerung. Man kann sich denken, dass die Zeichen, die Estevan sandte, mehr als optimistisch waren. Weiter und weiter lockte er die spanische Truppe.

Inzwischen ließ sich Estevan überall feierlich empfangen und mit Türkisen und Frauen beschenken. Natürlich waren die Spanier an Türkisen nur mäßig interessiert. Was sie suchten, war Gold, allenfalls Silber und Smaragde. Dennoch: Türkise waren besser als nichts und wurden eingesackt. Als Estevan bei Cibola ankam, hatte sich wohl die Kunde von den grausamen Göttern schon verbreitet. Götter gaben normalerweise Geschenke und verlangten keine. Außerdem fanden es die Zuni ausgesprochen unglaubwürdig, dass ein schwarzer Mann behauptete, er sei der Vorbote von weißen Göttern. Und als er schließlich unverschämt wurde und Geschenke von Türkisen und Frauen verlangte, da sperrten ihn die Zuni kurzerhand außerhalb der Stadtmauern in einen Käfig. Seine angesammelte Beute wurde konfisziert, er selbst und seine Begleiter bei einem Fluchtversuch getötet.

Als dann die spanische Expedition Cibola erreichte, muss sie sehr enttäuscht gewesen sein: Zwar waren die Einwohner gut genährt und gekleidet, aber von Gold keine Spur. Man gab ihnen einige Türkise, aber die besten Stücke waren vor der Ankunft dieser gierigen Götter versteckt worden.

Auch Fray de Niza verheimlichte dem Vizekönig das Desaster. Der sandte noch eine weitere Expedition nach. Als dann das ganze Ausmaß von Lügen und Prahlerei offenbar wurde, schickte man Fray de Niza in Unehren nach Spanien. So brachte die Prahlerei von drei Männern den Indianern Krieg, Tod und Sklaverei. Denn nach all dem Aufwand wollte man nun doch etwas davon haben. Truppen wurden losgeschickt, um die Dörfer zu plündern, egal, was es brachte. Irgendwas würde schon dabei herauskommen.

Der Berichterstatter Pedro Castaneda schrieb 1541: »Sie schenkten uns einige gegerbte Häute und eine Menge Piniennüsse, Mais und einheimisches Geflügel. Später brachten sie noch ein paar Türkise, aber nicht viele.« Die besten und feinsten Stücke wurden nach Spanien gesandt. Einige befinden sich heute noch bei den Kronjuwelen. Aber eigentlich hatte der Stein für die Conquistadoren nur eine Bedeutung: Symbol für die Hoffnung auf größere Schätze, denen sie unentwegt nachjagten.

Mit der Versklavung der Indianer durch Spanien versiegte der Türkisabbau. Viele der alten Minen wurden vergessen. Nur noch heimlich und an der Oberfläche suchten die Indianer von Zeit zu Zeit nach dem ihnen so wichtigen Stein. Mitte des 19. Jh. begannen weiße Siedler und Eroberer erneut, das Land nach Bodenschätzen abzusuchen und die Minen wieder in Betrieb zu nehmen. Weit davon entfernt, irgendwelche Stämme um Erlaubnis zu fragen, wurde Türkis nun mit Hilfe von Sprengstoff und Dampfhämmern aus der Matrix gebrochen, eine Vorgehensweise, die tatsächlich an die vielbeschworene Vergewaltigung der Natur denken lässt. Effektivität war eben das neue Credo, materieller Reichtum Lebensziel und einziger Maßstab. Die Bezahlung der Minenarbeiter variierte nach Rassenzugehörigkeit: Mexikaner erhielten 1,50 Dollar am Tag, weiße Amerikaner 2,50 Dollar. Die gesäuberten und sortierten Steine wurden in hölzerne Kisten verpackt und nach New York geschafft. In den Cerillo-Minen konnten sieben bis zehn Männer am Tag Türkise im (damaligen) Wert von acht- bis zehntausend Dollar fördern.

Wie schockierend und fremdartig mussten den Indianern diese Weißen vorkommen, deren Gott das Geld war, da doch all ihre eigenen Mythen, Regeln und Gesetze auf die Erhaltung der Gemeinschaft und die Harmonie mit der Natur abzielten. Nicht dass die Indianer bessere Menschen gewesen wären; ihre Werte unterschieden sich einfach grundsätzlich von denen der Neuankömmlinge auf ihrem Kontinent.

Archäologen und Völkerkundler hatten oft Schwierigkeiten, die alten Minen mit ihren Ruinen und dem überall herumliegenden steinzeitlichen Werkzeug zu besichtigen. Die neuen Eigner hüteten ihre *claims* eifersüchtig und viele erlaubten weder das Anfertigen von Skizzen noch von Fotografien. Aber einige der Relikte gelangten doch in den Besitz von Museen und wissenschaftlichen Gesellschaften.

Ob friedlich oder kriegerisch, die Begegnung mit den Weißen veränderte die Kultur der Indianer und ihr ästhetisches Empfinden. Vor der Eroberung durch die Spanier war die Metallverarbeitung den Indianern unbekannt – einer von mehreren Faktoren, der gegen sie arbeitete. Wenn man heute von ›indianischem Türkisschmuck‹ spricht, so ist eigentlich ›Silber und Türkis‹ gemeint. Es heißt, dass die ersten metallischen Schmuckfassungen aus mexikanischen Silbermünzen gefertigt wurden. Eine zweifelhafte Angelegenheit: Bestechung, um den Zusammenhalt der Stammesgemeinschaften zu zerstören, war so üblich in jenen Tagen, dass der Besitz von mexikanischen Pesos als Judaszeichen betrachtet wurde, besser also, sie schnell umzuarbeiten. Viele Münzen wechselten allerdings auch durch Diebereien und Überfälle den Besitzer. Und daraus hat sich nun die Tradition indianischen Türkis-und-Silber-Schmucks ergeben. Die Navajos lernten das Schmiedehandwerk von mexikanischen Indios; andere Stämme lernten von den Navajos.

1863 bekam Kid Carson von der US-Armee den Autrag, die Navajos zusammenzutreiben und sie einzusperren, um ihren Widerstand zu brechen. Man ließ sie 360 Meilen marschieren bis Fort Sumner in Neu Mexiko. Manche behaupten, sie hätten das Schmiedehandwerk dort gelernt, andere sagen, das wäre ganz unmöglich gewesen, weil sie dort zusammengepfercht existieren mussten, schlimmer als Vieh, und keine Werkstätten zur Verfügung hatten.

Als sie 1868 endlich ›freigelassen‹ wurden, eine sehr begrenzte Freiheit, da war das Reservats-System installiert und mit ihm die Handelsposten. Von da an beeinflussten die Wünsche und Vorstellungen der Händler und ihrer Kundschaft in den weit entfernten Städten des Nordens das indianische Kunsthandwerk – zum Guten oder zum Schlechten.

Als dann die Eisenbahnen den Westen erschlossen, kamen Touristen und sie wollten damals wie heute etwas Indianisches kaufen, um es zu Hause vorzeigen zu können. Was für sie hergestellt wurde, war minderwertiges Zeug, sowohl in Material, als auch im Geschmack den Erwartungen der weißen Kundschaft angepasst. Um den Preis niedrig zu halten, wurde Silber nicht massiv verarbeitet, wie es besonders die Navajos liebten, sondern dünn und hohl gestanzt und gepresst. Auf Wunsch der Unternehmer wurde es mit allen möglichen und unmöglichen ›Zauberzeichen‹ versehen, darunter sogar Hakenkreuze. Chester Yellowhair, einer der berühmten indianischen Schmiede, sagte darüber verächtlich: »Das Silber sah aus wie Hühnergekrakel.« Aber es war das, was die Käufer wollten. Manchmal wurde ein Stück Papier dazu geliefert, das auf die ›tiefe religiöse Bedeutung‹ dieses Schmucks und der Symbole für die Indianer hinwies. Erst in den 1940ern wurden indianische Kunsthandwerkschulen und eigene Handelsgesellschaften gegründet, darunter die wichtigste 1941: die Navajo Arts and Crafts Guild. Heute kann man sowohl billigen Tand als auch Türkisschmuck von hoher Qualität kaufen und die Preise für beides sind angemessen.

Eine merkwürdige Einrichtung gab es noch in Zusammenhang mit Türkis: das Pfandleihsystem. Wenn ein Reservatsindianer eine gewisse Zeitlang kein Einkommen hatte, und das war oft, dann war er dennoch auf Lebensmittel, Tabak und andere geringe Wirtschaftsgüter aus der Handelsstation angewiesen: auf Baumwolle, Kaffee, Färbemittel und Rohstoffe zur Herstellung von Teppichen oder Schmuck. Und so versetzte er dafür einfach einen Teil seines Türkisschmucks. Das waren teilweise prachtvolle und sehr alte Stücke und sie wurden in einem eigenen Raum der Station ausgestellt, dem Pfandraum. Bekam der Indianer dann wieder etwas Geld in die Hand, nach der Schafsschur, oder wenn er eine Saisonarbeit gefunden hatte, dann war das Erste, was er tat, in den Laden zu gehen und seine ›Familienjuwelen‹ auszulösen. Dieser Prozess konnte sich viele Male wiederholen. Es soll auch verständnisvolle Händler gegeben haben, die den verpfändeten Schmuck für bestimmte Rituale und Tänze ihrerseits dem Besitzer liehen, damit er in vollem Ornat teilnehmen konnte.

Man sollte annehmen, dass Händler solche guten Stücke an reiche Touristen weiterverkauften, wenn man ihnen nur genug bot. Aber das ist nie geschehen. Der Händler benötigte schließlich das Vertrauen seiner indianischen Kundschaft so sehr wie sie ihn. Und die Ausstellungen im *Pawnroom* haben solche Läden sicher auch für weiße Reisende anziehend gemacht. Heute haben sich die Verhältnisse wieder einmal geändert. Indianer, die dem Händler bekannt sind, bekommen ihren Kredit auch ohne Pfand. Wenn sie dennoch ihren Schmuck in den Laden bringen, dann mehr, um sich vor Verlust zu schützen. Sie benutzen den Kaufmannsladen als Banktresor.

4.
Ursuppe oder Höllenfeuer? Die Geschichte der Geowissenschaften im Schnelldurchgang

Eine Karikatur von 1787 zeigt einen etwas verstört dreinblickenden Mann in Gehrock und Dreispitz, wie er mit einem Hämmerchen bewaffnet vor einer Felswand steht – ein Fels, dessen Profil die höhnischen Fratzen seiner Widersacher zeigt.

James Hutton war, was man so schön als ›Privatgelehrten‹ bezeichnete, ein Mann, der es sich leisten konnte, nach Lust und Neugier mal auf diesem, mal auf jenem Gebiet zu forschen, Universitäten zu besuchen, Fächer zu wechseln wie das Hemd, zu reisen und in gelehrten Zirkeln zu verkehren – beneidenswert!

Er war im 18. Jh. der herausragende Vertreter der Vulkanismus-Theorie, die zusammengefasst besagte, dass die Erde, so wie wir sie aktuell sehen, nicht auf einmal durch einen allmächtigen Gott – *khazam!* – einfach hingestellt worden sei, sondern dass sie durch ziemlich gewalttätige Prozesse verändert wurde und noch in der Veränderung begriffen sei. Berge und Steine seien aus einem heißen und flüssigen Erdinneren an die Oberfläche geschleudert worden. Und das geschähe ständig auf's Neue.

Solch tumultarische Vorstellung war den Bibelgläubigen zutiefst verhasst. Huttons schärfster Gegner neben Kirchenvertretern war

Deutschlands erster Professor für Mineralogie an der sächsischen Bergakademie. Er war ein prominenter Vertreter des so genannten Neptunismus, der – bibelkonform – besagte, alle Gesteine und Landoberflächen seien aus einem heißen Urozean, ›aus den Wassern‹, erschaffen worden. Anschließend herrschte göttliche Harmonie und Ordnung und so hatte es zu bleiben. Fossilien wurden ignoriert, Vulkane als Folgen unterirdischer Flözbrände abgetan. Werner polemisierte heftigst gegen Hutton. Sein Freund und Bewunderer Goethe schloss sich dem an, indem er in Faust II James Hutton die Rolle des Mephisto zuwies:

Mephisto:
Als Gott der Herr – ich weiss auch wohl warum –
Uns aus der Luft in tiefste Tiefen bannte,
Da wo zentralisch glühend, um und um,
Ein ewig Feuer flammend sich durchbrannte,
Wir fanden uns bei allzu großer Hellung,
In sehr gedrängter unbequemer Stellung.
Die Teufel fingen sämtlich an zu husten,
Von oben und von unten aus zu pusten;
Die Hölle schwoll von Schwefel-Stank und Säure,
Das gab ein Gas! Das ging ins Ungeheure,
So dass gar bald der Länder flache Kruste,
so dick sie war, zerkrachend bersten musste ...

Darauf Faust:
... Als die Natur sich in sich selbst gegründet,
Da hat sie rein den Erdball abgeründet.
Der Gipfel sich, der Schluchten sich erfreut,
Und Fels an Fels und Berg an Berg gereiht;
Die Hügel dann bequem gebildet,
Mit sanftem Zug sie in das Tal gemildet,
Da grünt's und wächst's, und um sich zu erfreuen,
Bedarf es nicht der tollen Strudeleien.

Mephisto:
Das sprecht Ihr so! Das scheint Euch sonnenklar,
Doch weiß es anders, wer zugegen war.

Faust:
Es ist doch auch bemerkenswert zu achten,
Zu sehn, wie Teufel die Natur betrachten.

Da hatte Goethe die Lacher sicherlich auf seiner Seite. Doch ganz wohl gefühlt hat er sich in der Sache nie. Abraham Gottlob Werner war sein Freund und er hat bei seinen mineralogischen Studien sicher viel Anregung durch ihn erfahren. Dennoch konnten einem scharfsinnigen Mann wie Goethe die Lücken in Werners Theorie nicht entgehen. Aber sie passte halt besser in das gültige Weltbild. Auch soll Professor Werner ein geschliffener und packender Redekünstler gewesen sein. Studenten strömten von weit her, um ihn zu hören. Hutton dagegen konnte zwar prächtig beobachten und analysieren, aber nicht gefällig formulieren. So trocken, umständlich und langweilig waren seine Abhandlungen, dass sein Freund Playfair sie erst gründlich ›lektorieren‹ musste, bevor an eine Veröffentlichung auch nur gedacht werden konnte.

Dennoch hatte Hutton Recht und Werner Unrecht. Goethe hat dies kurz vor seinem Tod klar erkannt und sich korrigiert. Er war eben doch in der Seele mehr Künstler denn Wissenschaftler: »Wenn man von Uranfängen spricht, so sollte man uranfänglich reden, d. h. dichterisch, denn was unserer alltäglichen Sprache anheim fällt: Erfahrung, Verstand, Urteil, das reicht nicht hin.«

Geowissenschaften, die Erforschung des Mineralreichs und der Entstehung der Welt standen in der geistigen Entwicklung des Menschen ziemlich weit hintenan. Nachdem unsere Vorfahren zu denken gelernt hatten, was interessierte sie da? Zunächst: Wie fülle ich meinen Bauch und wie kann ich sicherstellen, dass der Nachschub nicht abreißt. Was kann ich gebrauchen, was kann ich nicht gebrauchen. Dann der Blick nach oben: Ist da wer, der mich beschützen kann oder vor dem ich mich vorsehen muss? Erst als das unmittelbare Überleben gesichert war: Wer bin ich, was soll ich hier? Als Nächstes: Was passiert mit denjenigen unter uns, die tot umfallen und nicht wieder aufstehen? Erst zuletzt: Wie ist die Welt beschaffen, in der ich lebe? Wie sieht sie aus, da sie doch größer ist, als mein Auge erfassen kann? Woraus ist sie gemacht?

Die allerersten Überlegungen zur Entstehung der Erde waren mythisch-religiös geprägt. Alles, was beobachtet werden konnte, wurde diesem mystischen Weltbild untergeordnet und in diese Gussform hineingeklopft; man war erst zufrieden, wenn das alles hübsch zusammenpasste. Seltsamerweise zog sich diese Verfahrensweise bis ins 18. Jh., wenn es auch Erkenntnissprünge und Modifikationen gab. Es sollten zwischen Welterkenntnis und Handlungsnormen keine Spannungen entstehen. (Solche Spannungen haben letztendlich in der Neuzeit zum Atheismus geführt mit all seinen hässlichen Folgen: Materialismus statt Spiritualität, Wertemangel, Brutalität, Unsicherheit, Unbehaustheit. Sokrates, dessen unablässiges Fragen die Götter gefährdete, ist aus damaliger Sicht zu Recht hingerichtet worden.)

In den alten Kulturen wurde zwischen Göttern und der Natur kein Unterschied gemacht. Im klassischen Griechenland wurden dann Götter und Natur auseinander dividiert und die Natur zu einem weiblichen und untergeordneten, gebenden Element gemacht. Eine folgenschwere Entscheidung, die bis heute nachwirkt.

In der griechischen Sintflut-Sage von Deukalion und Pyrrha erfährt der Obergott Zeus vom frevelhaften Betragen des Menschengeschlechts. Bei einem Kontrollbesuch auf der Erde bewahrheitet sich das auf's Schrecklichste. Zurück auf dem Olymp schickt Zeus eine Regenflut hinab und Poseidon lässt seinen Dreizack ins Erdreich fahren, so dass Dämme brechen und das Land überflutet wird.

Deukalion, dem Sohn des Prometheus, gelingt es, sich mit seiner Frau Pyrrha auf den Parnassos zu retten, und als die Fluten abgezogen sind (anders als in den heutigen Nachrichten sind da keine Leichen zu sehen), da finden sie sich völlig vereinsamt. Angesichts der Aufgabe, zu zweit ein neues Menschengeschlecht zu produzieren, sinkt ihr Mut noch um ein paar Grade und sie bitten die Göttin Themis um Hilfe. Diese weist sie an, die Gebeine ihrer Mutter hinter sich zu werfen. Deukalion und Pyrrha sind entsetzt: welch ein unmoralisches Angebot. So geht man mit den Gebeinen seiner Mutter doch nicht um, nicht mal mit denen der Schwiegermutter. Sie werden aufgeklärt: Die Mutter ist die Erde, ihre Knochen sind die Steine … Gut. Das ist vertretbar und so werden aus den geworfenen Steinen die neuen Menschen.

Der Vergleich mit dem menschlichen Körper hat bis in die Neuzeit hinein Erklärungsparallelen für die Funktion der unbelebten Natur geliefert: Halbfeste oder weiche Bestandteile wie Sand oder Ton waren das Fleisch der Erde, Steine ihre Knochen und dann gab es da noch ein Pflanze und Tier entsprechendes System von Adern, das die Lebenssäfte – Wasser – transportierte. Alle Schlüsse konnten nur aufgrund von Beobachtungen mit bloßen Augen und in relativ begrenztem Gebiet gezogen werden. Gemessen daran sind die griechischen Universaldenker schon ziemlich weit gekommen mit ihren Annahmen.

Das erste bekannte ›Buch‹ über Steine – unter einem Buch verstand man damals schon eine kurze Abhandlung – war die *Orphei lithica, Orpheus' Steine*. Das war allerdings eine Art Zauberbuch, in dem es nicht um die mögliche Herkunft und Zusammensetzung, sondern allein um den magischen und therapeutischen Nutzen der Steine ging. Eigentlich soll es ein Gedicht gewesen sein.

Nimm in die Hände den Kristall,
Den unvergleichlichen, strahlenden Stein.
Der Himmelsstrahlen Licht
ist in diesen Wunderstein eingeschlossen.
Seine unirdische Durchsichtigkeit
Erfreut die Herzen der Götter.
Kommst du in den heiligen Tempel mit dem Kristall in der Hand,
Wird der Himmel deine unterwürfigen Bitten erhören.
Höre jetzt und erkenne des Steins zauberhafte Kraft …

Es folgt eine Anleitung zum Kokeln mit einem Brennglas aus Bergkristall.

Dieses und andere Werke der ›orphischen Sekte‹, Anhänger und Nachfolger des Dichters, wurden Orpheus persönlich zugeordnet, der ja in der Unterwelt gewesen war, um seine Geliebte Eurydike von den Toten zurückzuholen. Die Texte datieren vom 6. Jh. v. Chr. bis in die Römerzeit. Er kann sie also nicht alle selbst verfasst haben. Und ob es Orpheus wirklich gegeben hat oder ob er ein kompletter Mythos ist, das kann heute niemand mehr sagen.

Warum befassten sich die Orphiker mit Stein? Wohl, weil sie von der Unterwelt, vom Totenreich fasziniert waren. Sie glaubten, die Seele sei zur Buße für frühere Missetaten in den Kerker des Körpers eingesperrt. Der Leib sei das Grab der Seele. Gläubige sollten dem irdischen Dasein entsagen durch Askese und vegetarische Lebensweise. Sie müssten die Wiedergeburt erleiden, so lange, bis die Seele völlig rein sei und frei entschweben könne. Das kommt uns aus dem Buddhismus ziemlich bekannt vor. Ihre Vorstellungen bezog diese Sekte von älteren Kulten aus Assur, wo auch Steine als Sitz von Göttern galten, die Baytylien.

Jede frühzeitliche Naturerforschung, babylonische, persische, ägyptische, war noch von mystischen und magischen Vorstellungen behindert. Die Herrschaft von Priesterkasten oder Gottkönigen bewirkte, dass die Erkenntnis der herrschenden Ideologie angepasst wurde. Dementsprechend muss die Fehlerquote hoch gewesen sein. Erst mit dem Einzug der Demokratie im klassischen Griechenland änderte sich das langsam. Sokrates musste noch den Schierlingsbecher trinken, weil er durch sein unbestechliches Fragen die ›Götter‹, die Sicherheit tradierter Werte gefährdete. Doch in dem Maße, in dem sich das Denken nicht mehr nach Göttern und Tyrannen zu richten hatte, kam es voran. Der Verdienst der großen klassischen Denker ist die Systematisierung der Naturerkenntnis. Jetzt endlich wurden nicht mehr nur Einzelphänomene bedacht, sondern die Zusammenhänge, die Gemeinsamkeiten gesucht.

Von verschiedenen Philosophen, den Freunden der Weisheit, wurden die Thesen aufgestellt, dass die Welt kugelig sei, dass die Sonne aus flüssigem Gestein bestehen müsse – das man bei Vulkanausbrüchen beobachten konnte. Man erkannte, dass der Mond von der Sonne angestrahlt wird und kein eigenes Licht besitzt. Bei der Entstehung allen Lebens wurden nacheinander Wasser, Luft, Erde und Feuer für ursächlich erklärt: Wasser, da man beobachtet hatte, dass Lebewesen ohne dieses Element sterben. Ähnlich verhielt es sich mit Luft.

Bernstein und Magneteisen wurde eine Seele zuerkannt, weil sie Bewegung erzeugten. Wem das kurios erscheint, der muss sich vorstellen, die Entstehung der Welt und alle Funktionen des Lebens nur mit Hilfe der eigenen Sinne und einer Spitzhacke entdecken zu sollen.

Allein durch Nachdenken kam Empedokles (ca. 490–430 v. Chr.) darauf, dass alle Dinge aus winzigen Teilchen aus Feuer, Wasser, Erde und Luft bestünden, dem Auge nicht sichtbar, deren Anziehung und Abstoßung untereinander das Naturgeschehen ausmache, wenn er auch die Anziehung und Abstoßung auf Gefühle, auf Liebe und Hass zurückführte.[2]

Aristoteles (ca. 384–322 v. Chr.), der rebellische Schüler Platons und Erzieher Alexanders des Großen, formulierte als Erster tragende Prinzipien der Naturerklärung, die die abendländische Philosophie bis zur Scholastik des Mittelalters prägen sollten. Im Zusammenhang mit dieser ersten wissenschaftlichen Erschließung der gesamten Natur, wurden Steine nicht nur wegen ihrer Schönheit und Brauchbarkeit, sondern auf Herkunft und Eigenschaften hin untersucht. Theophrastos (ca. 372–287 v. Chr.) teilte im Buch *De lithica* (gelegentlich auch Aristoteles zugeschrieben) die Steine erstmals in Klassen ein:

1. Steine
2. Farbige Steine
3. Schmelzbare Steine
4. Brennbare Steine
5. Nicht brennbare Steine
6. Edelsteine: Diamant[3], Karneol, Jaspis, Smaragd, Chrysokoll und Bernstein (der ja eigentlich zu den Brennbaren gehören müsste)
7. Leicht schneidbare Steine (Talk)
8. Erdige Steine (Heilerden und Mineralfarben)

In *Meteorologica* (Aristoteles zugeschrieben) heißt es, alle mineralischen Substanzen seien aus zweierlei Ausdünstungen entstanden, die aus der Erde aufstiegen: Rauchig-heiß-trockene und dampfig-nebelig-kalt und nasse gemäß Aristoteles' ›Charakteren‹. Steine entstünden durch eine Wechselwirkung beider Kräfte – was gar nicht verkehrt war.

Harte Edelsteine und Gold wurden im Mutterland kaum gefunden, sie wurden von anderen Völkern eingetauscht. Über die tatsächliche Gewinnung von Gold hatte man abstruse Vorstellungen: So berichtet Herodot, wie indische Stämme das Gold gewännen: Dort gäbe es Ameisen von Hundegröße, das sei belegt. Der Kaiser von Persien besäße einige, die auf der Jagd gefangen worden seien. Diese Ameisen lebten unter der Erde und würfen goldhaltigen Sand aus ihren Gängen nach oben. Versionen dieser Legende gibt es in Tibet, der Mongolei und China, wahrscheinlich erfunden von Goldsuchern, um Konkurrenz abzuwimmeln.

Die frühe arabische Gesteinskunde enthält besonders viele magische Elemente. Da die Araber seit alter Zeit mit Edelsteinen Handel trieben, befassten sie sich auch eingehender als andere Völker mit ihrer Entstehung und ihren Eigenschaften. Einer ihrer berühmtesten Ärzte und Gelehrten, Ibn Sîna (Avicenna) unterteilte die Mineralien in vier Klassen:

1. Steine
2. Schweflige Stoffe
3. Wasserlösliche Stoffe
4. Schmelzbare Körper

Der Denkansatz läuft auf Alchemie hinaus: Wie kann ich zerlegen, was ich habe, und durch Veränderung der Zustände, unter Einsatz von Feuer, Wasser und ätzenden Flüssigkeiten, etwas noch Wertvolleres gewinnen ...

Ibn Sîna erkannte bereits die Entstehung von Sedimentgestein durch Abtragung und Ablagerung. Er vermutete, dass letzten Endes alles ins Meer getragen, dort gesammelt und eines Tages wieder emporgehoben würde – eine damals revolutionäre Idee, die erst Jahrhunderte später von christlichen Wissenschaftlern wie Hutton und Stensen neu ›entdeckt‹ werden sollte.

In römischer Zeit wurde hauptsächlich abgeschrieben. Die Römer waren in der Mehrzahl keine Künstler und auch keine Wissenschaftler, sondern Soldaten und Buchhalter: Plinius der Ältere (23–79 n. Chr.), im Hauptberuf Feldherr, hat von den 37 Büchern seiner *Naturalis Historia* zwei den Steinen gewidmet. Das sind aber mehr Kuriositätensammlungen denn analytische Texte. Sein Verdienst besteht im Zusammentragen der Texte von 36 antiken Autoren, deren Wissen und Gedanken sonst für immer verloren wären. Aufgezählt wird bunt durcheinander alles, was Plinius an Steinernem erfahren hat: besondere Bauwerke, Kunstwerke, Anekdoten (die von Nero, der ein kostbares Gefäß aus Bergkristall zerschlug, weil niemand nach ihm daraus trinken sollte), dazu nützliche Eigenschaften gewisser Steine, Glasherstellung, Obsidian und so fort ...

›Murrhinische Gefäße‹ beispielsweise waren zu Plinius' Zeit gerade *en vogue;* das waren Schalen, Parfumfläschchen und Becher aus wie Regenbogen schimmerndem Flussspat, die Pompeius nach seinem Sieg über die Parther aus dem nördlichen Iran mitbrachte. Daraufhin wollte in Rom jeder solche haben und Plinius wetterte: »Der Luxus damit wächst von Tag zu Tag. Ein murrhinischer Becher, der nicht mehr als drei Sextarien fasste, wurde für 70 000 Sesterzen gekauft; und ein betagter Konsul war darin so verliebt, dass er noch den Rand annagte ...«

Überhaupt erregt er sich in seinen Steinbüchern über Verschwendungssucht und warnt vor der Gier, mit der die Erde nach kostbaren Steinen und Metallen durchwühlt werde. Vor allem tiefe Minen verletzten nach seiner Vorstellung Mutter Erde. Man müsse sich gar nicht wundern, wenn sie sich durch Erdbeben zur Wehr setze. Plinius selbst kam übrigens bei einem Ausbruch des Vesuv zu Tode, 79 n. Chr.

Im Mittelalter wurden die Vorstellungen der Antike über Edelsteine und ihre magischen Kräfte unkritisch übernommen, wissenschaftliche Ansätze allerdings durch religiöse Fantasien ersetzt. Hildegard von Bingen behauptete in ihrem Werk *Physica:* »Im Osten und wo allzu heftige Sonnenglut herrscht, entstehen die Edelsteine. Die Berge in jenen Gegenden haben von der Sonnenglut Hitze wie Feuer, und die Flüsse dort sind von ihr immer heiß, so dass zuweilen eine Überschwemmung dieser Flüsse losbricht und sie zu jenen Bergen emporsteigen ... Nun bleibt hier der Schaum haften und erstarrt während dreier oder vier Tagen zu Stein.«

Die Natur – ein Kochkesselchen, Chefkoch: Gott. Außer dem Schaum übergekochter Flüsse auf östlichen Bergen gab es für die heilige Hildegard noch einen anderen Entstehungsort, die Hölle: »Der Teufel hat Schrecken, Hass und Verachtung gegen die Edelsteine. Sie erinnern ihn nämlich daran, dass ihr Glanz schon erschien, ehe er ... herabgestürzt wurde, und außerdem entstehen manche Edelsteine in dem Feuer, in dem er selbst seine Strafpeinen erleidet.« Das kommt der Sache im Prinzip schon näher, falsche Beweisführung, richtiger Schluss: Die Steine entstehen in der Hitze des Erdinneren ...

So ging es eine Zeitlang immer im Kreis herum, immer wurden die alten Argumente wieder hervorgeholt, das Wasser, die Luft, das Feuer und der Einfluss der Sterne, der aus Samen in der Erde Edelsteine wachsen lässt ...

Die Alchemie – *al-kimia* – im alten Ägypten begonnen, vergessen, in der europäischen Renaissance wiederentdeckt, brachte den Erkenntnisprozess über die Beschaffenheit der Gesteine und Mineralien wieder ein gutes Stück voran. Zwar experimentierte man wild herum, um unedle Metalle in Gold zu verwandeln, aber der tiefere und weiterführende Zweck der Alchemie war es, anorganische Materie wunschgemäß zu verändern. Schon in der griechischen Klassik hatte man schließlich bemerkt, dass verwandte oder gleiche Mineralien je nach äußerer Bedingung unterschiedliche Zustände annehmen können. Und nun probierte man herum. Was passiert, wenn ich dieses mit jenem mische und dem Feuer aussetze? Was passiert, wenn ich Wasser oder Alkohol zugebe? Das Ganze stelle ich mir vor wie erste kindliche Experimente mit dem ›Kleinen Chemiker‹: Wenn Farben sich veränderten und es schön stank und puffte, glaubte man, Bedeutendes erreicht zu haben. Die Experimente waren mit einer Aura von Magie umgeben und die ›Wissenden‹ hüteten sich, ihre Geheimnisse zu veräußern.

Aus alten Bildern kennt man das Szenario eines Alchemistenlabors: an einer Wand ein Altar mit violettem Tuch und einem in Silber gefassten Totenschädel, Räucherwerk und schwarzen Kerzen. Ein

Pentagramm auf dem Boden mit hebräischen Zeichen, ein Tisch überquellend von Fläschchen, Tongefäßen mit Erden, Mineralien, Giften, Tinkturen, Stapeln von Büchern und Notizen. Auf dem Athanor, dem Herd des Alchemisten, das grüne Ei aus Glas, in dem der göttliche Zeugungsprozess nachgestellt werden soll. Es raucht, blubbert, zischt und stinkt – wahrhaft furchterregend!

Der Prozess war auch deshalb mit so viel magischen Elementen verwoben, weil die Natur, die es zu erschließen galt, den Menschen damals sehr viel magischer vorkam als uns. Viele Alchemisten waren ernsthafte und sehr kluge Leute, so wie der Schweizer Arzt Paracelsus (1493–1541), den viele seiner Zeitgenossen für den Teufel höchstpersönlich gehalten haben. Er kam auf die Idee, Medizin und Alchemie zu vereinigen. Seinen Doktor der Medizin hatte er in Ferrara gemacht, vorher aber in den Bergwerken und Bleihütten des Grafen Sigmund Fueger in Tirol gearbeitet. Zu seiner Zeit wüteten Epidemien wie die Syphilis. Man wusste sie nur mit Arsen und Blei zu behandeln, zwei giftigen Metallen. Paracelsus nun versuchte, die Ausgangsstoffe zu modifizieren, sie zu entgiften und damit nützlich zu machen. Wie auch Köche und Bäcker, so seine neue These, müssten Apotheker und Alchemisten die Rohstoffe, die aus der Erde kamen, erst aufbereiten, damit sie genießbar würden. Damit war es mit der Fortschrittlichkeit aber schon vorbei, denn Paracelsus lagen atomistische Vorstellungen fern. Vielmehr führte er seine Theorien rasch auf eine mystische Basis zurück, verkündete, sein System sei eine religiöse Offenbarung und ließ sich als ›Luther der Alchemie‹ bezeichnen. Im Übrigen muss er ein rechter Angeber gewesen sein, der die kleinen Leute, zum Beispiel in den Herbergen, in denen er übernachtete, gern mit schauerlichen Andeutungen dazu brachte, seine Zauberkräfte so zu fürchten, dass sie es nicht wagten, ihm Geld abzufordern.

Im 16. Jahrhundert brach ein Streit los, der uns bis heute bewegt: Inwieweit darf man die Natur ausbeuten, wie tief darf man graben, wie viel darf man zerstören um der Gewinnsucht willen?

Das Bild von der weiblichen Natur, der Mutter und Ernährerin ist ein sehr altes Bild, in vielen frühen Kulturen als lebensspendende Obergöttin vorhanden. Bei den Athener Philosophen begann dann aber die Abspaltung der Mutter Natur vom Göttlichen. Im Mittelalter war sie zur Sklavin geworden, von Gott gegeben, damit sich der Mensch beliebig an ihr bereichern möge. Oder hatte man sie zu schonen? Von Platon, Aristoteles, Plinius dem Älteren über Ovid, über die Scholastik des Mittelalters, die Renaissance und die Humanistik zieht sich dieser Streit. Wir wissen, wie er entschieden wurde.

1160 porträtiert Alain de Lille aus der Ecole de Chartres ›Natura‹, Gottes mächtige, aber demütige Dienerin. Sie ist außer sich vor Kummer über die Menschen, die ihren Gesetzen nicht gehorchen. Gewaltsam versuchen sie, die Geheimnisse des Himmels an sich zu bringen, zerreißen dabei ihre Kleidung, beschämen und entblößen sie.

In der Literatur und Kunst der Renaissance, die ja die Erkenntnisse und Ansichten der griechischen Klassik wieder durchlebte, gibt es unzählige Allegorien, in der die Natur als weiblich dargestellt wird. Die Höhlen und Gänge in der Erde wurden mit der weiblichen Anatomie verglichen. Es war viel die Rede von der Fähigkeit der Erde, in ihren Eingeweiden Steine und Metalle zu gebären. Dazu hätte Gott den Samen in sie gelegt und die Sonne brachte den schwangerschaftsähnlichen Vorgang in Bewegung.

Ende des 15. Jh wuchsen zum Beispiel in Sachsen die Bergbau-Aktivitäten so stark an, dass mancher Bedenken bekam. In diese Gegend und Zeit gehört eine Geschichte über Mutter Erde, wie sie in einem zerfetzten grünen Kleid auf Jupiters rechter Hand sitzt. Jupiter soll Recht sprechen. Merkur vertritt Mutter Natur und klagt die Bergleute der Vergewaltigung ihrer Mutter an (ein starkes Bild, sollte es auch sein). Zu seiner Verteidigung führt der Bergmann an, das sei gar keine Mutter, sondern eine böse Stiefmutter, die ihre Schätze arglistig vor ihm verberge. Fortuna spricht am Ende das Urteil: Wenn Menschen es für nötig halten, die Erde durch Pflügen und tiefes Graben zu verletzen, dann sollen sie von der Erde verschlungen werden, von ihren Dämpfen vergiftet, mit Hunger geschlagen sein und für immer ignorant bleiben. Tatsächlich wurden durch einen ignoranten und brutalen Bergbau damals viele Flüsse verschmutzt und Wälder abgeholzt, sehr zum Schaden der Menschen, die dort wohnten. Ökologische Bedenken gab es aber schon.

Georgius Agricola (1494–1555), der ein außerordentlich detailliertes Werk über Steine, Metalle und Bergbau geschrieben hat, griff in diesen Streit ein – pro Bergmann natürlich. Die Natur habe die Erde dem Menschen gegeben, damit er sie bestelle und aus ihren Höhlungen Metalle und andere mineralische Produkte herausziehe. Ohne Metalle würde die Menschheit wieder zu einem unwürdigen Jäger- und Sammler-Leben reduziert, so Agricola. Über Herkunft und Zusammensetzung von Gesteinen findet sich bei ihm wenig Neues, allerdings löste er sich vollkommen von Religion, Magie und Philosophie und erarbeitete eine konkrete Aufzählung von Erscheinungsformen, Fundstellen und Gewinnung der Mineralien und Edelsteine. Auch über ihre Entstehung hat er viel geschrieben, manches gut beobachtet, etwa die Wirkung von Regen und Sonne auf »*Erdgemenge*« oder Vorgänge beim Brennen von Ziegeln; auch Lösung, Ablagerung und Wiederverfestigung. Er war aber noch ganz in der alten Elemente-Lehre und den Aristotelischen Charakteren verfangen und stiftete durch den Versuch, die veralteten Anschauungen mit seinen aktuellen Beobachtungen in Einklang zu bringen, einiges Durcheinander. Zur Entstehung von Gestein sagte er: »… so scheint das in der Weise geschehen zu können, dass mit Erde vermischtes Wasser entweder die Sonnenhitze allmählich zum Gären bringt, oder eine wegen ihrer Hitze besonders ausgezeichnete Trockenkraft, die sich in der Erde befindet, es verdichtet. Auf beide Arten kann daraus Stein hervorgehen und es ist keineswegs notwendig, noch eine andere Kraft, die dies zustande bringt, zu ersinnen als die der vier Grundkräfte, oder die, die aus ihnen hervorgehen, wenn sie aufeinander einwirken und sich dem Ort der Steinbildung mitteilen.« (Die vier Grundkräfte: Feuer, Wasser, Kälte, Luft.) Er vermerkte allerdings bereits die Steinbildung in (offenbar vorher vorhanden gewesenen) Klüften und Spalten.

Sowohl Edmund Spenser im Gedicht *Fairie Queen,* als auch John Milton (1667) in *Paradise Lost* beschwören das Bild von der vergewaltigten Erdmutter. Der Beginn der Mechanisierung gab ihr wohl den Todesstoß. Die Beherrschung der Natur und die Entwertung und Unterdrückung des Weiblichen gingen Hand in Hand. Die Weiterentwicklung der Wissenschaften zeigt, wie man sich mehr und mehr auf die Mechanik verlegte, wie man Welt und sogar den individuellen Körper als Maschine zu betrachten begann. Technik sei 1) männlich und 2) allmächtig, wurde propagiert. Seit dem 19. Jh. waren Natur und Frau zur Ressource für den schaffenden Mann verkommen. Seit den 70er-Jahren des 20. Jh. bewegt sich der Prozess wieder in umgekehrter Richtung. Sowohl die Natur, wie auch das Weibliche gewinnen in dem Maß an Wertigkeit, in dem sich das mechanische Weltbild als unzureichend erweist.

In der Renaissance und noch bis in die Zeit der Aufklärung herrschte die Vorstellung, Mineralien wüchsen in der Erde, wie Bäume mit Stamm, Ästen und Zweiglein ausgestattet, und man müsse eine Schürfstelle nur lange genug ruhen lassen, dann wüchse schon wieder etwas nach. Über das Versiegen von Ressourcen brauchte man sich damals noch keine Gedanken zu machen. Und dass Steine wachsen, das bestätigten die Bauern, die ständig darüber klagten, wie auf ihren Äckern die Steine Junge kriegten. Tatsächlich kommen in jedem Frühjahr neue Brocken ans Tageslicht. Der umgepflügte Boden wird durch Frost und Tauwetter gelockert und die Steine werden in diesem Prozess nach oben geschoben.

Im 17. Jh., dem Jahrhundert Galileis, Keplers und Newtons nahmen dann endlich die modernen Geowissenschaften Form an. Eine wesentliche Rolle kam dabei längst ausgestorbenen Lebensformen zu: den Fossilien. Lange hatte man angenommen, Fossilien seien entweder misslungene Versuche der Natur oder Kuriositäten, nur zufällig Lebensformen ähnlich. Gelegentlich nahm man sie auch für Knochen derjenigen Tiere, die in der Sintflut umgekommen waren, und stellte sie als Reliquien in Kirchen aus. Der dänische Naturforscher Nils Stensen benutzte sie, um die Neuentstehung der Berge, lange nach der Schöpfung, nachzuweisen. Wie viele seiner Zeitgenossen war auch er auf mehreren Gebieten tätig und interessiert und oft ergänzte ein Wissensgebiet das andere. Stensens Vater war Goldschmied; von daher rührte sein Interesse an Steinen und Mineralien. Er studierte Medizin, war zeitweise als Königlicher Anatom in Kopenhagen angestellt. Aber er versuchte sich eben auch als genereller Naturbeobachter, als Mineraloge und Geologe. Er hatte Umgang mit dem Großherzog Ferdinand II., der ein Gönner der Wissenschaften und Verteidiger Galileis war. (»Eppure si muove!«) Das Jahr 1666–1667 verbrachte Stensen als Gast am Medici-Hof. Bei seinen Ausflügen ins Arnotal faszinierten ihn die versteinerten Muscheln, die auf den Bergen zu finden waren, und er theoretisierte über die Entstehung dieser Berge durch tektonische Veränderungen. Er schrieb auch eine Abhandlung über Mineralquellen, deren Gehalt und die mögliche Herkunft ihrer Wärme. Wesentlich an seinen geologischen Thesen ist, dass er meinte, eine Erklärung der Sintflut gefunden zu haben, die den Gesetzen der natürlichen Körper nicht widerspräche. (1675 ließ er sich zum Priester weihen.) Er legte auch Argumente für das Erdalter vor, vermutete langwierige Prozesse: »In jenen Erd- und Felsarten, die Kristalle, Selenite, Pflanzen und ihre Teile, Knochen und Schalen von Tieren ... enthalten, sind jene Körper schon zu einer Zeit hart gewesen, in der die Materie der sie enthaltenden Erd- und Felsarten noch flüssig war.« Kurz: Fossilien, die in Gestein gefunden werden, müssen schon vor diesem Gestein entstanden sein. Auch beobachtete er bereits, dass offensichtlich Sedimentschichten, die zum Zeitpunkt ihrer Entstehung horizontal gewesen sein müssen, ihre Lage verändert hatten.

Zu dem Zeitpunkt schätzte man das Alter der Erde noch nach dem Stammbaum der im Alten Testament erwähnten Personen. Dabei kam man auf sechstausend Jahre – nett familiär und überschaubar. George Buffon veröffentlichte 1749 seine *Théorie de la Terre* und 1778 *Epoques de la Nature* und schätzte das Erdalter zum allgemeinen Erstaunen auf 80 000 Jahre.

Inzwischen war der große Streit zwischen Vulkanisten (auch Plutonisten genannt nach dem griechischen Gott der Unterwelt) und Neptunisten voll ausgebrochen. John Woodward und Abraham Gottlob Werner waren Prominente auf der Ursuppen-Seite; John Ray, James Hutton und ein Priester, der Abbé Anton Moro aus Venedig, hielten es dagegen mit dem blubbernden Höllenpfuhl. Und ausgerechnet der Abbé Moro sagte öffentlich, die Sintflut sei ein unwesentliches Ereignis gewesen (geologisch gesehen).

An James Hutton kann man sehen, wie die Verbindung mehrerer Disziplinen zu bedeutenden Erkenntnissen führen kann: James Hutton war ein Landwirt – na ja – ein Edelmann-Landwirt. Er hatte von seinem verstorbenen Vater, einem reichen Pfeffersack, außer einer jährlichen Versorgung noch zwei Farmen in Schottland geerbt. Die eine davon betrieb er mehr oder weniger selbst und zwar nach modernsten Erkenntnissen. Auf sein Betreiben und Vorbild hin verwendeten schottische Bauern fossilen Kalk zur Verbesserung ihrer huminsauren Böden. Bei langen Reisen zu Fuß besuchte Hutton fossile Fundorte wie die Küsten von Suffolk und Sussex und machte sich, ähnlich wie Nils Stensen, Gedanken über die Fossilien. Sein nächstes Interesse galt Lava und Basalt, die in Schottland reichlich vorhanden waren, und er entdeckte den vulkanischen Ursprung von Basalt, obwohl er nicht erkannte, dass Lava und Basalt ein und dasselbe in modifizierter Form sind, das eine ober- das andere unterirdisch ausgekühlt. Später interessierten ihn besonders Granite (ein Ergussgestein, wie Basalt eines der primären Gesteine auf dem Erdball) und er notierte: »Ich habe Schottland von einem Ende zum anderen untersucht, bevor ich einen einzigen Granit an der Stelle seiner Entstehung fand!«

Es mussten also auf der Erde noch lange nach ihrer Entstehung gewaltige Kräfte am Werk gewesen sein! Zwischen Phasen intensiver

Beschäftigung mit der Geologie seiner Heimat studierte er ein wenig Humanistik, schmiss das hin, studierte Medizin, besuchte geologische Vorlesungen in Paris und disputierte in Gelehrtenzirkeln. Seine Theorie war gar nicht so extrem, dass Werners Hass erklärlich gewesen wäre. Hutton sah zwar die Wärme des Erdinneren als bedeutsamer für geologische Prozesse an, vernachlässigte aber keineswegs die des Wassers. Es müssen seine aktualistischen Thesen gewesen sein, die Genesis-Gläubige auf die Palme brachten: Alle Vorgänge, die die Erde so geformt hätten, wie wir sie jetzt sähen, wären auch aktuell zu beobachten: Vulkane, der Aufstieg neuen Landes aus dem Meer, dann wieder Abtragung durch Wind, Wasser und Erdbeben, das alles seien damals wie heute die Ursachen eines ständigen Kreislaufs, der nie aufgehört habe.

»... diese verrückte und unnatürliche Vorstellung von der Ewigkeit der Erde«, eiferte sich John Williams, einer seiner Gegner, »führt zuerst zum Skeptizismus und zuletzt zu völligem Unglauben und Atheismus. Wenn wir erst einmal einer festen Überzeugung Raum geben, dass die Welt ... selbstständig mit der Fortpflanzung ... voranschreiten kann, dann dürfen wir annehmen, dass für das Eingreifen einer lenkenden Macht kein Bedarf mehr besteht.« Ein anderer, Jean André Deluc: »Gewisslich kann keine Schlussfolgerung aus den Naturwissenschaften für die Menschen bedeutsamer sein, als diejenige, die die Genesis betrifft ...« Immerhin verteilte man im 18. Jh. keine Schierlingsbecher mehr.

Aber es ist leicht, aus heutiger Sicht zu spotten. Die Leute hatten schlichtweg Angst, Gott zu verlieren. Nicht nur jagten ihnen die neuen Thesen eine existenzielle Furcht ein, sondern sie ängstigten sich auch vor den Folgen, die solch ein Verlust auf die allgemeine Moral und damit auf die ganze Gesellschaft haben würde.

Im 19. Jh. hatte sich die Situation der Wissenschaftler grundlegend gewandelt. Man wusste jetzt viel mehr und befand sich geradezu in einem Fortschrittsfieber. Menschen aus dem Mittelstand kauften statt nur der modischen Romane jetzt teure Ausgaben von geologischen Werken. Während alles auf einen absoluten und überoptimistischen Technikglauben zusteuerte, die Wissenschaften sich immer mehr voneinander trennten und in die Spezialisierung eintauchten, und Gott immer ferner rückte, in dieser Zeit gab es auch Gegenbewegungen: Rudolf Steiner (1861–1925) entwickelte seine Anthroposophie, die den Verlust der Ganzheitlichkeit aufzufangen suchte. Er muss die Not unserer Zeit geahnt haben, gesehen haben, wo das hintrieb. Die Menschen sollten, wenn schon nicht den Gott der Bibel, dann doch das geistige Prinzip des Alls nicht vergessen, zu dem wir Menschen in tiefer Verbindung stünden. Edelsteine, als »Sinnesorgane höherer Wesen« hatten für Steiner einen besonderen Stellenwert. Durch sie sollten jene ›höheren Wesen‹ in der Lage sein, mit uns in Verbindung zu treten und sogar in physische Prozesse einzugreifen. Gemeint hat er damit sicher nicht, dass sie Augen und Ohren von Engeln wären; eher dass sie als Sinnesverstärker wirken, wenn man sich um die Erlangung eines höheren Menschseins bemüht.

Was wissen wir heute über die Entstehung der Steine – mineralogisch korrekt gesagt: der Gesteine? Die Vulkanisten hatten Recht, die Neptunisten auch, die mit der Luft und dem Wasser und dem Feuer, sogar die mit den Samen von den Sternen, alle hatten Recht – ein bisschen ...

Am Anfang war ein kosmisches Ereignis. Der Planet Erde entwickelte sich aus Gas und Staub, verdichtete sich zu einem Feuerball, der langsam von außen abzukühlen begann und eine Kruste bekam. In und auf dieser Kruste enstanden die verschiedenen Mineralien und Gesteine und zwar in drei Hauptphasen.

Die primäre Enstehungsweise: Bei der Abkühlung der heißen Magmapampe entstand eine übersättigte Lösung, weil heiße Flüssigkeiten mehr Feststoffe lösen können als kühlere. Das ist wie beim Marmeladekochen oder beim Honig, wo Sie das Prinzip leicht beobachten können. Beim Abkühlen von – zuckergesättigter – Marmelade kann man oft sehen, wie sich Zuckerkristalle an den Glasrändern bilden. Und wenn Honig fest und weißlich aussieht, dann genügt es, ihn im Wasserbad zu erhitzen, damit sich die Kristalle wieder lösen.

Die ersten Minerale kristallisierten also aus; das Ergebnis war primäres Gestein und Minerale, die man Magmatite nennt. Da gibt es dann noch Unterschiede in der Größe der Kristalle. Gesteine, die langsam unter der Oberfläche abkühlen konnten, wurden grobkörnig, so dass man ihre Kristalle mit bloßem Auge erkennen kann. Granit ist so ein Gestein. Man nennt es intrusiv (eingeschlossen) oder bildhafter: Plutonite. Olivin, Rosenquarz und Zirkon sind Plutonite.

Gelangt die flüssige Mixtur schnell an die Oberfläche, wie das bei einem Vulkanausbruch der Fall ist, so können sich wegen der raschen Abkühlung nicht so große Kristalle bilden. Das Erscheinungsbild ist feiner, glatter. Der bei den Bildhauern der Antike beliebte Porphyr ist so ein ›Vulkanit‹, ein Extrusivgestein. Und wenn dann noch, sagen wir durch Wasser, die Abkühlung extrem schnell vor sich geht, dann bilden sich gar keine Kristalle und die Lava wird praktisch schockgekühlt. Der glasartige Obsidian ist so entstanden.

Die Plutonite oder Intrusivgesteine werden noch weiter unterteilt je nach Temperatur, Druck und Zeit, die bei der Entstehung eine Rolle gespielt haben. Gesteine und Mineralien, die sich tief unten im noch flüssigen Magma sammelten und anreicherten, heißen liquidmagmatisch, zum Beispiel Aventurin und Epidot. Sie waren bei ihrer Entstehung enormem Druck ausgesetzt. Dringen Gase oder Dämpfe aus dem Magma in ein Nebengestein, so verbinden sich die Magmadämpfe mit dort gelösten Stoffen. Das Ergebnis nennt man dann pneumatolytische Mineralien, zu denen Topas und Turmalin gehören. Die dritte Unterart der Plutonite wurde hydrothermal gebildet, das heißt, als die kritische Temperatur von 375 Grad Celsius unterschritten wurde, verflüssigte sich Wasser. Aus den in Wasser gelösten Stoffen konnten sich dann wieder Steine wie Fluorit und Mondstein formen.

Die sekundäre Entstehungsweise: Jetzt sind also Gesteine und Mineralien an die Oberfläche gelangt und da beginnt bereits ihre Zersetzung durch Verwitterung. Aus Bergen wird Geröll und Schutt, aus Geröll und Schutt wird Sand oder noch feinerer Schlamm und Schwebeteilchen. Das alles wird irgendwann einmal durch Wasser fortgespült und setzt sich da ab, wo das Wasser stehen bleibt, in einem See oder im Meer. Daraus werden dann mit der Zeit Sedimentgesteine wie Dolomit und Pyrit. Dann kann es noch passieren, dass Regen oder Gewässer durch Oberflächenrisse in Gesteine eindringen. Durch den Kontakt mit Sauerstoff und in Wasser gelösten Stoffen bilden sich in den Klüften neue Mineralien, wie Malachit, Chrysokoll und Türkis, also durch Verwitterung, Ablagerung, Lösung und Oxydation. ›Biogenes Sedimentgestein‹ nennt man alles Versteinerte, das einmal gelebt hat: Pflanzen und Tiere, aus denen Kohle wurde (Kohlenstoff), Fossilien auf Kalk- oder Kieselsäurebasis (Muscheln, Korallen, Schwämme) sowie Bernstein.

Die tertiäre Entstehungsweise: In der Tiefe der Erdkruste rumort es fröhlich immer weiter; Gesteinsschichten werden nach oben gepresst oder nach unten gedrückt und beginnen sich noch einmal umzustrukturieren. An den Grenzschichten bilden sich neue Mineralien, unter Druck und Hitze, jedoch ohne Einschmelzung. Diese Mineralien nennt man metamorphe (sie haben ja eine Metamorphose, eine Umwandlung mitgemacht) oder eben tertiäre Mineralien. Marmor, Granat und Nephrit (die wahre Jade) gehören zu dieser Klasse.

Dann gibt es noch die seltenen Mineralien, und jetzt kommen wir zu den teuersten und begehrtesten von allen, die durch Kontakt mit Magma umgewandelt wurden. Ein Vulkan bricht aus und das Gestein rings um den Vulkanschlot wird chemisch umgebaut. Und da hätten wir die Korundfamilie: Diamant, Rubin, Saphir und Smaragd, wobei die letzteren drei auch primär entstanden sein können.

Das alles wird diejenigen wenig interessieren, die sich die Karfunkel nur um den Hals hängen oder sie in ihren Banktresor legen wollen. Wenn Sie sich aber für die Steinheilkunde, die Lithotherapie, interessieren, dann sollten sie sich diese drei Entstehungsprinzipien merken: das primäre (durch Abkühlung aus dem Urstoff des Planeten entstanden), das sekundäre (verwittert, in Wasser gelöst und wieder verfestigt) und das tertiäre (durch Krustenbewegungen gewaltsam erneut umstrukturiert). Wir kommen im Kapitel zur Lithotherapie darauf zurück, weil einer der führenden Steinheilkundler daraus unterschiedliche Wirkungsweisen ableitet.

Geologen heute brauchen kaum mehr mit ihren Hämmerchen mühselig im Gelände herumzukriechen. Mit Hochleistungsbohrern durchdringen sie die Erdkruste und können dann anhand der Bohrkerne die Schichten im Labor untersuchen. Mit Hilfe reflektierter Schallwellen gewinnt man Bilder von der Struktur der Meeresböden. Infrarotluftaufnahmen und Satellitenbilder verraten die Zusammensetzung des Grundgesteins und die Lage von Fundstätten, ohne dass man einen Fuß vor die Tür setzen muss. Computer berechnen die Struktur des Tiefengesteins anhand von unterirdisch ausgelösten Explosionen und ihrer Stoßwellen. Dann erst geht es ins Gelände, von dem man nun schon ziemlich genau weiß, was zu erwarten ist. Und trotz der Bequemlichkeiten trauern manche Geowissenschaftler den abenteuerlichen alten Zeiten hinterher.

Übrigens wurde im 19. Jh., nach 2000 Jahren, endlich wiederaufgenommen, was schon ansatzweise die alten Griechen wussten: die Frage nach den unterschiedlichen Zuständen, die ein und dasselbe Mineral je nach den äußeren Bedingungen annehmen kann. Was man früher nie für möglich gehalten hätte: Graphit, das weichste – und Diamant, das härteste bekannte Mineral, bestehen beide aus kristallisiertem Kohlenstoff.

Inzwischen glaubt man, die Natur bis ins kleinste Teil (den Neutrino) durchschaut zu haben. Man hat aber genauso eingesehen, dass die Natur ungeheuer komplex ist und sich Ereignisse nicht nach simplen Formeln vorhersagen lassen. Was schon die Romantiker befürchteten: Natur ist Chaos. Wir haben versucht, sie mit Hilfe von Technik zu bändigen und zu unterjochen, müssen inzwischen aber begreifen, dass sie sich uns entzieht in immer neuen, unberechenbaren und teils katastrophalen Reaktionen auf unser Tun. Die Natur erforschen, uns anpassen, ihre Prozesse nachahmen und verbessern: Von der Natur lernen, ohne sie zu zerstören, das ist der neue Weg.

Die Erfindung des Computers hat gesellschaftliche Umwälzungen veranlasst, deren Ende und Folgen noch gar nicht abzusehen sind. Wieder einmal reißt uns unsere eigene Schöpfung mit sich. Und Silizium, also ausgerechnet der Stoff, mit dem die geistige Entwicklung der Menschheit begonnen hat, ist das Kernstück des Computers: Winzige Scheiben davon bilden die so genannten *wafers,* auf denen wiederum haarfeine Strukturen aus Metall angelegt werden, die ungeheure Datenmengen speichern. Keine Waschmaschine, kein Handy und schon gar kein Rechner kommt ohne sie aus. Damit die elektrischen Ladungen in den ultradünnen Texturen auf dem rechten Pfad bleiben, ist ein fantastisches Maß an Ebenmäßigkeit nötig, das die Natur nicht bieten kann. Siliziumkristalle für *wafers* werden künstlich hergestellt. Sie erinnern sich vielleicht, welche Panik ausbrach, als durch ein Erdbeben in Taiwan wichtige Chipfabriken lahmgelegt wurden. Das kostbare Silizium ist eigentlich nichts weiter als Sand, Sand und Sauerstoff. Wahrscheinlich wird es einmal abgelöst werden durch Kunstdiamanten, aber so weit sind wir zum Zeitpunkt, an dem ich dies schreibe, noch nicht. Auch die Medizintechnik kommt immer weniger ohne künstliche Kristalle aus, für Laser zum Beispiel.

180 Tonnen Diamanten für alle Arten von technischen Anwendungen werden jährlich produziert, das Neunfache dessen, was Bergleute ›Mutter Erde‹ abringen. Wenn es also Ihr Lebenstraum ist, einmal wie Dagobert in Diamanten zu baden, so sollte sich das doch arrangieren lassen.

5.
Edelsteinräuber und Königsprivilegien

In den dichten, schattigen Wäldern des sächsischen Vogtlands ragt der Schneckenstein auf, ein frei stehender Fels, von Einheimischen seit dem Mittelalter auch ›Königskrone‹ genannt. Heute sind die Wälder nicht mehr gar so dicht und der Fels leicht zu finden. Das war aber nicht immer so. Um 1730 gab es am Schneckenstein viel heimliche Aktivität. Ein gewisser Christian Kraut schlich sich im Morgengrauen mit seinen drei Söhnen zum Fels. Vorsichtig lugten sie durch die Bäume, um zu sehen, ob etwa irgendwelche königlichen Berginspektoren zu sehen waren, oder Jäger, die sie verraten könnten. War die Luft rein, näherten sie sich dem Berg und packten die mitgebrachten Meißel, Hämmer und Picken aus. Wo sie zu suchen hatten, das wussten sie ganz gut, denn sie lebten vom Schneckenstein schon mindestens seit fünf oder sechs Jahren. Goldgelbe Topase waren dort zu finden und das säckeweise! Sie brauchten nicht zu fürchten, dass das Geräusch ihrer Spitzhacken weithin zu hören war. Der Wald war dicht, der Fels weitab von jedem Dorf und die Berginspektoren des Königs vielbeschäftigte Leute in einem weiten Gebiet.

Kurfürst August der Starke, der sächsische Sonnenkönig, liebte den Prunk und die edlen Steine. Er gab den Auftrag, systematisch nach Vorkommen von einheimischen Schmucksteinen zu suchen. Da gab es Aquamarin, Amethyst, Prasem, Türkis, Achat, die im Geröll der Urströme aus dem Südosten hierher gelangt waren; außerdem honigfarbene und grüne Chalzedone, roten und gelben Jaspis, Bergkristall und Karneole, Flussperlen und Topas, wovon eben manche einheimischen Schatzsucher schon lange vor den königlichen Inspekteuren gewusst hatten, solche wie Christian Kraut ... Die verkauften die schönen Steine auf eigene Rechnung und kümmerten sich den Teufel um irgendwelche landesherrschaftlichen Ansprüche. Schließlich gehörten die Schätze der Natur doch allen und das Wissen um die besten Fundstellen war schon lange vom Vater auf den Sohn weitergegeben worden. Die Herrschenden sahen das anders und August der Starke war besonders gierig nach aller Art von Funkelsteinen.

Auch Ausländer kamen ins Sächsische, um, sehr zum Ärger der Grundherren, sich hier zu bereichern und allerlei Edelsteine außer Landes zu bringen. ›Venediger‹ oder ›Welsche‹ wurden diese Ausländer genannt und das war fast gleichbedeutend mit Dieben und Verbrechergesindel.

Schon im 15. Jh. begannen die Kurfürsten Sammelerlaubnisse zu erteilen, um der ›schändlichen Räuberei‹ ein Ende zu machen. Die so Privilegierten hatten sich zu verpflichten, die schönsten Stücke dem Landesherrn abzuliefern. Gleichzeitig hatten sie die Pflicht, andere, vor allem Fremde, an gleichem Tun zu hindern. Die Bewerber mussten »mit uffgerackten fingern zu den heiligen sworn«. Sehr praktisch: Man machte die Leute zu Edelsteinlieferanten und gleichzeitig zu einer Art halboffizieller Schlägertruppe. Man kann sich vorstellen, was da in den kursächsischen Minen, auf den Bergen und in den damals noch dichten und dunklen Wäldern vor sich gegangen sein mag.

Da im 18. Jh. die Edelsteinmanie der Fürsten auf einen ungekannten Höhepunkt angeschwollen war, hatten es die einfachen Leute schwer, deren Familien vielleicht schon seit Generationen das Geschäft ohne die Fürsten betreiben. Um Schwierigkeiten zu vermeiden, hatte sich Christian Kraut aus Auerbach 1727 selbst beim Finanzministerium gemeldet und eine Schürfkonzession beantragt. Man vermutete zwar zu Recht, dass er schon vorher illegal tätig gewesen war, aber er bekam seine Konzession. Wenig später beschwerte sich das Bergamt Falkenstein beim Kurfürsten über Kraut: Er liefere viel zu wenig Steine ab und überdies seien seine Abbaumethoden fragwürdig. Er arbeitete nämlich mit Schwarzpulver, damit die Sache auch schnell genug vorankam. Dabei gingen sicher einige der empfindlichen Kristalle zu Bruch. Kraut wurde die Konzession entzogen.

Heimlich machte er weiter. »Was hat mir denn der Kurfürst vorzuschreiben«, mag er empört gedacht haben. »Der sitzt da mit seinem dicken Hintern in weichen Sesseln und hält die Hand auf. Und andere dürfen schuften und ihm die schönsten Funde auch noch hintragen. Schließlich habe ich die Topasmine entdeckt. Mit welchem Recht wollen die mir jetzt verbieten, mir zu nehmen, was mir zusteht?«

Es beginnen unruhige Zeiten am Schneckenstein. Immer wieder wird die Familie Kraut erwischt: »Da wir denn Krautens Frau und Sohn im Berghabit antraffen, welche mit der Hand, Feustel und Böhrern in völlige Arbeit begriffen warn, beyderseits aber, als sie uns gewahr wurden, die Flucht ergriffen.«

Einige Male wurden die Kraut'schen Söhne erwischt und ins Gefängnis gesteckt, fünf Wochen bei Wasser und Brot in Voigtsberg angekettet. Der Gewinn muss aber das Leiden aufgewogen haben, denn Krautens waren nicht zu bremsen. Mit der Zeit legten sie sich ein Warnsystem zu wie Robin Hood und seine Gesellen im Sherwood Forest. Die Kleinsten saßen in den Bäumen, die Größeren buddelten mit den Erwachsenen. Näherten sich die Berginspektoren, pfiffen die Blagen ihrer Sippe, inzwischen insgesamt Neune, alle im illegalen Bergbau beschäftigt, so dass die Kontrolleure bei ihrem Eintreffen niemanden mehr vorfanden.

Christian Kraut seinerseits legte Klage beim neuen Kurfürsten, Friedrich August II. ein, nachdem August der Starke 1733 in Warschau gestorben war. Kraut erinnerte an all die schönen Topase, die er dem ›Berggemach‹ bereits abgeliefert habe. Er habe sich, mit Weib und sieben unerzogenen Kindern auf der Topaszeche ruiniert! Frecherweise schickte er der Klage gleich noch zwölf Dutzend Edelsteine hinterher, die er ja doch illegal beschafft hatte.

Der Kurfürst befragte seine Fachleute zu dem Fall. Deren Urteil fiel negativ aus, vielleicht auch, weil sie die Pfründe lieber eigenen Schützlingen zukommen lassen wollten; überhaupt habe sich der Kraut bislang ganz uneinsichtig aufgeführt und es sei ihm nicht zu vertrauen. Trotz Verbots und aller Gefängnisaufenthalte sei »die Topasgewinnung von Krauten und seinem Weib und Kindern ohne Scheu continuieret worden.«

Der Kurfürst war des ewigen Gezänks um die Topase leid und mochte wohl den Namen Kraut nicht mehr hören. Es erging jedenfalls Befehl, die Familie samt und sonders einzusperren, falls sie noch einmal in der Nähe des Schneckenstein angetroffen würde. Einer ›Königs-Krone-Topas-Zeche‹ wurde die Konzession erteilt; die hatte für die Vermessung und Markierung des Gebiets zunächst mal 261 Taler zu berappen. Krautens aber, unverdrossen, haben diese Gewerkschaft noch etliche Jahre lang erfolgreich übers Ohr gehauen, bis sie ihn wieder erwischten. »Trotz Gefängnis und Reue hat dieser böse und verwegne Man dennoch seinen gethanen theuern Eydschwur gebrochen«, hieß es. Man forderte für ihn den Strang.

Stattdessen aber schlug ein kluger Beamter ein ziemlich modernes Experiment vor. Da ja nun Kraut und seine Söhne doch einige Fertigkeiten erworben hätten, sollten sie im Voigtberger Gefängnis anderen Gefangenen das Steinschneidehandwerk beibringen. Das wäre eine gute Sache gewesen, hätte vielen der armen Gefangenen die Möglichkeit einer nützlichen Ausbildung und Wiedereingliederung gegeben. Die Steinschneidekunst war zu der Zeit in Sachsen ein wichtiges und einträgliches Gewerbe, der Bedarf groß. Leider wurde dieser erste Ansatz eines fortschrittlichen Strafvollzugs nicht umgesetzt. Man glaubte damals noch an Besserung durch Schrecken. Ankettung in der Festung bei Brot und Wasser und Schandpfahl, so hart wurden Edelsteindiebe bestraft, dabei handelte es sich doch nur um Halbedelsteine.

Heute unterscheiden die Fachleute zwischen Edel- und Schmucksteinen – der Begriff ›Halbedelstein‹ ist verpönt. Diese Unterscheidung gibt es aber noch nicht so lange und sie ist eine Folge des kapitalistischen Denkens in allen Lebensbereichen – sogar in der Kunst. Es geht dabei überhaupt nicht um den ästhetischen Wert eines Steins, sondern um Härtegrad und Seltenheit. Mineralogisch gesehen sind die Grenzen ohnehin fließend. Juweliere verarbeiten kaum noch Schmucksteine, einfach weil ihr geringer Geldwert ihnen nicht ermöglichen würde, Preise dafür zu verlangen, die ihren arbeitsmäßigen Aufwand am Schmuckstück lohnen würde. Das ist – wie man unter anderem im Grünen Gewölbe, der Dresdner Schatzkammer Augusts des Starken, und in vielen Antiquitätengeschäften sehen kann – jammerschade.

Seit der jüngeren Steinzeit waren Menschen von ungewöhnlich farbigen Steinen und glitzernden Kristallen fasziniert und haben viel Mühe auf sich genommen, um in ihren Besitz zu kommen und sie gemäß ihrem Willen zu bearbeiten. Die ältesten Perlenketten, die man im deutschen Sprachraum gefunden hat, bestehen aus halbdurchsichtigem, rotbraun schimmerndem Karneol. Lapislazuli war der beliebteste Schmuckstein Ägyptens, wurde in Goldstaub aufgewogen, und das nicht, weil man keine Edelsteine gefunden hätte. Nein, es gab diese seltsame Unterteilung einfach nicht. Man freute sich an Farben, Glanz und Strukturen, sogar an Einschlüssen.

Die Römer bauten vor 2000 Jahren im Gebiet der Oberen Nahe, beim heutigen Idar-Oberstein, Achate und Jaspis ab. Aus dem 7. Jh. stammt eine deutsche Bronzefibel mit Einlagen von Almandin, einer Granatvarietät. In einem Gräberfeld aus dem 10. und 11. Jh. wurde Schmuck gefunden, Amethyst und Bergkristall, der sehr attraktiv zusammen mit Ton und Glasperlen verarbeitet wurde. Aus Pegau in Sachsen stammt die berühmte Grabplatte des Wieprecht von Groitsch (ca. 1225 hergestellt), die mit zahlreichen bunten Steinen aus Böhmen besetzt ist. Der Fantasie im Umgang mit allen sich bietenden Materialien waren noch keine Grenzen gesetzt, die sich aus Seltenheitswert und Lohnnebenkosten berechneten.

Ein Ring mit einem mugelig (rund) geschliffenen Topas, wahrscheinlich vom Schneckenstein, gehörte zu den Grabbeigaben von König Ottokar I. Viele der in Sachsen gefundenen Steine wurden exportiert und an anderen Orten verarbeitet: blaue und gelbe Topase, Aquamarin, Amethyst, Prasem (ein lauchgrün bis silbriges Quarz, das im Mittelalter sehr geschätzt wurde), Callait (eine Türkisart), honigfarbener Chalzedon, roter und grüner Jaspis, gelb und bräunlich gebänderte Achate, Flussperlen und sogar Milchopal wurde in der Region gefunden. Eine Kuriosität sind sicher die so genannten Zabeltizer Diamanten. Es sind gar keine, sondern sehr reine Exemplare von Bergkristall. Daneben gab und gibt es im Erzgebirge reiche Metallvorkommen.

Im Dreißigjährigen Krieg kamen Bergbau- und Schmuckherstellung zum Erliegen. Das 16. bis 18. Jh. brachte dann eine neue Blütezeit der Steinschneidekunst im Land, die sich mit der Antike messen konnte, sie sogar übertraf.

Kurfürst August (Regierungszeit 1553–1586) berief den italienischen Bildhauer und Architekten Giovanni Maria Nosseni aus Florenz an den Dresdner Hof, um nach neuen Quellen von Marmor und anderen schönen Steinen zu suchen, was viel Erfolg hatte.

Wichtiger noch als Schmuck war in der Renaissance und im Barock die Wiederbelebung der alten Kunst, aus harten und seltenen Materialien Gemmen und Gefäße zu schneiden. Man bewunderte inzwischen ja die Werke der Antike, sammelte sie und eiferte ihnen nach. Vorbilder waren ägyptische, römische und byzantinische Kunst und Kunsthandwerk.

Die Steinschneiderei war eine höfische Kunst, Florenz und Mailand die Zentren dieses Handwerks. Die Sammlungen der Familie Medici erregten Neid und Bewunderung bei allen anderen europäischen Fürstenhäusern. Die Medici hatten darin ja auch einen großen Vorsprung. Sie sammelten bereits seit dem 15. Jh., waren die Vorreiter im Antikenrausch gewesen.

Der Besitz zum Beispiel von außergewöhnlichen Edelstein-Tischgeräten galt als Ausweis von Reichtum und Macht. Besonders Trinkbecher aus Bergkristall waren bei den hohen Herren und Damen begehrt, wohl wegen der heil- und wundertätigen Kräfte, die man diesem Mineral seit Plinius' Zeiten zuschrieb. Der Bergkristall sollte wie kein anderes Material darin befindliche Getränke frisch halten und nebenbei den Benutzer vor Wassersucht, Blutsturz und Zahnschmerzen bewahren. (Zahnschmerzen kamen vor der Erfindung der Zahnbürste und bei den damaligen Essgewohnheiten häufig vor. Dagegen waren auch Fürsten und Könige nicht gefeit, die erst recht nicht, denn sie konnten sich verfeinerte und gezuckerte Leckereien leisten, die ihrer Gesundheit gar nicht zuträglich waren. Der Landmann, der Wuken und grobes Brot kaute, blieb wenigstens von Gicht und Zahnweh verschont.)

Da gab es Schalen, Teller, Schüsseln und Trinkgefäße aus Amethyst, Jaspis, Serpentin und Achat, Messer- und Löffelgriffe aus Bergkristall, Tabakdosen aus Onyx und Alabaster, Deckelkelche, Kerzenhalter, Krüge, Kosmetikgefäße und Kuriosa; Uhrengehäuse, Spiegel, ganze Zimmerwände wurden mit Buntsteinen belegt. Besonders eigenartig fand ich eine Henkelkanne mit eingravierter Teufelsgestalt, Kopf und Schwanz in Gold aufgesetzt, aus der Werkstatt Sarachi in Mailand (um 1580), die im Grünen Gewölbe in Dresden zu sehen ist. Das Teufelchen sollte vielleicht an den Spruch der Hildegard von Bingen erinnern, wie doch der Satan die Edelsteine besonders hasste, die dort entstanden seien, wo er seine warme Strafe absaß. Antike Motive der Steinmagie und der christlichen Steinsymbolik waren besonders beliebt.

Das also waren die einheimischen Steine, die vor allem die deutschen Fürsten bevorzugten, weniger aus Sparsamkeit, denn aus National- bzw. Regionalstolz. Kaiser Rudolf II. in Prag liebte besonders die opaken farbigen Steine und ließ natürlich eine eigene kaiserliche Werkstatt betreiben. Künstlerisch prägend war dort der 1588 nach Prag übersiedelte Mailänder Meister Ottavio Miseroni tätig. Später kam mit Caspar Lehmann (1503–1622) ein weiterer bedeutender Steinschleifer dazu. Die Meister bedienten den Geschmack seiner Majestät und wussten ihn sanft zu lenken. Heute spricht man von einer ›Rudolfinischen Steinschneidekunst‹. So unersättlich war des Kaisers Leidenschaft für schöne Mineralien, dass er gezielt Suchtrupps durch Böhmen und das ganze Heilige Römische Reich Deutscher Nation schickte, um Fundstellen zu entdecken und zu erschließen.

Edle Steine gab es zwar. Es war aber nicht einfach, für die Verarbeitung solche Stücke zu finden, die groß, kompakt und rein genug waren, die keine Risse und Luftbläschen aufwiesen, so dass sie nicht schon bei der Herstellung zu Bruch gingen. Sie wurden oft über lange Strecken transportiert. So berichtet eine islamische Überlieferung von Bergkristallen aus China, aus den Alpen und den Pyrenäen. Aus dem Orient gelangten farbige Steine nach Europa, z. B. Lapislazuli aus Afghanistan. Ab der Mitte des 16. Jh. bediente man sich auch der Edelsteinvorkommen in den neuen Kolonien.

Bis auf wenige berühmte Meister war das Verhältnis der fürstlichen Sammler zu den Kunsthandwerkern, den Künstlern, denen sie die herrlichen Stücke verdankten, meist ambivalent. Händler reisten für die großen Werkstätten mit Werkzeichnungen herum und vermittelten die Aufträge, ebenso lieferten sie dann die Ware.

Der sächsisch-polnische Kurfürst-König August der Starke war der letzte große Auftraggeber für Edelsteingefäße des Barock. Um die Ergebnisse seiner Sammelleidenschaft recht präsentieren und genießen zu können, ließ er eigens eine Raumflucht einrichten: das Grüne Gewölbe in Dresden. Dort müssen sogar einem, der sich nichts aus Schmuck und Edelsteinen macht, die Augen übergehen, so strahlt und funkelt es in allen Farben, so fantasievoll und herrlich sind die Juwelen gefasst: Gefäße jeder Art, dazu bizarre Figuren, mit Gold, Silber und Edelsteinen um knollige Barockperlen herum geschaffen: Ritter, Gnomen, Fabeltiere ... Schon vor dem Ausbau des Grünen Gewölbes zur Schatzkammer (1723) erwarb der Kurfürst-König für die Summe von 8000 Reichstalern bei Dinglinger »allerhand orientalisch und europäischen Agat, Sardonix, Carniol, Granat, Calzedon, Lapide Nephritico und Chrystall«. Der Hauptraum der acht Kammern sollte speziell der Steinschneidekunst gewidmet sein.

Eines meiner Lieblingsstücke dort ist ein Gefäß, »af deßen Deckel ein Vogel stehet ... ein Pappagey (auf) grünem länglichten Rasen«, ein Deckelkasten mit feinst geschnittenen Moosachattäfelchen in silbervergoldeten Rahmenfassungen, die den Lichteinfall durch die semitransparenten Wände verstärken, ein raffiniertes Arrangement. Die Fassung der Kassette ist ein feines Blumenrelief mit Edelsteinbesatz und obenauf der besagte Papagei. Schön, kitschig, märchenhaft. Es stammt von dem Augsburger Goldschmied Hans Jacob Mair. Die Sammlung des Grünen Gewölbes kommt mir vor wie die Spielzeugeisenbahn eines reichen Mannes, ein angemessenes Hobby für einen Fürsten, lauter Spielzeug, aber von der teuersten Art. Das war er seiner Stellung in der Welt schuldig, oder meinte es jedenfalls.

Unvergessen sind die Namen der in Dresden tätigen Künstler: Johann Melchior Dinglinger, Hofjuwelier August des Starken, der Emailleur Georg Friedrich Dinglinger, Hofjuwelier Johann Heinrich Köhler, der Alabasterdreher David Hirschfeld, Heinrich Taddel und Johann Christian Neuber, wie die bereits erwähnten Giovanni Maria Nosseni und Caspar Lehmann, Johann Caspar Schnieder und Johann Christoph Hübner.

Johann Friedrich Böttger, der Erfinder des Porzellans, errichtete in königlichem Auftrag eine Schleifmühle. Seine Erfindung war durch die sächsischen Kaolinvorkommen begünstigt worden. Sachsens Rang unter den europäischen Fürstenhöfen gründete sich insbesondere auf seinen Reichtum an edlen Steinen und Metallen. So stolz war Kurfürst Johann Georg II. auf diesen Reichtum, dass er sich für einen festlichen Umzug durch Dresden im Jahr 1678 eigens ein prachtvolles (wenn auch untaugliches) Bergmannshabit mitsamt goldener, edelsteinbesetzter Axt fertigen ließ. Es ist auch im Grünen Gewölbe zu sehen.

Im Jahr 1790 kam J. W. von Goethe auf seiner Schlesischen Reise von Altenberg nach Rochlitz und erwähnt in einem Notizbuch Agate, Porphyrit und die Achate von Schlottwitz und Cunnerdorf. Goethe war sogar kurzzeitig Unternehmensberater in Sachen Stein, nämlich Bergbaumeister beim Herzog von Weimar. Er sollte das Bergwerk von Wilmenau in die Gewinnzone zurückführen, was ihm misslang. Wie so viele Künstler eignete er sich nicht zum Geschäftsmann. Seine Gesteins- und Mineraliensammlung von ca. 18 000 Stücken kann man in Weimar besichtigen. Sein Sohn und dessen Nachfolger hatten allerdings größte Mühe, die Ergebnisse der unsystematischen Sammelei zu ordnen, der der Bergrat mal begeistert nachging, dann wieder für Jahre die Lust daran verlor. Goethe 1809: »Ich habe die ruhigen Tage … zum Teil dazu verwendet, meine Sammlungen, wo nicht zu ordnen, doch wenigstens etwas mehr zusammenzubringen. Dabei habe ich viel Freude gehabt: Denn ich habe wirklich recht schöne Sachen, die mir in diesen unruhigen Jahren ganz aus dem Gedächtnis gekommen sind.«

Weitaus geschäftstüchtiger als Goethe war in dem Punkt Gottlob Abraham Werner (der Neptunist). Er verkaufte dem Sächsischen Staat seine Mineraliensammlung zu einem so ungeheuren Preis, dass er sich danach ein kleines Rittergut kaufen und sich bequem zur Ruhe setzen konnte. Seither ist es den Kustoden der sächsischen Bergakademie verboten, private Sammlungen zu besitzen oder persönlich Mineral-Geschenke anzunehmen, eine Lex-Werner ...

Heute sind die sächsischen Schmucksteinvorkommen so gut wie ausgespielt, billige ausländische Konkurrenz hat das Geschäft zerstört und die deutsche Steinschneidekunst ist fast zum Erliegen gekommen. Der heimischen Flussperlen-Produktion haben schon im 19. Jh. Umweltverschmutzung und Gewässerbegradigungen ein Ende bereitet. Doch es gibt noch Schätze in Deutschland und im angrenzenden Polen, an der Ostsee:

Einer der schönsten und geheimnisvollsten nordischen Steine ist streng genommen gar keiner: Der Bernstein (von bernen = brennen) oder Sonnenstein, ein über 40 bis 50 Millionen Jahre hinweg versteinertes Baumharz. Seit der Jungsteinzeit (4000–1700 v. Chr.) wurde der in weißlichen, hellgoldfarbenen, grünlichen und roten bis dunkelbraunen Tönen durchscheinende Stoff zu Schmuck und Amuletten verwendet. Und obwohl er, ebenso wie andere Buntsteine, vielen Juwelieren heute ihrer Mühe unwert erscheint, umgibt ihn ein unwiderstehlicher Mythos.

Bernsteinzimmer – allein das Wort in einer Zeitungsmeldung garantiert am Kiosk höchste Aufmerksamkeit, denn die Jagd nach dem verlorenen Schatz Zar Peters I. hält seit Kriegsende Abenteurer, Geschäftsleute, Journalisten und Geheimdienste in Atem. Es wäre wunderbar, wenn es wiederhergestellt werden könnte, egal wo und egal wem es gehört, denn es war ein Glanzstück barocken Kunsthandwerks und die letzte große Arbeit der Bernsteinbearbeitung in Gdansk (heute Danzig) in Polen.

Im Frühjahr 1701, kurz nach seiner Krönung, wünschte König Friedrich I. von Preußen sich ein Zimmer, wie es kein anderer Herrscher besaß. Da Zimmer aus Buntsteinen, Achaten, Gold und Silber schon vorhanden waren, kam man auf Bernstein. Er stand ja den preußischen Herrschern noch reichlich zur Verfügung. Der erste Auftrag ging an einen Bernsteinschnitzer, den Gdansker Meister

Gottfried Wolffram, der Friedrich I. vom dänischen Monarchen empfohlen worden war. Er stellte bis 1707, also in sechs Jahren, eine Wand fertig. Es gab Streit um den Preis für das fertig gestellte Werk, es wurde zwar abgenommen, aber der Vertrag mit Meister Wolffram gelöst und zwei Konkurrenten beauftragt, die billiger arbeiteten: Ernst Schacht und Gottfried Turow, ebenfalls aus Gdansk, beendeten das Werk. Möglicherweise war auch der Baumeister und Bildhauer Andreas Schlüter selbst daran beteiligt, das ist aber nicht nachgewiesen. Die Paneele und alle dazugehörigen Kleinkunstwerke wurden in einem Eckzimmer des Berliner Stadtschlosses eingepasst, mit je einem Fenster zum Lustgarten und zur Schlossfreiheit.

1712 konnte der König seinen Wunschtraum in strahlender Realität besichtigen. Und welch ein Glanz das gewesen sein muss, am hellen Tag und im gelben, weichzeichnenden Licht zahlloser Kerzen! Die polnischen Meister hatten alle Mittel genutzt, die man im Laufe einer langen Tradition entwickelt hatte: Mosaikarbeiten auf hellem Holz, die die ganze Palette der Bernsteinfarben zur Geltung brachten, Einlegearbeiten, Gravierungen mit Szenen aus dem Leben der Ostseefischer, zarte Relief-Ornamente, vollplastische figürliche Darstellungen, durchscheinende Plättchen mit Gold unterlegt. Es sollte der Zenit dieser Kunst werden, einmalig, unwiederholbar, das achte Weltwunder.

Im selben Jahr besuchte Zar Peter I., Peter der Große, Berlin und verliebte sich in dieses Bernsteinzimmer. Auch er war ein Liebhaber des goldenen Harzes. Die Schatzkammern des Kreml quollen bereits über von den gehorteten Pretiosen. Ohne sein Ziel erreicht zu haben – ein Bündnis mit Preußen gegen Schweden – reiste Zar Peter wieder ab. Beim Sohn Friedrichs I., Friedrich Wilhelm I., hatte er mehr Erfolg. Der ›Soldatenkönig‹ hegte weniger Leidenschaft für Kunst denn für militärische Chancen. Er besiegelte das Bündnis gegen Schweden und schenkte dem russischen Zaren das Bernstein-Getäfel. Es heißt, Peter I. habe dem Preußenherrscher im Gegenzug fünfzig hoch gewachsene Russen für seine Langen Kerls überlassen.

Im späteren Nazijargon liest sich die Angelegenheit ganz anders: »Es ist weithin bekannt, dass jener Zarenbesuch kein reines Vergnügen für den Preußenkönig wurde. Nicht nur, dass sich das Gefolge benahm wie die Halbwilden – was es nicht klaute, zerstörte es – auch der Zar höchstpersönlich mutete seinem Gastgeber allerlei zu ... Vor allem glaubte der Zar, alles mitnehmen zu können, was ihm in den Schlössern des Königs gefiel. Vieles ist dem Zugriff des Besuchers zwar entzogen worden. Aber als er das Bernsteinzimmer im Stadtschloss gesehen und es dringend begehrt hatte, war nichts mehr zu machen.« So standen dann die deutschen Kunsträuber plötzlich als Retter und berechtigte Besitzer da. Überhaupt war ja unter Hitler der Bernstein zu einem ›urdeutschen Werkstoff‹ erklärt worden. Wahr daran ist nur, dass bereits der Deutsche Orden seit dem Mittelalter die polnische Bevölkerung darum betrogen hatte. Die Bauern und Fischer hatten unter Androhung der Todesstrafe jeden Krümel abzugeben.

Friedrich Wilhelm I. hat sich sicher nicht erpressen lassen. Er konnte im Frieden von Stockholm 1720 Vorpommern und Stettin seinem Hoheitsgebiet hinzufügen und Zar Peter ließ das Bernsteinzimmer 1717 über Riga nach Sankt Petersburg schaffen, in 18 sechsspännigen Kutschen, von einer berittenen Dragoner-Eskorte begleitet. Dort wurde das *Börnstein-Cabinet* zunächst im Winterhaus des Zaren, einem Häuschen im holländischen Stil, und dann im Winterpalast installiert.

1755 ließ die Tochter Peters des Großen, Zarin Elisabeth, das Kunstwerk in ihre Sommerresidenz nach Zarskoje Selo bringen. Und da erreichte es erst seine volle Pracht: Acht Königsberger Bernsteinmeister arbeiteten unter der Leitung von Bartholomeo Franceso Rastrelli an der Ausgestaltung des Festsaals im Großen Katharinen-Palast. Der Saal war viel größer als das ursprüngliche Zimmer und so wurden die Paneele mit vierundzwanzig venezianischen Spiegeln verlängert, die die Wirkung noch gesteigert haben dürften. Inzwischen befand man sich in der Epoche des Rokkoko. Die beiden Stilrichtungen wurden glücklich und harmonisch vereinigt. Abends, wenn sich der Schein der Kandelaber in den hohen Spiegeln brach, muss die Atmosphäre geradezu magisch gewesen sein, ein Bad in goldenem Schimmer.

Im Herbst 1941 – so viel zum Umgang mit dem ›urdeutschen Werkstoff‹ – fielen zunächst einmal deutsche Landser mit Messern und Gewehrknäufen über die herrlichen Paneele her. Die erste SS-Polizei-Division hatte Puschkin (Zarskoje Selo) eingenommen und es sich im besten Haus am Platz bequem gemacht. Zwar hatte zuvor die Verwaltung des Katharinen-Palastes mit Hilfe von Frauen aus dem Dorf viele Kunstschätze abtransportiert oder im Park vergraben, das Bernsteinzimmer hatten sie aber nur noch notdürftig mit tapezierter Pappe und ein paar hastig aufgehängten Bildchen kaschieren können. Die Kommunistische Partei erachtete es für wichtiger, ihr

Archiv in Sicherheit zu bringen. Die Täuschung musste misslingen. Einen Tag nach der Entdeckung soll das Bernsteinzimmer bereits wüst ausgesehen haben: Teile abgeschlagen, Ornamente herausgerissen, ohne das mindeste Gefühl für die Größe dieses Gesamtkunstwerks, in Armeerucksäcke gestopft als Souvenirs ... Späne bedeckten den Fußboden. Es ist zum Heulen, wenn man dran denkt. Wer waren da die ›Halbwilden‹?

Endlich wurde den unteren Dienstgraden der Zugang untersagt, die Kunstschätze unter Schutz gestellt. Dann begann ein Schachern zwischen einzelnen Personen und Nazi-Dienststellen, wer denn nun die Kostbarkeit wohin transportieren solle oder dürfe. Die Motive waren unterschiedlich. Mancher hätte sich gern persönlich bereichert, andere wollten sich mit einem solchen Mitbringsel beim Führer einschmeicheln.

Zügeweise schafften die braunen Kunstrauborganisationen Güter gen Deutschland, aber das Bernsteinzimmer blieb längere Zeit in Königsberg, unter anderem, weil sich die Hyänen nicht einigen konnten. Das ganze Hin und Her ist an anderer Stelle minutiös dokumentiert. Nach Königsberg verliert sich die Spur. Eine pensionierte Lehrerin aus Berlin, die im August 1944 auf dem Königsberger Schloss zu Besuch gewesen sein will, behauptete, das Bernsteinzimmer sei beim Angriff britischer Bomber in den Transportkisten geschmolzen und verbrannt: »eine honigähnliche Masse, mit Holzsplittern durchsetzt«. Andere vermuteten, die Kisten seien beim Seetransport in der Ostsee versunken, in einem Brandenburger See versenkt oder glauben an eine Verschwörung europäischen Adels, Verwandte der Romanows, die die Schätze mit Hilfe des britischen Geheimdienstes an sich gebracht haben sollen. Halb Kaliningrad und viele andere Orte sind auf der Spurensuche durchgegraben worden. Der Historiker Ralf Georg Reuth meint nachweisen zu können, dass die getarnten Kisten in Eisenbahnwaggons Berlin und Potsdam passiert und im Schloss Reinhardsbrunn bei Friedrichsroda zwischengelagert wurden. Coburg im Thüringer Wald soll der wahrscheinlich letzte Aufenthaltsort gewesen sein.

Ich bin ganz sicher: Die Einzelteile gelangten von wo auch immer in die Hände zahlungskräftiger Sammler und wir werden sie nie wieder sehen. Rückgabe-Aktionen wie die des Paneels aus Bremen und der ›plötzlich‹ wieder aufgetauchten Kommode werden wohl Seltenheitswert haben. Der zeitliche Zusammenhang zum Beschluss der Duma, entgegen Verträgen und Völkerrecht das aus dem besetzten

Ostdeutschland geraubte Gut zu behalten, war nicht zufällig. Und so konnte Wladimir Putin im Menschheits-Jubeljahr 2000 ernst und stolz diese beiden Einzelteile mit nach Hause nehmen. Andere Beutekunst, die noch immer auf den Rückforderungslisten steht, soll über den Schwarzmarkt schon längst ihren Weg zurück nach Russland gefunden haben – in Privatbesitz. Da wären sicher mehr Teile des *Börnstein-Cabinets* zusammenzubekommen als in Deutschland. Russische Kunsthandwerker arbeiten an einer Rekonstruktion, nicht aus Bernstein, sondern aus Buntsteinen, sicherlich sehr hübsch. Aber nicht das Wahre.

So sehr man ihn seit der Antike bewunderte, was genau Bernstein war, das wusste man lange nicht: »Die Rechthaberei der Autoren«, schreibt Plinius der Ältere im 1. Jh. n. Chr., »zwingt mich, zunächst von Lyncurium zu sprechen; denn wenn sie auch nicht behaupten, er sei Bernstein, so wollen sie doch, dass er ein Edelstein sei; er entstehe gewiss aus dem Harn des Luchses, auch aus einer Erdart, mit der das Tier seinen Harn sofort bedecke, da er ihn dem Menschen nicht gönne, und dort werde er zu Stein ...« Plinius glaubte diese Sage nicht und bezichtigte Theophrastos der Naivität, so etwas wiederzugeben. Es waren aber jede Menge anderer Gerüchte über die Entstehung des Bernsteins in Umlauf, die alle nicht weniger abenteuerlich sind. Sicher war der so genannte Lyncurius sogar tatsächlich ein sehr heller Bernstein, in der Erde gefunden, was auch vorkommt, obwohl er ja meistens aus dem Meer gefischt oder nach Stürmen am Strand gesammelt wurde. Das Märchen vom Luchsharn wurde im europäischen Mittelalter wieder aufgegriffen und eifrig verbreitet, bei Hildegard von Bingen als ›Ligur‹.

Auch in China wurde der Bernstein als Medizin und magischer Stoff geschätzt. Hier hieß er *hu-pu,* Tiger-Seele. Nach dem Tode des tapferen Tigers sollte seine Seele in die Erde eingehen und sich dort zu diesem leuchtenden gold-gelben Stein verdichten. Man kann sich denken, wozu das führte: Er wurde als sexuelles Aufputschmittel eingenommen.

Viele Legenden werden über die Entstehung des Bernsteins erzählt: Aus den Tränen der Heliadenschwestern soll er sich verfestigt haben, die um ihren wilden Bruder Phaedros weinten, als er mit dem Sonnenwagen vom Himmel in den Eridanus stürzte – ein Totalschaden. Tränen sind es auch für die Völker des heutigen Polen gewesen: Die Meeresprinzessin Jurate verliebte sich in den Fischer Kastitis und holte ihn in ihr Schloss im Bernsteinwald auf dem Grund der Ostsee. Ihr Vater, der Donnergott Perunas, war darüber so erzürnt, dass er mit einem Blitz Schloss und Wald zerstörte und Kastitis tötete. Und Jurate weinte ... Tränen, immer wieder Tränen: Die Meleagridenvögel jenseits von Indien sollen den Meleagros auf diese produktive Weise betrauert haben.

Ein Grieche namens Nikias behauptete, Bernstein (griech.: elektron), das sei der Saft der Sonne; die Strahlen hinterließen vor allem gegen Abend auf der Erde einen fettigen Schweiß, der durch die Fluten des Ozeans an die Küsten der Germanen geworfen würde. In Ägypten glaubte man ebenfalls, es sei ein Produkt der Sonne, und da der Sonnengott Re der wichtigste Staatsgott des Reiches war, war dieser Stein heilig und umso begehrter, als er in Ägypten und seinen Vasallenstaaten selten vorkam. Da aber in ägyptischen Pyramidenkammern Bernstein nordischer Herkunft gefunden wurde, zum Beispiel im Grab Tutenchamuns, nimmt man an, dass es das weit gereiste Händlervolk der Phöniker war, die ihn über Zwischenhändler aus Germanien besorgten und mit großem Gewinn weiterverkauften. Die Phöniker waren, nach allem, was wir wissen, ein nüchternes Händlervolk. Ägyptische Priester und Pharaonen aber waren fest überzeugt, ein Stück Sonne, also ein Stück göttlicher Kraft in den Händen zu halten, der Stein brachte sie der Auferstehung näher. Ein Stück dieser alten Tradition hat sich bis heute erhalten: In der modernen Steinheilkunde gilt der Bernstein als einer der Sonnensteine. Er soll gegen Depressionen wirken, Fröhlichkeit und eine sorglose Einstellung zum Leben schenken. Im 10. Jh. v. Chr. schickte das mächtige Assyrien Karawanen gen Norden, um in den »Meeren der Polarwinde« zu erwerben »den Safran, welcher anzieht« – so die Übersetzung einer alten Keilschrift.

Zu Plinius Zeiten wusste man schon, dass es sich um Baumharz handelte. Vom Prinzip der Versteinerung und von den ungeheuren Zeiträumen hatte man allerdings noch nicht den Schatten einer Vorstellung. Thales von Milet, als er die Anziehungskraft des *electrons* beobachtete, sprach diesem Stein eine Seele zu. Nur Lebendiges konnte sich seiner Ansicht nach bewegen oder Bewegungen hervorrufen. Alle Philosophen und Wissenschaftler des Altertums faszinierte dieser seltsame Stoff und animierte sie zu allerlei Experimenten.

Seltsam ambivalent erscheint das Verhältnis der Ostseebewohner zum *glaesum* oder Börnstein: Von den Alpen über das südliche Mitteleuropa bis hin nach Dobiegniew (zwischen Szczechin und Poznan) wurden Bernsteinfunde in Großsteingräbern des Neolithikums gemacht: Perlen, aber auch figürliche Darstellungen von steinzeitlichen Pferden und Bären, geritzt und zurechtgeschabt mit Feuersteinmessern. Aus Dänemark und den Alandinseln stammen Bernsteinanhänger mit stilisierten Nordlicht-Ritzzeichnungen: Nordlicht – Strahlenkrone der Götter. Und die Kelten der Hallstattzeit, durch Salz- und Eisenhandel reich geworden, horteten besonders viel von diesen Sonnensteinen. Die direkten Ostseeanwohner allerdings begriffen anscheinend lange Zeit nicht, auf welchem Schatz sie da saßen. Sie holten ihn in großen Klumpen aus Tang, Schlick und Meer und nutzten ihn als Brennstoff. Erst als römische Soldaten ihnen das Zeug mit Gold und Silber aufwogen, ihnen dafür an begehrten Waren, Stoffen, Metallwerkzeug gaben, was immer sie zu verlangen sich trauten, da haben sie es begriffen. Dabei sollte man doch meinen, dass in einem so dunklen und oft trübe-grauen Land ein Stück Sonnenschein, am Strand gefunden, etwas Schönes und Wunderbares wäre. Aber ein warmer Hintern geht halt vor Schönheit. Unsere Vorfahren waren praktisch veranlagt.

Eigentlich kommt Bernstein in vielen Ländern vor: in Kanada, Mexiko, Burma, China, der Dominikanischen Republik, Haiti, Sizilien und in Sibirien. Aber diese Vorkommen haben in der Frühgeschichte keine Rolle gespielt. Ostseebernstein war es, den Schliemann in Troja und Mykene fand, allein in zwei mykenischen Gräbern 1000 solcher Perlen. Schliemann schloss daraus auf einen erstaunlich gut organisierten Fernhandel. Andere Forscher gehen viel weiter: Die Mykener seien aus dem Norden eingewandert. Die Helden der beiden großen homerischen Epen Odysee und Ilias seien schließlich blond und hochgewachsen, ganz im Gegensatz zum klassischen Typus des Griechen. Außerdem seien ihre Häuser anders gebaut gewesen, als es im restlichen Süden rund um das Mittelmeer üblich war, nämlich mit einem viereckigen, gedeckten, durch einen Herd beheizbaren Hauptraum und ungewöhnlich dicken Mauern. Und sie besaßen eben deutlich mehr Bernstein als andere Volksgruppen um sie herum – mitgebracht aus ihrer alten Heimat?

Belegt sind jedenfalls mindestens zwei Bernsteinstraßen, die ähnlich den Seidenstraßen so lange wichtig waren, wie Bernstein als wesentlicher Rohstoff von Norden nach Süden transportiert und im Süden kunstvoll bearbeitet wurde.

Im 8. Jh. v. Chr. will ein gewisser Pytheas aus Massilia (Marseille) um die Bretagne herum und vorbei an den weißen Felsen von Albion (England) gesegelt und bis in die Gegend des heutigen mittelnorwegischen Trondheim, des sagenhaften Thule, gelangt sein. Sein Ziel: den griechischen Kaufleuten von Marseille eine Route in die Länder des Zinns und des Bernsteins zu eröffnen, mittels derer sie die phönikische Konkurrenz ausschalten konnten. Die Massilier wiederum wurden im Bernsteinhandel verdrängt von den Etruskern, die eine Straße über die Alpen, die Mittelgebirge und entlang der Elbe bis an die schleswig-holsteinische Küste fanden. Vielleicht übernahmen auch Kelten oder die Wikinger den Zwischenhandel. Kaum zu glauben ist die Behauptung, dass bei all dem Kommen und Gehen unsere teutonischen Vorfahren so tumb gewesen sein sollen, dass sie weiterhin mit dem goldfarbenen Stein lieber ihren Herd befeuerten, als ihn gewinnbringend zu verschachern, zumal Brennholz in Germanien nun wirklich keine Mangelware war!

Im Rom der Kaiserzeit kam der Stein derart in Mode, dass Plinius sich veranlasst fand zu wettern: »Seine Wertschätzung [die des Bernsteins] im Dienste des Luxus ist so groß, dass eine noch so kleine Figur eines Menschen die Preise lebendiger, kräftiger Menschen [Sklaven] übersteigt, so dass wahrhaftig hier ein bloßer Tadel in Worten nicht genug ist.«

Kaiser Nero, wer sonst, schoss in dieser Hinsicht den Vogel ab: Er schickte eine Hundertschaft Legionäre über Carnutum ins wilde Germanien, die sich 600 000 Schritt (ca. 890 km) durch unsicheres Gebiet schlagen musste, um dem Kaiser möglichst viel Rohbernstein zu bringen. Das Ganze zu dem Zweck, um eine einzige Gladiatorenveranstaltung mit dem Edelharz zu dekorieren: Die Netze, mit denen die wilden Tiere von den Zuschauern getrennt waren, wurden mit Bernsteinstücken besetzt, die Rüstungen der Gladiatoren inkrustiert, ihre Waffen damit verziert, ja sogar die Bahren, auf denen die Gefallenen hinausgetragen wurden, waren mit dem kostbaren Sonnenstein geschmückt, selbst der Boden der Arena noch mit Splittern bestreut, damit noch der Schlachtplatz einen feinen Glanz abgäbe. Die überlebenden Sieger dieses Turniers erhielten Bernsteintäfelchen, auf denen Datum und Rang eingraviert waren.

So angesagt war die Farbe des *succinum,* des ›Saftsteins‹, dass sich die modische Römerin das Haar bernsteinfarbig bleichte oder Perücken aus den Haaren blonder Germaninnen trug, mit kleinen Bernsteinplättchen noch mehr herausgeputzt.

So gierig, wie die Römer nach diesem Material waren, so gering schätzten es arabische Kaufleute. Farbige Steine von größerer Reinheit, Härte und Glanz bezogen sie ja aus Indien und eigenen Regionen. Und an aromatischen Räucherharzen bestand bei ihnen kein Mangel: Weihrauch, Myrrhe, Ambra, die allesamt süßer rochen. Das arabische Wort für Bernstein war *Kachruba,* ›Strohräuber‹, wegen seiner (Stroh) anziehenden Eigenschaften, die auch arabische Ärzte des Mittelalters interessierte. Al Biruni (973–1048) erwähnte seine blutstillende Wirkung. Erst mit der Einführung des islamischen Rosenkranzes, *Tasbih,* wurde Bernstein in großen Mengen von den Mohammedanern importiert. Je 99 Perlen hat der *Tasbih;* jede symbolisiert eine der 99 im Koran erwähnten Qualitäten Allahs. Warum hierfür Bernstein? Wegen seiner lichten Farbe für die Erleuchtung, durchscheinender und heller als braune Hornperlen, und weil er sich sanfter und wärmer anfühlt als Edelstein.

Ein trauriges Kapitel in der Bernsteingeschichte ist das des Deutschen Ordens. Von verschiedenen Herrschern zum Zweck feudalistischer Landnahme gerufen und mit mehr und mehr Privilegien ausgestattet, beherrschte der Deutsche Orden im 15. Jh. weite Gebiete des heutigen Polen. Der weithin sichtbare weiße Mantel der Ordensritter mit dem schwarzen Kreuz darauf wurde zum Schreckenssymbol für die Küstenbevölkerung: Statt christlicher Nächstenliebe und Überzeugung durch das heilige Wort herrschte das Schwert. Der Deutsche Orden, dessen erklärter Auftrag die Bekehrung der Heiden zum Christentum war, wurde schon 1312 vom Bischof von Riga exkommuniziert, wegen unchristlichen Verhaltens, Raub und Mord. Bernstein wurde zum Ordensbesitz erklärt. Jedes noch so kleine Stück hatte abgegeben zu werden. Auf Burg Lockstedt wurden die Funde dann gewogen, notiert und sortiert. Sie wurden zur wichtigsten Einnahmequelle des Ordens. Die Finder, Fischer oder gepresste Fronarbeiter wurden mit ein paar kleinen Münzen und Salz, später nur noch mit Salz abgefunden. Wehe dem, der mit unbearbeitetem Bernstein angetroffen wurde. Die Armut muss viele Leute dazu getrieben haben, es trotzdem zu versuchen, vorbei an den Küstenreitern und im Schutz der Dämmerung ein paar von den goldbraunen Edelsteinen beiseite zu schaffen. Man kann sich die Hast und die Angst vorstellen. Denunzianten lauerten selbst in den eigenen Dörfern. Galgen zierten die Strände in dieser schwarzen Zeit. Auch als aus Ordenspreußen Ostpreußen wurde, blieben die Galgen stehen.

Unter der Herrschaft Friedrich Wilhelms I. wurde das Bernsteinrecht sogar noch verschärft. Der Sonnenstein war ›Königsgut‹.

Aber nicht nur am Strand und im Flachwasser, auch in den Dünen und in den Urstromtälern ließ sich der Stein finden. Die ersten Anfänge bergmännischer Gewinnung gehen auf König Friedrich II. zurück. Im Barock blühte die Bernsteinkunst. Höfische Prachtstücke wie Schatullen, inkrustierte Tische und Möbel wurden hergestellt, auch Puder- und Parfümdöschen, Humpen, Pokale, Stockknäufe, Ohrlöffel, Fingerhüte, Tabatieren, Konfektschalen, Brettspiele und vieles mehr beschäftigte die Zunft der Bernsteinschneider.

Es hat in der Geschichte Polens sogar einen König gegeben, der sich höchstselbst in dieser edlen Kunst versucht hat: König Zygmunt III.: Er malte, fertigte Stiche an, schmiedete kleine Figuren aus Gold und Silber und schnitzte Bernstein. Die gelungensten Werke verschenkte er an Kirchen und an seine fürstliche Verwandtschaft. (Die mag ähnlich reagiert haben wie wir heute, wenn uns Tante M. zu Weihnachten wieder einmal mit einem gehäkelten Toilettenrollenetui beglückt.) Gegenstände aus dem *lapis marinus* zu verschenken, gehörte in Adels- und Diplomatenkreisen zum guten Ton.

Dann plötzlich machte eine Nachricht die Runde: Wie? Das Zeug war nichts als Harz? Pfui, wie gewöhnlich! Sofort verlor der Adel den Geschmack daran. (Griechen und Römer hatten das mit dem Harz ja schon vermutet, aber seit dem Mittelalter war es abgestritten worden: Im Meer wüchsen schließlich keine Bäume.) Die hohe Kunst des Bernsteinschnitts versiegte mangels zahlungskräftiger Kundschaft. Zwar konnte sich das Bürgertum jetzt an dem schönen Material freuen; bei denen reichte es aber nur zu Kleinstaufträgen: Briefbeschwerern, Schmuck und dergleichen. Die Zunft der Rosenkranzdreher belebte das Geschäft noch eine Zeitlang, bis dann auch die Frömmigkeit nachließ.

Bei den einfachen Menschen im Baltikum hat Bernstein eine lange Tradition und sie haben sich die Freude daran nie nehmen lassen: Zur Hochzeit bekamen die Frauen schwere Brautketten umgehängt. Sie wurden von der Mutter an die Tochter weitergegeben, Generationen lang. Diese Hochzeitsgehänge bestanden gewöhnlich aus drei Schnüren, an den Enden dünner, zur Mitte hin dicker, glatt poliert, die Zentrumssteine oft besonders schön, mit einem eingeschlossenen Insekt oder einer fossilen Pflanze. Dazu gibt es einzeln getragene ›Pasyjki‹, Medaillons mit einer Darstellung von Christus am Kreuz, umgeben mit einem feinen Rosetten-Ornament. Wenn es einmal keine Erbin gab, so ging der Familienschmuck mit seiner letzten Trägerin ins Grab. Bei Erdarbeiten auf dem Friedhof Novogrod hat man zahlreiche solcher Ketten gefunden, die (hoffentlich) Museen übereignet wurden.

Bernstein ist nicht zum täglichen Gebrauch geeignet. Er verträgt Sonnenlicht, Hautfett und Parfüms nicht gut. Für die Heilsteinanwendung sollte man sich vielleicht auf das Tragen einer einzelnen Perle beschränken. Bernsteinkauf ist Vertrauenssache. Amateure können Bakelit und Bernstein nicht unterscheiden, nicht einmal am Gewicht, denn Bernstein ist federleicht, genau wie Kunststoff. Und auch Bakelit brennt. Davon abgesehen ist das ein Test, den man wohl in keinem Laden machen darf. Bernstein lässt sich pressen, große Stücke aus Splittern herstellen. Kopal, verhärtetes, aber keineswegs fossiles Harz hauptsächlich aus Brasilien, wird überteuert als Bernstein (›ambre jaune‹) angeboten. Sogar die schönen Einschlüsse lassen sich ganz leicht fälschen. Hier gilt das gleiche wie für Jade: Bei teuren Stücken sollten Sie sich vom Händler die Echtheit zertifizieren lassen.

Für Forscher immer interessant bleiben natürlich die echten Einschlüsse im Harz: Pflanzen und Tiere, die seit Millionen von Jahren ausgestorben sind. Allerdings: Dinosaurier mit Blut aus dem Verdauungstrakt prähistorischer Mücken wiederauferstehen zu lassen, wie es der Bestsellerautor Michael Crighton beschrieben hat, ist leider (?) nicht möglich. Zu bruchstückhaft sind die erhaltenen Gene. Aber stellen Sie sich vor, wie die Welt ausgesehen hat zu der Zeit, als diese Tropfen am Stamm eines prähistorischen Baumriesen heruntergelaufen sind. Und so etwas halten wir da in der Hand. Dieser weiche, warme Schimmer, der Duft, das ungeheure Alter, die Geschichte – ist das nicht ein kleines Wunder?

6.
Wie Quasimodo Paris rettete – Stein in der Romantik

Wie rührt uns der Anblick ausgetretener Stufen uralter Kirchen, die Kuhlen, die Tausende von Füßen in Jahrhunderten hinterlassen haben, rundgetreten, abgenutzt wie eine Stiege aus Holz der vermeintlich ewige Stein. Verwitterte Engel, Grabplatten, deren kunstvolle Machart auf Ruhm und Größe des Verstorbenen hinweist, aber die Schrift ist von der Zeit gelöscht. Was wichtig war und groß, was unvergänglich sein wollte, Mensch und Stein, die Zeit hat es besiegt. Diese Erfahrung hat auf uns eine gleichzeitig ernüchternde und erhebende Wirkung.

Alter verleiht Steinen und Bauwerken Wert und Würde, die sie vielleicht nicht immer hatten. Es macht uns nachdenklich und gibt uns ein Gefühl von Geborgenheit in der wärmenden Gesamtheit dessen, was schon lange vorher war. Eine geschichtsträchtige Umgebung ist wie ein Nest. Und alte Bauwerke sind rar. Verwitterung und Kriege haben sie dezimiert, und der Wandel der Moden.

Zu Beginn des 19. Jh. wurde Paris modernisiert. Die Schreckensjahre der Revolution waren vorbei, ein Neuanfang schien wünschenswert. Das Geld war vorhanden, und wie es so oft geht: Die neuen Herren protzten mit ihrer Macht über die Vergangenheit, sie setzten ihre Marken an die Ecken – ›schmeiß weg, kauf neu‹ war die Devise. Baron George Eugène Haussmann, Präfekt von Paris, war im Begriff, die mittelalterliche Stadt den Spitzhacken zu überantworten. Bauarbeiter waren billig zu haben. Warum also nicht ganze Arbeit leisten, weg mit dem Gerümpel. Licht und Luft sollten eingelassen werden. Der Baron wollte die Arterien der Hauptstadt reinigen, Platz schaffen in diesem verwinkelten, mittelalterlichen Steinhaufen. Auch die Kathedrale Notre-Dame de Paris stand auf seiner Liste. Eine Ansammlung kleiner Gebäude auf dem Vorplatz der Kathedrale war schon abgerissen, die Kirche selbst in einem erbärmlichen Zustand.

Da kam ihr ein Bestseller zu Hilfe: 1831 *Notre-Dame de Paris* von Victor Hugo, besser bekannt als *Der Glöckner von Notre Dame*. Heute hätte das Buch keine Chance mehr, in die Spiegel-Top-Ten zu gelangen. Die Guten sterben alle am Ende: Esmeralda wird erhängt, im Stich gelassen von ihrem schönen Amant, den sie ermordet haben soll, der aber putzmunter herumläuft und keinen Ton sagt. Quasimodo, nachdem er wie ein Würgeengel das Schicksal des bösen Predigers Rollo erfüllt hat, schleicht sich zu Esmeralda ins Beinhaus, wo hinein man ihren Leichnam geworfen hat, lässt sich freiwillig mit ihr einschließen und verdurstet daselbst, die geliebte Tote in seinen überlangen Armen. Nach Jahren findet man die beiden Gerippe, vom Tod getraut.

Der Roman spielt am Übergang zwischen Mittelalter und Renaissance, 1482. Um ihn authentisch erscheinen zu lassen, hat Victor Hugo minutiös recherchiert, hat Pläne und Architekturbücher studiert und ist – während seine Frau ihren Liebhaber empfing – stundenlang durch die noch verbliebenen alten ›Quartiers‹ spaziert. Das Mittelalter hatte er immer schon bewundert. Nun war der Anlass da, es mit seiner Vorstellungskraft wieder auferstehen zu lassen. Gleich auf den ersten Seiten des Romans dann die volle Breitseite gegen die Stadterneuerer:

> *So ist uns nur sehr wenig von diesem ersten Wohnsitz der französischen Könige erhalten geblieben, der als ursprünglicher Grundbau des Louvre schon zu Philipp des Schönen Zeiten so alt war, daß man hier auch nach Spuren des einst von König Robert aufgeführten Prachtbaues forschte, von dem uns Helgaldus eine Beschreibung überliefert hat.*
> *Fast alles vom alten Bau ist verschwunden: Das Kanzleizimmer, in welchem Ludwig der Heilige seine Ehe vollzog ... Das Zimmer Kaiser Sigismunds und das Karls IV. Die Treppe, von der Karl VI. sein Gnadenedikt verkündete. Die Steinplatte, auf der*

Marcel vor den Augen des Dauphins den Marschall von Champagne und Robert von Clermont erwürgte ... Verschwunden der Große Saal mit seinen Vergoldungen auf azurnem Grund, mit seinen Spitzbogen, Pfeilern und Statuen, mit seinem ungeheuren, von Steinmetzarbeiten ganz bedeckten Gewölbe. Weg das Goldene Zimmer. Fort der steinerne Löwe an der Tür ... Zerschlagen die schönen Türen und die buntschillernden Butzen. Verrottet die getriebenen Eisenbeschläge, vernichtet ...
Was hat die Zeit, was haben die Menschen aus all diesen Wunderwerken gemacht? Was hat man uns als Ersatz für diesen Verlust an gotischer Kultur geboten? Die ungeschlachten Halbwölbungen des Herrn de Brosse, der schon das Portal von Saint-Gervais verpfuscht hatte. Und an Stelle der Stein gewordenen Geschichte unserer Vorfahren blieb uns nur noch die geschwätzige Erinnerung der dicken Schandsäule ...
Aber Worte sind doch nur vergebens, und wir kehren daher besser in den Großen Saal des alten Palastes zurück ... Zur Zeit unserer Erzählung war diese Kapelle noch ganz neu, kaum sechs Jahre alt und ganz im reizvollen Stile jener wundervollen Meißel- und Stichelarbeiten ausgeführt, welche den Ausgang der französischen Gotik kennzeichnen ...

Und so geht es immer munter weiter. Dramatische menschliche und rührende Szenen wechseln sich ab mit Architekturbeschreibungen, immer eingeleitet mit dem literarischen Kunstgriff des ›Stellen wir uns einmal vor, wir wären jetzt dort ...‹ Hugo ließ das mittelalterliche Paris vor den inneren Augen seines Publikums wiedererstehen: Den *Place de Grève,* ein an sich wenig erfreulicher Ort, ein Hinrichtungsplatz, auf dem geviertelt, gerädert, verbrannt, Zungen herausgerissen und ähnlich fantasievolle Scheußlichkeiten begangen wurden vor einer schaulustigen Meute, für die das alles ein herrliches Spektakel war. Kinder wurden mitgenommen und durften von Papas Schulter aus alles beobachten. Ein Imbiss wurde ausgepackt. Und Victor Hugo überging die Barbarei dieser Zeit mit geringer Betroffenheit, einem »ja, aber ...« und begann dann ausführlich, die romanischen Rundbögen aufzuzählen, die Kreuz- und Spitzbogenfenster, die Türmchen und die Giebel, die Holzschnitz- und Steinbildnerkunst. Den *Cour des Miracles* erwählt Hugo als Hintergrund für das bacchantische Treiben der Gauner und Bettler, die dort ein Reich im Reich hatten. Die *gens d'armes* des Königs setzten hier keinen Fuß hinein. Unheimlich, monsterhaft gruselig erschien sicher dem modernen Leser von 1831 dieser Ort, geradezu geschwürhaft und reptilisch, eine Sensation. Die blutrünstige Meute, die von hier aus versucht, Notre-Dame zu stürmen, hatte Hugo ganz sicher den Julirevolutionären von 1830 abgeschaut. Volkes Stimme ...

Und die Kathedrale Notre-Dame, »diese alte Königin unserer Kathedralen«, erscheint zwar düster und sogar von Gott verlassen, da doch der böse Rollo hier sein Unwesen treibt, Sinnbild für die Sünden, die Mutter Kirche auf sich geladen hatte, doch: Notre-Dame ist die eigentliche Heldin des Romans. Alt, majestätisch, grau und vernarbt besitzt sie dennoch die zeitlose Schönheit selbstgenügender Perfektion und sie verteidigt sich: Ihr menschliches Ebenbild Quasimodo, außen hässlich – guter Kern, schwingt sich über die Dächer und Wasserspeier wie ein Großstadt-Tarzan, ein Held von trauriger Gestalt und ohne Sprache, um sein Elend auszudrücken.

Und zwischen all diesen Verwicklungen flicht Hugo seine bauhistorische Theorie ein: Bis zu Gutenberg, steht da zu lesen, während Rollo Unheil stiftet und Quasimodo weinend die Wasserspeier umarmt, bis zu Gutenberg seien die Bauwerke aus Stein die eigentliche Schrift gewesen, Bücher aus Granit, in denen die Ideen von Kulturen weitergegeben wurden. Insbesondere hätte sich im Machtvakuum, wenn eine Herrscherkaste die andere abgelöst habe, die Volksbaukunst entwickeln können, in Paris repräsentiert durch die Bauten des Mittelalters, die Baukunst der Gotik (deshalb erhaltenswert). Die Kunst der Priesterkasten sei immer schon fortschrittsfeindlich gewesen, absichtlich streng und nur Eingeweihten verständlich. Die Volksbaukunst dagegen sei klar,

Da kommt der *homme politique* in Victor Hugo zum Zuge, der politisch engagierte Mensch. Es war nämlich ganz und gar nicht so, wie man heute meint, dass Romantik eine rückwärtsgewandte Richtung war, im Gegenteil. Man glaubte an den Fortschritt, und zwar den Fortschritt des menschlichen Geistes: das grundsätzlich Gute im Menschen, an das Kommen einer besseren, brüderlichen Zeit, nun da man die Tyrannen verjagt hatte. Ganz klar, dass die Kunst der verjagten Tyrannen und des christlichen Dogmas geschmäht wurden und die Volkskunst überhöht. Heute, nach Überwindung von Nationalsozialismus und Kommunismus haben wir ein anderes Gesicht der ›Kunst des Volkes‹ kennen gelernt: kitschig, pathetisch, beschönigend und rückwärts gewandt. Neues wurde von der Masse stets abgelehnt. Aber um 1800 feierte man die Befreiung des Individuums und vertraute auf Vernunft und Fortschritt. Hugo scherte aus: »Was die modernen Bauwerke des neuen Paris betrifft, so verzichten wir gern darauf, von ihnen zu sprechen.«

Aber man fand auch wieder Gefallen an den Denkmälern vergangener Zeiten, wenn es nur lang genug her war, an allem Geheimnisvollen, Geschichtsträchtigen, auch an Bizarrem und Morbidem, warum, dazu gleich mehr.

Hugo entwickelte den Gedanken, dass die Baukunst am Ende sei: »Das gedruckte Buch war berufen, die Baukunst zu vernichten ...«, weil nämlich nun Ideen müheloser und allein durch die Möglichkeit der Verbreitung unvergänglicher festgehalten und weitergegeben werden konnten. Warum also wütete Hugo gegen die zeitgenössische Architektur? Weil für ihn die Gotik ein nicht wiederholbares, geniales Werk darstellte, das bewahrt werden musste. Im Zentrum stand für ihn die Notre-Dame, Wahrzeichen eines verklärten goldenen Mittelalters. Warum nicht die Renaissance? Weil laut Hugo eben die mittelalterliche eine Volkskunst war. Die Renaissance hielt nur an den Höfen der Fürsten und in die Häuser der Reichen Einzug. Für die einfachen Leute ging das Mittelalter noch lange weiter. Schließlich nahm die Prunk- und Verschwendungssucht der Fürsten ungeahnte Ausmaße an, was bekanntlich zur Revolution führte. Dem Künstler Hugo war sicher die Schönheit der Renaissance bewusst, aber dem späteren Deputierten der Pariser Kammer konnte nicht gefallen, was sie repräsentierte. Im Übrigen hatte schon Goethe mit seinem Aufsatz über das Strassburger Münster 1772 den Weg für eine Umbewertung der lange verachteten Gothik eröffnet.

Und von wegen »Worte sind vergebens ...«: Der Roman vom Glöckner von Notre-Dame wurde ein Bestseller und ganz Paris auf einmal von Bewunderung für seine alten Bauten überwältigt. Zwar hatte es vorher schon Proteste gegen die allzu radikalen Abrissvorhaben gegeben, namentlich von den Bewohnern der alten ›Quartiers‹. Jetzt aber wurde ein Komitee zur Restaurierung der Kathedrale gegründet, die später der Architekt Violett Leduc durchgeführt hat. Der ›Bürgerkönig‹ Louis-Philippe verkündete 1844 einen entsprechenden Erlass und zügelte seine Stadtplaner in ihrem Eifer. Wenn wir also heute vom altertümlichen Paris mit seinen vielen baulichen Kostbarkeiten entzückt sein dürfen, so verdanken wir das Quasimodo, dem Buckligen von Notre-Dame. Und Baron Haussmann verdankt man die schönen Parks und weiten Boulevards. Was allerdings Victor Hugo zum *Centre Pompidou* zu sagen hätte, das möchte ich mir lieber nicht vorstellen. Volkstribune sind halt oft ein wenig spießig.

Romantik – den Begriff verbindet man mit Zacharias Werners Spruch von Italien, »dem Land der Trümmer und Blüten«. Was ist es nur, das die Romantiker von damals und heute immer das Alte, möglichst Zerbrochene, Zerborstene, Zerbröckelte und Unleserliche suchen ließ und lässt. Es ist die Flucht aus der Wirklichkeit, eine Sehnsucht nach Perfektion und Überhöhung, die wie mit einem trotzigen Fußaufstampfen sieht, was sie sehen will. Halb verfallene Kirchen, verödete Plätze, überwucherte Gärten lieferten die willkommenen Kulissen für Fantasien. Wo man die Zeichen nicht mehr lesen konnte, vermochte man eigene zu schreiben. Je länger etwas her war, desto leichter ließ es sich glorifizieren. Nur echtes Leben besitzt das dann nicht mehr. Über Baron de la Motte-Fouqués im Mittelalter angesiedelte Heldenepen spottete ein Kritiker, seine Menschen seien nichts als ausgestopfte Rüstungen und das einzige, was er noch psychologisch meistere, seien Pferde.

Doch das Mittelalter war eben im 18. Jh. ›angesagt‹ als Chiffre für Großes. Eine besonders beliebte Kulisse für literarische Szenarien und in der Malerei war Stein, vorzugsweise einsam, gewaltig hoch oder von bizarrer Form, verwittert, gebrochen usw. Dabei muss grundsätzlich unterschieden werden nach dem Schönen und dem Erhabenen.

Das Schöne, das waren Kristalle und Edelsteine, die immer wieder zur Ausschmückung und Verherrlichung herangezogen wurden, so wie es schon seit der Troubadourlyrik des Mittelalters üblich war, so Goethe: »Vergleichen wir doch, wenn wir uns poetisch recht hoch versteigen wollen, den klarsten Himmel dem Saphir«, und Novalis zieht das Steinreich als eine Metapher für den Kampf der Geschlechter heran: »Die Holzkohle und der Diamant sind ein Stoff – und doch verschieden – sollte es nicht mit Mann und Weib derselbe Fall seyn. Wir sind Thonerde – und die Frauen sind Weltaugen und Sapphyre, die ebenfalls aus Tonerde bestehen.« (Weltaugen = Opale)

Das Erhabene nach Kant aber war dem Schönen entgegengesetzt, etwas Beängstigendes, an dem man die Art von Vergnügen empfand, die Leute heutzutage in ›Splatter‹-filme gehen lässt. Im Schönen – so Kant – erfüllt sich das Bedürfnis des Menschen nach einem ihm begreiflichen und beherrschbaren Maß, ich möchte hinzufügen, nach Klarheit und Ordnung. Dagegen ergibt sich das Erhabene (über etwas erhaben) aus einem Unmaß, etwas nicht Beherrschbarem, »zweckwidrig für die Urteilskraft, unangemessen unserm Darstellungsvermögen, und gleichsam gewalttätig«. Es sind gemischte Empfindungen, die der Romantiker da hat: Abstoßung und Anziehung. Das Erhabene in der Natur, ein Sturm, ein Vulkan, das tobende Meer vermittelt ein Gefühl der Dissonanz, ist eine Gefahr. Und wie süß ist diese Gefahr. Man kann einfach nicht von ihr lassen. Es ist die Steigerung des Wahlspruches des Barock: »Bedenke, dass du sterblich bist ...« Das Risiko, das Leben zu verlieren, macht es umso spürbarer und lustvoller. Goethe 1779: »Ja, ich habe die Furka, den Gotthard bestiegen! Diese erhabenen, unvergleichlichen Naturszenen werden immer vor meinem Geiste stehen; ja, ich habe römische Geschichte gelesen, um bei der Vergleichung so recht lebhaft zu fühlen, was für ein armseliger Schlucker ich bin.« Sowohl die Herausforderung des Berges als auch die geistige Herausforderung beim Studium vergangener Größe begeisterten ihn ebenso wie sie ihn niederdrückten. Und er genoss es.

Im 18. Jh. machten die Geowissenschaften und die Mechanik große Fortschritte. Man bereiste ferne Länder und bislang unzugängliche Gebiete und jeder konnte zumindest davon lesen. Besonders beliebt in der zeitgenössischen Reiseliteratur waren schauerliche Schilderungen von Hochgebirgen und schroffen Felsformationen. Der Negativ-Reiz wurde einerseits aus der ungeheuren Größe bezogen, andererseits aus der Menschenferne und der Einsamkeit. »Meer aus Stein« war eine beliebte Metapher, Felsen hatten die Tendenz zu »dräuen« und hingen mächtig über, so dass der Leser in seinem Sessel schon den Druck im Nacken spürte. Es gab »schwindelnde« Abgründe und »ewigen« Frost und gar die Vorgänge im Inneren eines Vulkans mussten Angst erregen: extreme Temperaturen, bei denen Steine schmolzen, diese härtesten und dauerhaftesten aller bekannten Substanzen! Und da man gelernt hatte, die Erde nach dem Bild des menschlichen Körpers zu sehen – die Steine das Skelett, Wasser das Blut und Erde das Fleisch des Weltkörpers – konnte es keinen größeren Schrecken geben als ein Erdbeben, das selbst die Knochen der Mutter Erde bricht und ihr Fleisch martert ... Das Erdbeben von Lissabon 1755, dem Kant mehrere Schriften gewidmet hat, setzte sich geistig durch ganz Europa fort: Es unterstrich die Verwundbarkeit der Zivilisation auf das Unangenehmste. Die Wissenschaft arbeitete auf Hochtouren, um alles unter Kontrolle zu bekommen. Kant gelangt am Ende zu dem Punkt, wo das Erhabene zusammenschnurrt, der Mensch die Angst überwindet, so dass die Achtung ihm selbst gezollt werden kann. Das Erhabene bei Kant ist der Maßstab einer homozentrischen Welt.

Nackte Berghänge oberhalb der Baumgrenze wirkten lebensfeindlich, es war, als ob man die Knochen der Erde hervorstehen sah. Und wenn die Knochen eines Körpers zu sehen sind, dann ist das ja kein gutes Zeichen. Die Sphäre der Steine, die Lithosphäre, war Inbegriff des Fremden und der Grenzen menschlichen Tuns. Ausgenommen davon war nur die Steinbildhauerei, antike und antikisierende Statuen wurden bewundert und uneingeschränkt als schön empfunden. Da war ja auch der Stein vom Menschen besiegt worden.

Um 1820 ging diese Ära vorbei. Dann wurde das Hochgebirge zum Schauplatz von Idyllen und Liebesgedichten gemacht. Der Mensch hatte sich auch hier durchgesetzt oder meinte es wenigstens. Montanindustrie und Mineralogie hatten ihrerseits die Steine entzaubert. Sie gehörten nun zu den bekannten Bestandteilen des Naturreichs. Es wurde in ihnen kein Zauber mehr vermutet. Die Tierkreissteine gerieten ganz außer Mode. Einen Zusammenhang zwischen Steinen und Gestirnen zu konstruieren gehörte der abergläubischen Vergangenheit an.[4]

Und so konnte es bei Hegel zu einer Umwertung des Verhältnisses von Naturschönem zu Kunstschönem kommen. Die Natur wurde der menschlichen Kunst untergeordnet, da ihr der Geist, die Idee fehle. Am rohesten erschien da der Stein, der einfach nur in der Gegend herumsteht und (scheinbar) nicht einmal eine Ordnung aufweist, so wie ein Kristall, weder schön noch erhaben, sondern einfach nur ein unbearbeiteter Klotz, ein ästhetisches Nichts. Der Beherrschung folgte die Degradierung – wie undankbar. Und es ging noch weiter abwärts: Der Stein wurde bis in die neuere Zeit hinein zum Symbol des Starren, Kalten. Man sprach vom ›Steinernen Herz‹ als einer Metapher für seelenlosen Kapitalismus: In E.T.A. Hoffmanns *Das Kalte Herz* lässt sich der arme Köhler Peter Munk vom Holländer Michel ein steinernes Herz anstelle seines lebendigen andrehen und bekommt jede Menge Geld dafür. Aber weil er mit dem Steinherz nichts mehr fühlen kann, empfindet er weder Freude noch Mitleid und will nur immer mehr und mehr Geld. Das war die Angst vor der unbarmherzigen Industrialisierung. Macht war Stein: Sie versuchte, gesellschaftliche Verhältnisse zu ›versteinern‹, heute sagt man: zu ›zementieren‹. Andererseits gibt es aber auch noch das romantische Bild von der ›Sprache der Steine‹. Ludwig Tieck erzählt im *Runenberg* die Geschichte eines Mannes, der seine Familie und die Welt verlässt, um sich ganz der Sphäre der Steine und der Venus hinzugeben, hier eine Allegorie für das Unirdische und die Poesie. Der Künstler schwebt immer in Gefahr, die Bindung zur realen, alltäglichen Welt zu verlieren, das meint dieses Bild: Christian wird am Ende wahnsinnig.

Wahnsinn auch bei Novalis: »Drückt nicht die ganze Natur so gut, wie das Gesicht, und die Geberden, der Puls und die Farben, den Zustand eines jeden der höheren, wunderbaren Wesen aus, die wir Mensch nennen? Wird nicht der Fels ein eigenthümliches Du, eben wenn ich ihn anrede? Und was bin ich anderes als der Strom, wenn ich wehmüthig in seine Wellen hinabschaue, und die Gedanken in seinem Gleiten verliere? ... Ob jemand die Steine und Gestirne schon verstand, weiß ich nicht, aber gewiß muß dieser ein erhabnes Wesen gewesen seyn. In jenen Statuen, die aus einer untergegangen Zeit der Herrlichkeit des Menschengeschlechts übrig geblieben sind, leuchtet allein so ein tiefer Geist, so ein seltsames Verständniß der Steinwelt hervor, und überzieht den sinnvollen Betrachter mit einer Steinrinde, die nach innen zu wachsen scheint. Das Erhabne wirkt versteinernd, und so dürfen wir uns nicht über das Erhabne der Natur und seine Wirkungen wundern, oder nicht wissen, wo es zu suchen sey. Könnte die Natur nicht über den Anblick Gottes zu Stein geworden seyn? Oder vor Schrecken über die Ankunft des Menschen?« (Aus: *Die Lehrlinge zu Sais*, 1802)

Gemeint ist, so die Literaturwissenschaft, dass im Verwandlungsprozess der Kunst die individuelle Identität aufgelöst wird. Der Betrachter bei Novalis möchte in den alten Statuen (vermutlich dachte Novalis an eine griechische Marmorfigur) entdecken, ob Stein wirklich nichts als ein leb- und geistloser Mechanismus ist, und erlebt einen Austausch zwischen Geist und Materie. Er drückt seine Idee in Stein aus, aber der Prozess ist nicht einseitig. Seine Erfahrung des Steins, seine Beschäftigung mit der Materie verändert ihrerseits den Schöpfer. Da war wieder eine Gegenbewegung zu spüren zur Aufklärung, zur rationalistischen Verstandeskultur. Die Fähigkeit zur Intuition, meinte man, sei verschüttet worden. ›Versteinern‹ ist hier nicht unbedingt negativ behaftet. Das Fremde ist beängstigend, aber anders als bei Kant wird es nicht abgestoßen, überwunden, sondern am Ende als Verwandtes begriffen. Mensch und Natur, Schöpfung und Schöpfer sind eins.

Der Text wirkt aber auch, ohne dass man sich der poetischen Metapher und seiner ganzen Tiefe bewusst ist. Heute spricht er in uns die Sehnsucht nach der verlorenen Ganzheitlichkeit an. Novalis nannte es eine »gewaltige Sehnsucht nach dem Zerfließen«. Die meisten von uns leben in einer Welt, in der Natur nur noch Reservate besiedelt. Ihre Lebenszeichen sind schwächlich. Sie spricht nicht mehr zu uns. Wir fühlen uns allein. Und da wir uns unserer Schuld bewusst sind, kann es grüne Neoromantiker schon einmal mit perversem Vergnügen erfüllen zu sehen, wie sich die Naturgewalten doch nicht zähmen lassen, wie all unsere mächtige Technik von einem Orkan zerknüllt, zerfetzt, stolze Ozeanliner versenkt, Brücken weggespült, gotteslästerliche Wolkenkratzer zum Einsturz gebracht werden. Das ist ein wenig, als ob im Film die Indianer siegen. Wir sind auf der Seite der Unterdrückten.

In der Klassik und Romantik des 18. und 19. Jh. empfand man einen Schauder vor den Gewalten der Natur und hoffte, dass sie bald besiegt werden würden. Man sah sich ja auf dem besten Wege dazu. Heute haben sich die Empfindungen ins Gegenteil verkehrt: Wir haben die Natur besiegt, so weit, dass wir uns selbst mitauszurotten im Begriff sind. Die Technik, der Fortschritt erscheinen vielen heute als ein Fluch. Wir haben den Boden unter den Füßen verloren. Und das versuchen manche von uns ein wenig auszugleichen, indem sie Bäume umarmen, mit Steinen sprechen. Neoromantik in dem Sinn, als auch das eine Flucht ist, eine Flucht vor der unerfreulichen Realität, die wir, jeder von uns, jeden Tag weiter ... versteinern.

7.
Himmelssteine und Sternenmetall

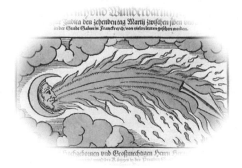

Stellen Sie sich vor, Sie hätten am 30. Juni 1908 im Abteil der Transsibirischen Eisenbahn gesessen, auf dem Weg zur Handelsstation Vanavara; auf der Holzbank Ihnen gegenüber packt eine farbenfroh gekleidete Babuschka das Picknick für sich und drei oder vier Kinder aus – ein Duft nach Zwiebeln und saurer Milch durchzieht das Abteil –, neben Ihnen ein Pelzhändler und ein Jäger, der Pfeife raucht und seine langen Beine in den Gang streckt. Sicher waren auch ein paar Hühner im Abteil. Sie starren aus dem Fenster – die Taiga zieht an Ihnen vorüber, endloses braun-grünes Buschland. Da, plötzlich taucht aus dem Nichts am Himmel eine Feuerkugel auf. Sie rast in einem Bogen auf die Erde zu, groß wie die Sonne erscheint sie, und zieht einen feurigen Schweif hinter sich her, aus dem funkensprühende Teile springen. Ein durchdringendes pfeifendes schrilles Geräusch ist zu hören. Die Babuschka schreit auf, hält sich die Ohren zu und fängt an zu beten. Die Kinder, ungerührt, turnen über die Beine der Erwachsenen hinweg zum Fenster; der Jäger, ein Evenk, greift nach einem Amulett an seinem Hals. Der Händler hat sich aus seinem Sitz halb hochgezogen und starrt mit offenem Mund. Nur wenige Minuten dauert das Schauspiel und kurz nachdem das Objekt hinter dem Horizont verschwunden ist, hört man eine Reihe von Explosionen, ein Knattern wie von Maschinengewehren. Dann ist Stille. Der Zug hält, die Passagiere quellen hinaus, deuten und reden aufgeregt: »Vater Unser im Himmel, was war das?!«

Ja – was war das? Das ist bis heute nicht zufrieden stellend geklärt. Tunguska-Nomaden berichteten zwar von einem gewaltigen feurigen Objekt, das auf die Erde gestürzt sei. In Moskau wurden sie aber nicht ernst genommen. Die Wissenschaftler nahmen an, es habe sich um ein lokal begrenztes Erdbeben gehandelt und machten sich weiter keine Gedanken.

Noch Wochen nach dem Ereignis konnte man durch den Staub, der in die Atmosphäre gestiegen war, in Mittelasien, Sibirien, Russland, Skandinavien und Westeuropa farbensatte Sonnenuntergänge und in der Nacht leuchtende Wolken beobachten. Störungen im Magnetfeld der Erde wurden noch viele hundert Kilometer vom Epizentrum entfernt gemessen.

Dennoch soll nur ein einziger Mann die Sache weiter verfolgt haben: Leonid Kulik, der Begründer der Meteoriten-Wissenschaft in Russland. Und es sollten neunzehn Jahre vergehen, ehe es ihm gelang, eine Expedition in das Gebiet zu organisieren. Das Epizentrum lag fern der Zivilisation. Tagelang mussten sich Kulik und seine Begleiter durch Wildnis, Sümpfe und Schlammlöcher kämpfen, umsurrt und gequält durch dichte Wolken von Moskitos. Der Schamane der Evenks, eines Tungus-Volks in diesem Gebiet, versuchte, sie am Weitergehen zu hindern. Er hatte das Gebiet abgeriegelt, es sei verhext, behauptete er. Gott habe in seinem Zorn ein Feuer auf die Erde geschleudert. Und tatsächlich: In einem Radius von 40 Kilometern waren alle Bäume umgeknickt – von innen nach außen, und in einem inneren Radius von 15 bis 20 Kilometern standen nur noch verkohlte Strünke, zwischen denen sich neue Vegetation erst ganz allmählich Platz verschaffte. Hunderte von Rentieren waren hier verbrannt. Aber Kulik fand keinerlei Beweise für seine Annahme eines Meteoriteneinschlags – keinen Krater, nicht das geringste Stückchen Metall, nur ein paar Schmelztröpfchen und einige merkwürdig kahle Stellen von ovalem Umfang, auf denen bis zu diesem Tag nichts wächst. Und dabei ist es geblieben. Spätere Expeditionen mit modernem Gerät waren nicht erfolgreicher.

In der offiziellen Version heißt es heute, dass es sich um einen Meteoriten gehandelt haben müsse: geschätzte Masse 100 000 Tonnen, Sprengkraft 40 Megatonnen TNT, das wäre die 2000fache Sprengkraft der Hiroshima-Bombe. Und von diesem Brocken sollen nur ›Schmelztröpfchen‹ übrig geblieben sein? Angeblich ist er vor dem Aufprall verdampft. Schwer vorstellbar. Kein Wunder, dass die mysteriösesten Theorien aufkamen: Ein schwarzes Loch, ein Stück

Antimaterie soll die Explosion verursacht haben. Ein außerirdisches Raumschiff war abgestürzt. Oder, wie in der Mystery-Serie *Akte X* vertreten: Die russische Regierung experimentierte hier mit eingeschleppten Viren aus dem All, um eine biogene Superwaffe zu erzeugen. Deshalb sei das Ereignis so heruntergespielt worden.

Und wenn wir schon bei Fantasy und Mystery sind: Immer schon war Magie oder ein Gott im Spiel, wenn es Feuer und Eisen vom Himmel regnete. Leser von Fantasy-Romanen wissen, dass sich mit Sternenmetall zauberkräftige Schwerter fertigen lassen, die ihre Besitzer unbesiegbar machen. König Arthurs Schwert hatte diesen Ruf ebenso wie das des Helden Gilgamesch aus dem Zweistromland. Darin liegt sogar ein Körnchen Wahrheit: Überall auf der Welt wurden eisenhaltige Meteore, durch Gewicht und Farbe von gewöhnlichen Steinen zu unterscheiden, zur Herstellung von magischen Waffen benutzt.

Was man heute weiß: Das Metall von den Sternen ist tatsächlich ein wunderbarer Stoff. Gewöhnliches, auf der Erde gefundenes Eisenerz gibt für sich allein nur ein brüchiges Material. Erst durch die Beimengung von Kohlenstoff beim Eisenschmieden entsteht biegsamer Stahl. Man setzt es durch mehrmaliges Nachglühen im Holzkohlenfeuer zu. Ein guter Schmied erkennt dann beim Hämmern, wann eine ausreichende Sättigung erreicht ist. Das haben kaukasische Schmiede aber erst mit der Zeit gelernt. Meteor-Eisen dagegen enthält ungewöhnlich viel Kohlenstoff. Mit diesem Himmelsgeschenk gelang es, einen Prozess vorwegzunehmen, den man erst später begriff und mit irdischen Mitteln nachvollziehen konnte. Solche Zauberschwerter mögen also ihre Besitzer nicht unbesiegbar gemacht haben, aber sie brachen nicht so leicht wie die gewöhnlichen – und das war ja auch schon ein Vorteil.

Himmelssteine wurden sicher schon länger verehrt, als schriftliche Zeugnisse davon existieren. Zum ersten Mal werden sie in sumerischen Keilschriften erwähnt. ›Feuer vom Himmel‹, nannte man sie. Die Fundstücke aus der Wüste wurden als Geschenke der Götter betrachtet, kaltgehämmert und Pharaonen mit ins Grab gegeben. In der Cheopspyramide fand sich eine Halskette aus Meteor-Eisen. Es war den alten Ägyptern wertvoller als Gold.

›Steine der Götter‹ waren solche gefallenen Sternbrocken auch für alle anderen Mittelmeervölker. Die Phöniker besaßen so einen Stein und nannten ihn ›Mutter aller Götter‹. Römische Autoren berichten, dass die Thraker im 5. Jh. v. Chr. solch einen Stein verehrt hätten, dem wahrsagerische Kräfte nachgesagt wurden. Vielleicht war der aus Delphi verschwundene und durch einen Marmorblock ersetzte Omphalos, der Nabel der Welt, ursprünglich ein Meteorit? Ein glühend und pfeifend vom Himmel herabsausender Stein musste ja etwas Außergewöhnliches sein: »Hier will ich ein Zeichen setzen.«

Als Cortez die noch in der Bronzezeit lebenden Aztekenhäuptlinge fragte, woher sie ihre Eisenmesser hätten, deuteten sie gen Himmel. Die Ritualmesser waren aus kaltgehämmertem Meteor-Eisen. Einen besonders großen Meteoriten sollen sie wie einen menschlichen Leichnam bestattet haben, so berichtete ein das spanische Invasionsheer begleitender Jesuitenpater. Die Mayastämme aus Mittelamerika glaubten ja, sie alle seien einmal vom Himmel auf die Erde gekommen und dorthin kehrten die Seelen der Verstorbenen auch wieder zurück. Es ist vorstellbar, dass ihr ganzes, auf der Sternkunde beruhendes Glaubens- und Staatssystem durch den Fall eines großen Meteoriten ausgelöst wurde.

Auch in Mexiko und Kalifornien hat man Steingräber gefunden: Eisenmeteorite, bemalt, mit Fetischen behangen, in eine Federdecke gewickelt und endlich in einem Hügelgrab eingeschlossen. Ein gefallener Engel? Wenn Kometen den Himmel beleuchteten, Sternschnuppen feurig am Nachthimmel dahinsausten oder gar Meteorite auf die Erde fielen, dann war das eine machtvolle Erscheinung. Für die nordamerikanischen Indianer waren vom Himmel gefallene Steine Objekte, die mit dem Großen Geist geladen sind.

So ähnlich müssen auch die Beduinen gedacht haben, die den Haddschar von Mekka zu einem göttlichen Objekt erklärt und in der Kaaba eingemauert haben. Keinem Wissenschaftler war je eine Untersuchung gestattet, schon gar keinem Christen. Aber man nimmt an, dass es sich bei dem Haddschar gar nicht um den ursprünglichen Meteoritenstein handelt, sondern um einen Brocken schwarze glasartige Gesteinsschmelze, die durch den Aufprall entstanden ist. Streng gläubige Moslems behaupten, der Haddschar sei ursprünglich weiß oder ursprünglich ein Rubin gewesen und durch die Sünden der Menschen schwarz geworden.

Überall auf dem Planeten regnete es Himmelsmetall und es hat verschiedenste Reaktionen und Traditionen angeregt: In Afrika begründeten die Tuaregschmiede ihre Macht und ihren Einfluss auf der Verarbeitung von Eisenmeteoren. Ihre Dolche galten als die besten, Objekte von hohem Prestigewert, ganz sicher von hervorragender Qualität.

Die australischen Ureinwohner, die ja sehr viel Zeit mit der Naturbeobachtung verbrachten, müssen das Fallen der Steine mit eigenen Augen gesehen und die Zusammenhänge auf ihre eigene Art begriffen haben. Sie nannten Meteoriten ›Sonnen-Pfad-Feuer-Teufel-Steine‹ – so jedenfalls eine Übersetzung, die ich gefunden habe. Sie scheint mir etwas frei, da die Aborigines vor der Christianisierung kein Konzept für Hölle und Teufel hatten, aber das mit dem Sonnenpfad ist ja ein zutreffendes Bild. Und so hat dieses vermeintlich primitive, unwissende Volk die Herkunft dieser Himmelskörper schon rein durch Beobachtung exakt erkannt, als man sich in Europa noch mit den Widersprüchen zwischen religiösem Dogma und gesundem Menschenverstand herumplagte.

In Russland sollen kleine Stücke von Meteoriten als Hostien gegessen worden sein – mit Wodka rutscht vermutlich alles. Man betrachtete sie in jedem Fall als etwas Wunderbares, als etwas Heiliges und Magisches – erstaunlicher Optimismus, es für positiv und wunderbar zu erachten, wenn einem glühende Gesteinsbrocken auf den Kopf fallen!

Als erstaunlich und wunderbar darf man es allerdings betrachten, dass seit dem Massensterben der Dinosaurier die Bomben aus dem All auf unserem Planeten so wenige Opfer gefordert haben. Verbrieft ist u. a. ein minder schwerer Fall in Syclauga, USA, am 30. November 1954: Ein 3,8 Kilogramm schwerer Meteorit schlug durch das Dach eines Hauses in ein Schlafzimmer ein und traf eine Frau an der Hüfte. Sie soll schmerzhafte Prellungen erlitten haben.

Ein Todesopfer gab es 1911 zu beklagen: In Nakhla, Ägypten, regneten ca. 40 Steine mit einem Gesamtgewicht von zehn Kilo vom Himmel. Einer davon traf einen Hund. Der Hund war sofort tot.

Zu Schaden kam auch ein Riesenfaultier, allerdings ist das schon eine Weile her: Im Jahr 1892 fanden Archäologen in Argentinien solch ein längst ausgestorbenes Megatherium, das vor Millionen von Jahren von einem Meteoriten erschlagen worden war. Das himmlische Geschoss lag noch zwischen den verkieselten Rippen.

Eisenmeteoriten können um ein Vielfaches größer ausfallen als steinerne Meteoriten oder Gemische, weil sie durch ihre Dichte den Kräften beim Eintritt in die Erdatmosphäre besser widerstehen. Der größte Eisenmeteorit, der je gefunden wurde, wiegt 60 Tonnen. Durch ein Wunder (wieder eins) kam auf der Hobafarm nahe Grootfontein in Namibia weder Mensch noch Tier zu Schaden, als er landete. Nur einen ziemlichen Schrecken haben alle bekommen. Seine dicke Oxidationskruste lässt Fachleute vermuten, dass er in prähistorischer Zeit entstanden ist. Jetzt liegt er da, 20 Kilometer vor Grootfontein. Kinder und Touristen klettern auf ihm herum. Und Affen, die sich darauf lausen.

Größere Zusammenstöße hat es in der Erdgeschichte schon oft gegeben. Auf jedem Kontinent gibt es Bombenkrater wie das Nördlinger Ries oder den Krater in Arizonas Halbwüste, bei dessen Anblick man sich vorkommt wie auf dem Mond – so kahl und lebensfeindlich erscheint die Landschaft hier, darin ein Aufschlagsloch, das aussieht, als sei es gestern erst entstanden. Beim Aufschlag schmelzen und verdampfen die oberen Gesteinsschichten. Material wird geschmolzen und kilometerweit, kreisförmig vom Aufschlagsort fortgeschleudert. Dabei entstehen neue, glasartige Minerale, die so genannten Tektite, wie die schönen grünen ›Moldavite‹ aus Böhmen oder jenes geheimnisvolle ›Wüstenglas‹, das man in einer entlegenen Gegend an der ägyptisch-syrischen Grenze gefunden hat. Als Howard Carter 1922 im Tal der Könige sagenhafte, jahrtausendealte Schätze ans Tageslicht brachte, war darunter das Pektoral des Tutenchamun. Ein Pektoral ist ein Brustschmuck, ein Amulett; man kennt es heute noch von hohen christlichen Würdenträgern – da hat es Kreuzform. Tutenchamuns Pektoral bestand aus Gold, Silber, Edelsteinen und Glas und symbolisierte die ägyptische Kosmologie: Die Himmelsbarke mit dem Horusauge, flankiert von Uräusschlangen, darüber die Mondsichel und im Zentrum des Schmuckstücks der Sonnengott in Gestalt eines Scarabäus aus einem grünen Stein. Carter konnte sich nicht erklären, welcher Stein das war, auch zu Rate gezogene Mineralogen wussten es nicht. Man einigte sich schließlich auf die Bezeichnung Chalzedon. Richtig daran war, dass es sich wie beim Chalzedon um Silizium handelt. Heute weiß man: Es ist Glas, das beim Aufschlag eines Himmelskörpers in der Wüste entstanden ist, schön und äußerst selten. Selten zum Glück.

Ein angstfreies Naturschauspiel dagegen sind Sternschnuppen. In vielen Märchen auf der ganzen Welt werden sie als Glücksbringer beschrieben. Die Herzen von Liebespaaren klopfen schneller, wenn sie Hand in Hand einen Stern fallen sehen. Und wer hat wohl noch nicht versucht, beim Anblick einer Sternschnuppe einen dringenden Herzenswunsch loszuwerden? Gar nicht so einfach, weil das Schauspiel meistens schneller vorbei ist, als man formulieren kann. Zu Sternschnuppen werden kleine Meteoriten, wenn sie in die Erdatmosphäre eintreten und verglühen.

Ein himmlisches Feuerwerk ist immer dann zu erwarten, wenn Meteoritenströme in den Bereich der Erdanziehungskraft geraten. Die meisten Sternschnuppen pro Stunde kommen aus den Perseiden, einem permanenten Schwarm im Sternbild des Perseus mit einem Durchmesser von einigen Millionen Kilometern. Sie erscheinen etwa um den 12. August herum mit etwa 50 Abstürzen pro Stunde. Reichlich fällt es auch aus den Orioniden um den 21. Oktober herum. Nach dem Sternbild des Löwen sind die Leoniden benannt, den Astronomen seit Jahrhunderten bekannt. Sie kommen der Erde etwa um den 17. November herum nahe. Inzwischen weiß man: Sie stammen aus dem Schweif eines Kometen, des ›Temple-Tuttle‹.

Ungemütlicher als die hübschen kleinen Sternschnuppen sind schon Boliden, Feuerkugeln. Das sind die, bei deren Anflug man Zeit hat, seinen Wunsch in Ruhe auszusprechen, wenn man nicht einen solchen Schrecken bekommt, dass einem keiner einfällt. Boliden ziehen einen langen Schweif hinter sich her; man meint sie zischen zu hören. Manchmal sieht man sogar eine Rauchfahne, die sich hinter ihnen verbreitet und Funken von abspringenden, glühenden Teilchen. Haben sie zur Legende der feuerspeienden Drachen beigetragen?

All diese Krater, all diese Fast-Zusammenstöße, wie lange kann das noch gut gehen? Wenn es krachen würde, hätten wir nicht lange unter der Angst zu leiden. Bei einer Geschwindigkeit von 200 000 km/h würden wir die Katstrophe kaum kommen sehen. Es reichte gerade noch, um den Weinkeller leer zu trinken. Man sagt uns, der Wahrscheinlichkeit nach wäre ein Aufschlag, wie der, der die Dinosaurier vernichtet hat, höchstens einmal in 100 Millionen Jahren fällig. Aber wie wahrscheinlich ist wahrscheinlich? Man könnte wieder an Schutzengel glauben, wenn man sich klar macht, wie lange wir schon verschont blieben.

Vor einiger Zeit hieß es »knapp vorbei«, kosmisch gesehen. Die 19 sichtbaren, vom Kometen Shoemaker-Levy abgesprengten Fragmente, die auf den Jupiter prallten, wiesen immerhin bis zu 1,5 Kilometer Durchmesser auf. Die Explosionen bei ihrem Aufschlag mit Feuersäulen und später die schwarzen Narben in der atmosphärischen Hülle des Planeten waren von der Erde aus zu sehen.

Statt aber in Endzeitängste zu verfallen, denkt man a) über ein Frühwarnsystem nach, falls doch einmal ein Bolide einer menschlichen Siedlung gefährlich nahe kommen könnte *(US Government Task Force on potentially hazardous New Earth Objects)* und b) – praktisch, wie wir nun einmal veranlagt sind – möchte man sich auch gar zu gern diese fliegenden Schatzkammern nutzbar machen: Sie enthalten bedeutende Platin-, Nickel- und Kobaltvorkommen, sogar Diamanten. Wie man sie aber im rasenden Vorbeiflug ausschlachten will, für diese Frage ist noch keine Lösung in Sicht. Typisch Mensch: Den Kopf einziehen, aber bereits darüber nachdenken, wie man die Situation zum eigenen Vorteil nutzen kann.

Der weitaus größte Teil dieser außerirdischen Besucher gelangt zum Glück nur noch in Form von Staub auf die Erde, zwischen 10 000 und 40 000 Tonnen jährlich. Und dieser Staub sorgt für ein hübsches Lichtspiel am Himmel, das Zodiakallicht, im Frühjahr kurz nach Sonnenuntergang, im Herbst kurz vor Sonnenaufgang, wenn die Partikel vor dem noch dunklen Himmel von der Sonne angestrahlt werden.

Die Erde liegt mitten in einer galaktischen Schießbude. Wie viele außerirdische Brocken fast gewohnheitsmäßig auf die Erde prallen, weiß man überhaupt erst durch die Spionagesatelliten der 70er-Jahre. Diese Satelliten sollten ja eigentlich die Nachbarn bespitzeln, haben aber dann unerwarteterweise, quasi als Nebenprodukt, auch Meteoriteneinschläge breitflächig dokumentiert. Was außen um uns herum passiert, kann man nur schätzen. Demnach erreichen pro Jahr durchschnittlich 2500 kilometergroße Exemplare die Nähe der Erdumlaufbahn und acht größere Objekte die Erdoberfläche – ›größere‹ heißt: solche, die Explosionen von Bombenausmaß auslösen. Wiederum: Es hat doch etwas von göttlicher Fügung an sich, dass sie immer und immer wieder im Wasser oder in dünn bzw. nicht besiedelten Gebieten landen. Die allerwenigsten sieht man kommen. Was durch die Atmosphäre gelangt, ist oft nur noch ein winziger Rest und nicht mit bloßen Augen zu erkennen. Und wenn, dann waren es »erschröcklich und wunderbarlich zeychen« (Flugblatt von 1554).

Kaiser Maximilian, der sich für Alchemie und die verwandte Wissenschaft Magie interessierte, hatte das Glück, einen frisch eingetroffenen 127 Kilo schweren Steinmeteoriten bewundern zu dürfen: Dieser war im November 1472 im Elsass, auf einem Feld bei Ensisheim niedergegangen: »Da sah ein Knab in aim Acker …« und auch er kam ungeschoren davon, der Knab … Der Brocken wurde auf das Schloss Ensisheim gebracht. Kaiser Maximilian kam ihn anschauen und verfügte, dass er als kostbares wissenschaftliches Objekt in der pfarrgemeindlichen Kirche aufzuhängen sei, aber nie verkleinert oder beschädigt werden dürfe. Er war eben noch von einer Schule, die sich damit begnügte, von außen zu betrachten und auf mystisch-religiöse Weise zu er- bzw. verklären.

Doch in der Aufklärung war es mit dem Erschröcklichen und Wunderbaren erstmal vorbei. Da wurde die Existenz von Meteoriten für baren Unsinn und Aberglauben erklärt. Die Académie Française ließ wissen, es handele sich bei den vermeintlichen Himmelssteinen um eine besondere Art von Eisenerz. Und der Direktor des Vereinten Naturalien-, physikalischen- und astronomischen Cabinets zu Wien schrieb noch 1790: »Freylich, daß das Eisen vom Himmel gefallen sein soll, möge der Naturgeschichte Unkundige glauben, mögen wohl im Jahre 1751 selbst Deutschlands aufgeklärteste Köpfe geglaubt haben ... Aber in unseren Zeiten wäre es unverzeihlich, solche Märchen auch nur wahrscheinlich zu finden.«

Als der Mineraloge Stütz zum Direktor dieser Einrichtung ernannt wurde, war seine erste Amtshandlung, alle so genannten ›Himmelssteine‹ auf den Müll schaffen zu lassen, weil man solchen Unsinn den Besuchern nicht zumuten wollte. Sternschnuppen und Boliden, die ja von Zeit zu Zeit mit bloßem Auge zu beobachten, also nicht wegzuleugnen waren, wurden zu ›elektrischen Erscheinungen‹ gemacht, dem Nordlicht ähnlich und damit basta. Aus großer Höhe fallende Steine, wenn sie durchaus nicht zu leugnen waren, hatten aus Vulkanen zu stammen. Gelehrte, die eine andere Meinung zu äußern wagten, wurden mit Hohn überschüttet.

Einige haben es auf sich genommen, sich der geltenden Meinung zu widersetzen, so der Wittenberger Physiker Ernst Chladni. Alles begann damit, dass er in Petersburg von einem Kollegen einen Brocken gediegenes Eisen gezeigt bekam, der sich offensichtlich sehr von anderen Erzfunden unterschied. Die Einheimischen, so der Kollege, hätten behauptet, der Brocken sei vom Himmel gefallen. Chladnis Neugier war angefacht. Von nun an untersuchte er alle solchen Stücke, derer er habhaft werden konnte, und befragte Augenzeugen. Dann formulierte er 1794 eine Schrift, in der es hieß:

1) *Das Fallen von steinernen und eisernen Brocken von Himmel findet statt.*
2) *Boliden sind brennende Massen.*
3) *sind solche Massen kosmischer Natur und gelangen durch den Weltraum zu uns. Sie stammen nicht aus unserer Atmosphäre.*

Sein Göttinger Kollege Lichtenberg spottete: »es sey ihm bey dem Lesen der Schrift anfangs so zumute gewesen, als wenn ihn ein solcher Stein am Kopfe getroffen hätte.«

Auch die russische Akademie reagierte negativ, ja geradezu giftig. Amerikanischen Forschern erging es nicht besser. 1807 ließ der Präsident wissen, eher würde er an die Verlogenheit dieser Männer glauben, als an Steine, die vom Himmel fallen.

Irgendwann muss Wem-auch-immer-da-oben das selbstgefällige Geschwätz der Herren auf die Nerven gegangen sein und er lieferte eine Demonstration, die es in sich hatte. 1803 ging über L'Aigle bei Paris ein etwa 3000 Steine umfassender Meteoritenregen nieder, der von so vielen Menschen beobachtet wurde, dass die Spötter und Rechthaber der Académie Française, und danach die auf der ganzen Welt, dazu gezwungen waren, ihre Positionen zu überdenken.

Zusammenfassend: Unter Meteoriten versteht man die Teile von solaren Körpern, die es bis zu uns auf die Erde geschafft haben. Sie werden abgesprengt, wenn ein Meteor mit 15 bis 70 Kilometer per Sekunde den Rand unserer Atmosphäre streift.

Sammler und Wissenschaftler sprechen von *finds,* wenn solche Himmelssteine zufällig gefunden werden, und von *falls,* wenn ein Ereignis beobachtet wird und die Bruchstücke dann auch gleich aufgelesen werden können.

Da gibt es Steinmeteorite, Eisenmeteorite und Stein-Eisen-Meteorite. Eisenmeteorite sind nach bisheriger Kenntnis Teile von ehemaligen Asteroiden-Kernen, die durch ein kosmisches Ereignis zerstört worden sind. Sie enthalten variierende Mengen an Nickel, nach denen sie klassifiziert werden, und kommen weniger häufig vor als die beiden anderen Meteoritengruppen. Stein-Eisen-Meteoriten sind auf die gleiche Weise entstanden, nur dass sie der Grenze zwischen Kern und Mantel des Asteroiden entstammen. Beim Aufprall wurden die Elemente durch Hitze miteinander verschmolzen und metamorphiert. Neue Mineralien sind dabei entstanden, ebenso wie bei den tertiären Gesteinen auf der Erde. In dieser Gruppe gibt es eine besonders attraktive, leider seltene Erscheinungsform, die *Pallasites*. Sie enthalten Kristalle, gelbgrünlich funkelnde Olivine, Edelsteine aus dem All.

Am häufigsten gelangen Steinmeteoriten zu uns auf die Erde. Sie stammen aus dem Mantelmaterial eines Asteroiden. Da sie weniger dicht sind als Eisen, werden sie zum Glück für uns beim Eintritt in die

Atmosphäre zersprengt. Steinmeteoriten werden noch unterschieden in ›Kondriten‹ und ›Akondriten‹. Akondriten sind durch Aufprallhitze (beim Zusammenstoß mit einem anderen Himmelskörper) chemisch veränderte Kondrite, metamorphiertes Gestein. Kondriten dagegen sind unverändert geblieben, seit der Zeit, in der unser Sonnensystem entstanden ist. Sie sind die ältesten, uns bekannten Steine überhaupt, nach bisheriger Schätzung 4,56 Milliarden Jahre alt, Fossilien des Weltraums.

Im Januar 2000 ging in der Wildnis im Nordwesten Kanadas ein besonders ungewöhnlicher und merkwürdiger Meteorit nieder. Seiner Zusammensetzung nach ähnelt dieser Tagish Lake Meteorit der Oberfläche unserer Sonne. Aber er ist älter als sie. Er stellt damit eine Probe aus einem vor-solaren Nebel dar.

Woher kommen Meteorite? Der größte Teil von ihnen stammt aus dem Asteroidengürtel zwischen Mars und Jupiter, aus dem eigentlich ein Planet hätte werden sollen. Dort stoßen solche Partikel gelegentlich zusammen und werden aus der Bahn geworfen. Die allermeisten zischen an der Erde vorbei, manche prallen vorher auf den Mars oder auf den Mond. Was dann im Billiardprinzip bei uns anlangt, kann auch abgesprengtes Mars- oder Mondgestein sein. Ein direkter Vergleich zum Beispiel mit Mondgestein war erst nach den Apollo-Expeditionen möglich. Die mitgebrachten Proben erbrachten eindeutig eine gleiche Zusammensetzung wie die einiger Meteoriten. Ihre Zusammensetzung gleicht aber auch irdischen Basalten, vulkanischen Gesteinen und solchen aus dem Krusteninneren. Damit war erstmals bewiesen, dass der Mond ein aus der Erde herausgesprengtes Stück ist – ebenfalls durch einen kosmischen Zusammenstoß.

Am relativ hohen Wassergehalt, zwölf Prozent, kann man diejenigen Meteoriten erkennen, die von einem vorüberziehenden Kometen stammen, so einem ›schmutzigen Schneeball‹. Und in einigen seltenen Fällen meint man, eine Herkunft vom Merkur annehmen zu können, bei Steinmeteoren, die Metall in solchen chemischen Zuständen enthalten, die auf eine extrem sauerstoffarme Gegend des Sonnensystems hinweisen. Und das wäre eben innerhalb des Orbit des Merkur.

Für Marsgestein hält man die so genannten ›SNC‹-Meteoriten. Beweisen möchte man dies durch die chemische Zusammensetzung eingeschlossener Gase (Kondriten enthalten rundliche, gashaltige Einschlüsse, die *chondrules*). Sie weisen nämlich vergleichbare Zusammensetzungen auf, wie die US-Vikingsonden sie auf dem Mars ermittelt haben.

Himmelssteine sind den Geowissenschaftlern und Astronomen eine wertvolle Quelle. Beduinenkinder in der Sahara wissen das, sie horten und verkaufen die gefundenen Meteoriten, sobald sich herumspricht, dass da wieder so ein verrückter Steinsammler unterwegs ist.

Auf vielfache Weise können diese Steine aus dem All heute Auskunft geben: über die Geschichte des Sonnensystems und sogar über Regionen unseres eigenen Planeten, die wir nicht zu erreichen im Stande sind. Man geht davon aus, dass sich alle festen Körper im Sonnensystem nach dem gleichen Muster entwickelt haben. Asteroiden und Erde müssen sich also im Aufbau gleichen. Deshalb interessieren sich die Geologen besonders für Bruchstücke von Kernmaterial. Unseren eigenen Erdkern können wir ja nicht untersuchen. Die tiefste Bohrung, die bisher vorgenommen wurde, auf der Kola-Halbinsel in Russland, erreichte eine Tiefe von 12 km. Bei einem Erdradius von 6380 km ist das natürlich nur ein feines Kratzen an der Oberfläche, ein Mückenstich.

Das Zauberwort für die Wissenschaft heute heißt ›kohlige Kondriten‹ *(carboneous chondrites)*. Sie sind die komplexesten aller Meteoriten, sehr rar, primitiv und enthalten organische Stoffgemische und sogar Aminosäuren, die Bausteine allen Lebens. Besonders zwei kohlige Kondriten haben die Forscher in ihren Bann geschlagen: Der Murchison-Meteorit aus Australien und der Allende-Meteorit aus Mexiko. In ihnen fanden sich winzige Partikel interstellaren Materials, von denen man annimmt, dass es sich dabei um Überbleibsel eines Sterns handelt, der vor Entstehung unseres Sonnensystems verglüht ist. Möglicherweise hat diese Katastrophe die Entstehung unseres Planetensystems ausgelöst. Gab es dort schon eine Zivilisation, die mit dem Sternensystem verglüht ist? Dann läge ihr Vermächtnis in diesen Botschaftern aus Stein. Im Murchison-Meteoriten hat man bereits 92 Aminosäuren identifiziert, von denen nur 19 auf der Erde bekannt sind. Kometen als Arche Noah des Universums – ihre tröstliche Botschaft: Das Leben hört niemals auf.

Von wie weit her kommen diese Nachrichten in Stein? Noch drücken sich die Wissenschaftler vorsichtig aus: Material von außerhalb unseres Sonnensystems sei bisher nicht nachzuweisen gewesen. Manche dieser kohligen Kondriten allerdings enthalten winzige Diamanten. Sie weisen Krypton- , Xenon- und Stickstoffgehalte auf, wie sie in unserem Sonnensystem nicht vorkommen. Diese Diamanten stammen wahrscheinlich aus anderen Teilen der Galaxie.

8.
A Girl's Best Friends ...

Wer hat bei dieser Halbzeile nicht gleich die gewisse Melodie im Kopf und das Gesicht dazu, das american girl mit dem kätzchenhaft sauberen Sexappeal ... »diamonds, diamonds (and I don't mean rhinestones), diamonds are a girl's best friends.«

Vordergründig steht der Diamant für Eleganz, Jugend, Schönheit, für den unbeschwerten Lebensgenuss der Schönen und Reichen – ein Märchen für Raumpflegerinnen. Das war die Fassade, die in den 50er- und 60er-Jahren auf Bildschirm und Leinwand präsentiert wurde. Hinter der Fassade sah es etwas anders aus: Diamanten funkeln nämlich noch genauso nett, wenn das Gesicht darüber gealtert und der weibliche Marktwert gesunken ist. Diamanten – eine Lebensversicherung.

Der Diamant, der angebliche König der Edelsteine, ist in Europa noch gar nicht lange bekannt. Die Autoren der Steinbücher aus Antike und Mittelalter kannten ihn nur vom Hörensagen. Erst im 16. Jh. feierte der teure, farblose Stein aus den Kolonien seinen Siegeszug in Europa. Seinen Rang verschafften ihm die Fürstenhäuser, insbesondere der Sonnenkönig Ludwig XIV. Kaum, dass der Dauphin auf seinen dicken Beinchen stehen konnte, bekam er den ersten Bucker umgehängt. Baby Ludwig probierte seine Milchzähnchen an einem handtellergroßen Brillantkreuz. Schon sein Vater liebte die edlen Steine, Ludwig XIV. aber sollte den Kult auf die Spitze treiben.

Als der schon gebrechliche und schwer kranke Monarch ein Jahr vor seinem Tod eine siamesische Gesandtschaft empfing, trug er einen »goldgestickten und mit Juwelen reich besetzten schwarzen Rock; es waren an demselben Diamanten im Wert von 12 500 000 Francs. Das Gewand wog so schwer, dass es der König sofort nach Tisch wieder ablegen musste«, so schrieb der Arzt des Sonnenkönigs.

Auch die Adligen mussten mithalten, natürlich immer ein wenig bescheidener als ihr Souverän, aber sie hatten allesamt schwer zu tragen. Man könnte Mitleid bekommen, wenn man von ihren Leiden liest, von den Kopf- und Rückenschmerzen und den steifen Hälsen, verursacht durch die Pflicht des Luxus. Dagegen nahm sich der Prunk der Päpste und der italienischen Granden, der Borgia und der Medici, gering aus.

Angefeuert von der Krone verloren die französischen Fürsten jeden Sinn für Realität und Verantwortungsgefühl, verschleuderten das von Bauern, Handwerkern und Manufakturen Erwirtschaftete in einem funkelnden Taumel von bacchantischen Spielen und Genüssen. Keine Robe konnte zweimal getragen werden, das Ausstattungskarussel drehte sich immer schneller: Samt aus Lyon und Genua, Seide aus China und Siam, Atlas aus dem Orient wurden derart mit Gold- und Silberfäden, mit Perlen und allen Arten von Edelsteinen überladen, dass sich deren Träger kaum aufrecht halten konnten.

1689: Tausende von Kerzen beleuchten ein Versailles, in dem mangels von Hygieneeinrichtungen in die Ecken gepinkelt wird. Die Zofe steht Schmiere. Madame la Marquise suchen sich ein dunkles Plätzchen, gehen in Hockstellung, bauschen den kostbaren Rock und erleichtern sich. In den Gängen ein Gestank, der den Teufel freut, in den Sälen ein Glanz, dass der Himmel neidisch werden muss. Alles ist Spiel, auch die Staatsgeschäfte.

Auf einem Kupferstich von Pierre Drevet sieht der Sonnenkönig wie ein bösartiger, alter Gockel aus: in schwarzer Rüstung – ausnahmsweise einmal ohne Diamanten, seinen Wahrzeichen –, Spitzen quellen aus dem Halsausschnitt wie der Kehllappen eines Puters, Brust raus, Bauch rein, ein wallender Umhang soll dem Arrangement Grazie verleihen, doch die Haltung wirkt manieriert und das Gesicht unter der schwarzlockigen Perückenkonstruktion verlebt, hartherzig, gelangweilt. Er war der ›Diamantenkönig‹ unter den europäischen Herrschern. Der berüchtigte Kardinal Mazarin hatte ihm diese Vorliebe schon als Kind beigebracht. Colbert, sein Finanzminister ermutigte ihn sogar noch, statt ihn zu bremsen. Colbert war ein kluger

Mann. Er wusste wohl, was auch die Monroe begriffen hatte: Macht, Schönheit, Jugend vergeht, Könige sterben, Politik ändert sich, aber die funkelnden Steinchen sind hinterher immer noch zu gebrauchen. »Kaufen Sie die kleinen Kiesel, Sire«, riet Colbert seinem Monarchen. »Lassen Sie ihren Wert durch einen guten Schliff steigern. Aber es muss gute Ware sein. Die Experten sollen für die Qualität haften.«

Das tun sie und machen selbst ihr Glück damit. Eine der schillerndsten Gestalten am Hof des Sonnenkönigs ist der Edelsteinhändler Jean Baptiste Tavernier. 1605 in Paris geboren, stammt er aus einer Antwerpener Familie von Steinschleifern, emigrierten Protestanten. Ein zeitgenössischer Kupferstich zeigt einen rundlichen kleinen Mann mit Hamsterbacken in orientalischer Aufmachung, mit Turban, besticktem wadenlangen Kaftan, einen Fransenschal um die umfängliche Hüfte gewurstelt, einen Pelz-besetzten Umhang lose über die Schultern gelegt, mehr ›kleiner Muck‹ denn ›Sindbad‹.

Mit fünfundzwanzig Jahren tritt Jean Baptiste Tavernier, wie das für junge Kaufleute üblich war, eine erste große Reise an, nach Konstantinopel. Er soll das Edelsteingeschäft an den Orten seines Ursprungs kennen lernen, die Qualitäten, die Preise, die Margen, soll sehen, wie der Stein gewonnen wird. Zwischen 1638 und 1668 reist er bis nach Persien und Indien, besucht Agra und Golkonda. Auf der Spur des Steins lernt er die Welt kennen und vermittelt zwischen den Völkern – Händlerdiplomatie. Einen so guten Ruf hat er sich inzwischen bei den ›Heiden‹ erworben, dass er vom Großmogul Aureng-Zeb in Delhi höchstpersönlich empfangen wird. Der gute Ruf beruht auch auf großzügigem Bakschisch: Geschenke im Wert von 23 187 Francs hat der Kaufmann vorher verteilt, aber die Investition lohnt sich.

Die Dynastie der Großmoguln, die sich in direkter Linie vom grausamen Mongolenfürsten Tamerlan herleitet, beherrscht ein Reich, das sich von China bis Zentralrussland und an die Küsten Vorderasiens bis Hindustan erstreckt. Niemand, der mit Edelsteinen handeln möchte, kommt an den Großmogul und ihren Beamten vorbei. Und noch haben die Holländer in Indien die besseren Karten. Tavernier kann die »Hollaenders« erklärtermaßen nicht leiden. Sie sind ihm zu gewaltsam in ihren Methoden. Vielleicht hielt er die holländische Unterdrückung der Kolonien für eine schreiende Ungerechtigkeit, vielleicht rührte ihn das Elend der Diamantengräber, die er gesehen hatte. Auf jeden Fall aber erkannte der Kaufmann die

Unwirtschaftlichkeit des militärischen Systems: »Dies ist auch ein Irrthum der Hollaenders, welche Kolonien durch das Schwerth zu gründen suchen.« Tavernier rechnet es seinem Herrn vor: Der Unterhalt von Festungen und ständigen Armeen vor Ort verschlingt einen großen Teil ihrer Gewinne. Das hat schon die Portugiesen ihr Monopol gekostet, weil so ein unwirtschaftliches System zusammenbrechen muss.

Tavernier setzt auf freundschaftliche Beziehungen und solide Fachkenntnisse, besucht die Diamantminen: »Also dass ich sagen kan, ich habe den anderen die Bahne gebrochen, und [bin] der Erste aus Europa gewesen, so den Europeern den Weg zu diesen Gruben entdecket, als welche die eintzigen Oerter in der Welt seynd, da der Diamant gefunden wird.« Und weiter beschreibt er Bilder und Verhältnisse, wie sie sich bis heute nicht gewandelt haben: ausgemergelte, bis auf den Lendenschurz nackte Männer, die mit Brecheisen in den Felsen die Edelstein-führenden Adern herausschlagen oder tief in Schlammlöchern danach graben, Frauen und Kinder, die die kostbaren Felsbrocken und den Schlamm in Körben auf einen Platz schleppen, wo unter Aufsicht die harten und schweren Edelsteine herausgewaschen und herausgepickt werden.

Tavernier erlebt auch in einer kleinen Stadt, wie die späteren Edelsteinhändler ausgebildet werden. Da sitzen ein paar weiß gekleidete Jungen unter einem Feigenbaum und hantieren mit Waagen, Gewichten und kleinen Säckchen mit echten Diamanten und Rubinen. Es sind Söhne von Edelsteinhändlern, die sich selbst das Handwerk beibringen. Die Älteren prüfen die Jüngeren. Tavernier setzt sich dazu, testet die jungen *Banjanen* – und ist beeindruckt, wie versiert die Jungs schon sind. Warum sitzen sie unter einem Feigenbaum? Um sich vor der grellen Sonne zu schützen? Nein, sie wissen, dass sie nur in diesem Licht, in möglichst natürlichem Schatten die Qualität der Steine richtig beurteilen können. An den Diamantenbörsen von heute gehen immer noch die Fenster nach Norden, weil man Diamanten unbeeinflusst vom Gleißen der Sonne betrachten soll.

Und wenn es in Frankreich schon ungerecht zugeht, dann lernt der Kaufmann hier noch ganz andere Verhältnisse kennen: Es ist Brauch, dass die Untertanen indischer Könige dem Herrscher zu jedem Geburtstag so viele Juwelen zu schenken haben, wie er selbst an Körpergewicht auf die Waage bringt. Das macht z. B. bei einem Körpergewicht von 75 kg 375 000 Karat. (Die Maßeinheit Karat wird übrigens auf die lateinische Bezeichnung *Ceratonia siliqua* zurückgeführt, für den ungewöhnlich gleichmäßig großen und schweren Samen des Affenbrotbaums, der schon im antiken Griechenland als Maßeinheit diente.)

Tavernier wird zum Geburtstagsfest des Großmoguls Aureng-Zeb eingeladen, dem Fest, das später der sächsische Goldschmied Johann Melchior Dinglinger aus Gold und Juwelen in Miniatur nachgebildet hat, inklusive des berühmten Pfauenthrons – nach Beschreibungen u. a. von Jean Baptiste Tavernier: »Ich erinnere mich, dass ich den König in seynem Thron sitzend, zu drey unterschiedlichen malen trincken gesehen. Man bringt ihm auf einem guldenen mit Diamant, Rubin und Schmaragd versetzten Teller eine grosse christalline runde und gantz glatte Schale, deren Deckel auch von Gold mit Edelgesteinen, gleich wie der Teller besetzt.« Die Feierlichkeiten dauerten fünf Tage. Tavernier gehört zu den wenigen Europäern, die je den Pfauenthron zu Gesicht bekommen haben. Er hat ihn recht in Fachleute-Manier beschrieben, das Augenmerk vor allem auf die ihn interessierenden Pretiosen gerichtet mit Schliff, Karatgewicht und Farbqualitäten. Demnach muss der Pfauenthron eine Art Diwan gewesen sein, auf vier geschwungenen Füßen, mit Kissen von kostbarsten Stickereien bequem gepolstert. Alle Einzelteile waren mit Edelsteinen inkrustiert wie ein englischer Teekuchen mit kandierten Früchten. Zwölf Säulen trugen einen Himmel, der in Fransen von Perlen endete. Die Innenseite des gewölbten Himmels soll ganz und gar mit Diamanten und Perlen bedeckt gewesen sein, einem Hintergrund, auf dem die berühmten Pfauen stolzierten, mit Leibern aus Gold und Schwanzfächern aus Edelsteinen entsprechender Farben. Tavernier hat den Materialwert des Kunstwerks auf über fünf Millionen englische Pfund geschätzt, das wären in heutiger Währung 8 Millionen Euro. Er war das Wahrzeichen der Mogul-Herrscher, der Sage nach hergestellt für Tamerlan. 1739 eroberte der persische Schah Nadir Delhi, plünderte die Stadt und ließ den Pfauenthron an seinen Hof schaffen. Seine Nachkommen wiederum hätten ihn an die Engländer verkauft, sagt die Geschichtsschreibung. Doch das englische Königshaus sollte nie Gelegenheit bekommen, es sich auf Tamerlans Thron bequem zu machen. Er liegt wahrscheinlich auf dem Meeresgrund, wie so viele geraubte Schätze der Weltgeschichte. Der Pfauenthron, auf dem sich Schah-in-Schah Reza Pahlevi hat krönen lassen, war nur eine vergleichsweise billige Nachbildung.

Zum Abschluss, vor der Abreise seines fränkischen Freundes, gönnt sich der Großmogul noch eine wohlige, kleine Protzerei. Er führt den Kaufmann in seine Schatzkammer. Eunuchen begleiten die beiden. Auf Zeichen Aureng-Zebs werden einzelne Steine und Kostbarkeiten hochgehoben, präsentiert und jedesmal der Preis dazu genannt. Erstaunliche, fast peinliche Kleinlichkeit bei einem so mächtigen Herrscher. Unter den Juwelen ist der sagenhafte Stein des Großmoguls: ein Diamant von 280 Karat im Schliff einer Rosenknospe nachgebildet, leider unten uneben und mit Sprüngen und Rissen. Der Stein hatte ungeschliffen 793 Karat aufgewiesen und Hortensio Borgis, ein venezianischer Edelsteinschleifer, wurde gerufen, um ihn zu bearbeiten. Zwei Jahre brauchte er, um den rissigen, schwierigen Stein in diese Form zu bringen. Über den Gewichtsverlust aber war der Großmogul dermaßen erbost, dass er den Künstler damit belohnte, sein ganzes Vermögen einzuziehen und ihn als armen Mann nach Hause zu schicken.

Tavernier zeigt sich unbeeindruckt, dreht den Stein in seiner Hand hin und her und bemerkt dann, man hätte ihn lieber in der Mitte spalten sollen und so dem Herrscher die noch verbleibenden guten Stücke aushändigen können. »Ihn einfach so niederzuschleifen – barbarisch!« Das gefällt Aureng-Zeb.

In Versailles kann unser französischer Sindbad seinem König eine besonders köstliche ›curiosité‹ überreichen, den ›violetten Demanten‹, etwas, das kein anderer Herrscher besitzt. Ludwig XIV. erhebt den Händler dafür in den Adelsstand. Und lässt den Stein in Herzform schleifen.

Ludwigs Sohn und Nachfolger, Ludwig XV., ist es bei dieser Erziehung und Umgebung kaum zu verdenken, dass er nichts Besseres zu tun hat, als seinen Vater zu übertreffen. Er verschleudert den Bourbonenschatz mit vollen Händen. Der Ausspruch »nach Uns die Sintflut« soll von ihm stammen. Als der ›Vielgeliebte‹ altert, werden seine Gespielinnen immer jünger, so wie man es bei reichen alten Herren auch heute noch beobachten kann. Und jede wird für ihre Dienste in Diamanten belohnt. Am Ende enthält die königliche Schatzkammer weitaus weniger von den kostbaren Karfunkelchen, als die Damen bei Hofbällen am Halse tragen. A Girl's Best Friends ...

Und was nach der Revolution vom Schatz der Bourbonen noch übrig war, das haben sich die Communarden 1792 klauen lassen. Erst durfte das Volk die Steinchen besichtigen, Krone, Zepter, Schmuck, Diamanten, Rubine und Smaragde von ungeheurer Größe; den goldenen Schrein, den Kardinal Richelieu Ludwig XIII. geschenkt hatte;

den 136,75 Karat schweren *Regent* und den *blauen Tavernier*. Nachts wurde der Raum versiegelt und der Schatz bewacht. Am Morgen des 17. September war alles weg, ratzeputzekahl leer geräumt. Eine Hysterie der Verdächtigungen erfasst Paris bis in die untersten Kreise. Das ist nicht einfach Geld und Edelstein, das ist Nationaleigentum, so jung wie die Nation noch ist. Mit Volkes Blut und Schweiß zusammengerafft! Es sollte allen gehören. Fünf Jahre später wurden die unmittelbaren Täter gefasst, aber die meisten der Kostbarkeiten blieben verloren. Das Wort ›unmittelbare‹ Täter hat seine Berechtigung; wie üblich wurden nur die Handlanger bestraft. Jahre später kam heraus, dass der Erste Konsul der jungen französischen Republik seine Finger im Spiel hatte. Er soll den Diamanten ›Regent‹ an die holländische Regierung verhökert haben. Der *blaue Tavernier* tauchte in Amsterdam auf, wo er umgeschliffen wurde und schließlich als *Hope* die Liste der angeblich Unglück bringenden Diamanten anführte. Er befindet sich heute im Smithsonian Institute in Washington. Sein Zwilling, der Dresdener Grüne Diamant (40 Karat) stammt ebenfalls aus der indischen Mine Golconda und wurde 1741 vom Sachsenherrscher August III. für 400 000 Taler gekauft. Er war von Dezember 2000 bis Januar 2001 zusammen mit dem *Blauen Tavernier* (oder *Hope*) in Washington ausgestellt – die beiden seltensten Edelsteine der Welt.

Mit Wonne werden Gruselgeschichten erzählt vom Unglück, das der fantastische Hope-Diamant allen seinen Besitzern gebracht haben soll: Es beginnt mit Tavernier. Der Sage nach soll er den Stein aus einem indischen Tempel entwendet haben. Der Gott Vishnu hätte ihn und den Diamanten daraufhin verflucht. Tavernier, heißt es, soll bei seiner neuerlichen Rückkehr nach Indien von wilden Hunden zerrissen worden sein. In Wirklichkeit starb er 80-jährig in Moskau an einer Erkältung.

Der Lieblingsenkel Ludwig XIV. soll kurz nach dem Erwerb gestorben sein bzw. er selbst soll den Unglücksstein nur ein einziges Mal getragen haben und kurz danach an Pocken verstorben sein. Ludwig der XV. besaß ihn, trug ihn aber aus Vorsicht nicht. Dass Ludwig XVI. und seine Frau Marie Antoinette auf dem Schafott endeten, ist bekannt. Angeblich war aber auch eine Mätresse von dem Fluch berührt: Der König hatte ihr den Stein geliehen – die Prinzessin wurde grausam erschlagen.

Mehr? Bitte: Ein Edelsteinschleifer, der den Unglücksdiamanten in die Hände bekam, wurde von seinem Sohn bestohlen und starb aus

Kummer. Der Sohn beging Selbstmord. Die Familie Hope soll durch den schlimmen Einfluss des Diamanten ruiniert worden sein. Ein russischer Fürst, der ihn nach den Hopes besaß, schenkte den Stein seiner Geliebten, einer Tänzerin der Folies Bergères – um sie kurz darauf aus Eifersucht zu erschießen. 1908 schenkte Schah Abdul Hamid der II. den Riesendiamanten seiner Lieblingsfrau. Sie wurde vor seinen Augen von Revolutionären erschlagen. Im Besitz des US-Zeitungsverlegers Edward B. McLean richtete der *Tavernier* wieder Unheil an: Der Sohn der Familie starb bei einem Autounfall, die Tochter beging Selbstmord. McLean selbst ging mit der Titanic unter. Seine Frau beging ebenfalls Selbstmord, wenn man den Schauermärchen Glauben schenken will.

Dies sind nur einige Beispiele aus der Gerüchteküche – kaum etwas davon erweist sich als wahr. Dass Tavernier den Stein aus einem Tempel gestohlen hat, ist sehr unwahrscheinlich: Er war schließlich auf die Pflege guter Beziehungen zu Indien aus. Der Sonnenkönig starb im Alter von 77 Jahren am Wundbrand, als Folge der Infektion eines Beins. Verbrechen, Unfälle und Krankheiten stoßen auch Menschen zu, die keine großen Diamanten tragen. Wenn einige Besitzer des *Hope* Schaden erlitten haben, so ist das eher dem Zufall oder ihrem eigenen Verhalten zu verdanken und nicht einem zürnenden indischen Gott. Lord Hope verkaufte den Diamanten, als er in Geldnöten war, aber er war keineswegs ruiniert; Mr. McLean soll – eine andere Version – in einer Nervenheilanstalt gestorben sein, jedenfalls nicht auf der Titanic, von Sohn und Tochter hier keine Rede; Mrs. McLean trug das Prachtstück bis an ihr friedliches Lebensende, und der Schmuckhändler Harry Wilson, der den Diamanten anschließend erwarb, stiftete ihn dem Smithonian Institute, wo er jeden Tag die Besucher in Trauben anzieht.

Ein anderer der fantastischen Schätze, die Monsieur Tavernier bei Aureng-Zeb gesehen hatte, besagter Rosenknospen-förmige Riesenstein, später *Großmogul* genannt, sollte noch eine Rolle in den Liebesintrigen am russischen Zarenhof spielen. Wie er nach Westeuropa gelangt war nach diversen Kriegen und Plünderungen, ist unklar – auf die übliche Weise eben. Zarin Katharina, Aufsteigerin aus kleinem Fürstenhause im anhaltinischen Zerbst, heuerte und feuerte ihre *maitres,* ihre Liebhaber, ganz ungeniert. Nachdem Potjomkin ihr Verlangen geweckt hatte, warf sie seinen Vorgänger, Grigori Orlow, kurzerhand hinaus, verwies ihn zeitweise sogar vom Hof. Er soll versucht haben, sich in die Regierungsgeschäfte einzumischen, schlimmer noch: Er wollte geheiratet werden, um größeren Einfluss zu erwerben. Das nahm die Zarin dem Vater zweier ihrer Kinder übel. Aber Orlow gab nicht so schnell auf. 1773 brachte er von einer Reise einen wunderbaren, großen Diamanten mit, ein Juwel von 189,6 Karat. Den schenkte er Katharina in Zarskoje Selo zum Namenstag. Die Zarin zeigte sich erfreut, versicherte den Fürsten ihres Wohlwollens, aber ihr Favorit blieb weiterhin Potjomkin. Das nennt man eine Fehlinvestition. Den Orlow trug die Herrscherin aller Reußen fortan im Zepter. Brillanten am Hals, auf dem Kopf, am Finger, auf die Kleider aufgenäht, am Kaffeegeschirr und als Währung bei Kartenspielen … Sie liebte die funkelnden Steinchen mit einer kaum zu überbietenden Frivolität. »Wie lustig ist es doch, mit Brillanten zu spielen«, schrieb sie in einem Brief. »Man kommt sich vor, wie in Tausendundeiner Nacht.«

Und darin muss ich ihr Recht geben. Trotz ihrer kalten Pracht haben diese Steine etwas Schwelgerisches, orientalisch Märchenhaftes. Wie kläglich nimmt sich doch ein Viertel- oder Achtelkaräter an einem Ringlein aus. Brillanten gehören in Gesellschaft. Sie sollten prunken dürfen. Das ist ihre Bestimmung.

Die Geschichte des Diamanten nimmt ihren Ursprung in Indien. Dort hatte er sogar einen Platz in der Schöpfungsgeschichte:

Zu der Zeit, als die Menschen noch im paradiesischen *Krita* lebten, herrschte Eintracht, und sie brauchten noch keine irdischen Herrscher. Keiner war des anderen Untertan. Die Zwietracht brachten die Götter selbst unter die Menschen und beendeten das paradiesische Zeitalter. Bala, der Herrscher der Asuras, hatte den Raum zwischen Himmel und Erde in seine Gewalt gebracht, und die dreizehn Obergötter konnten ihm und seinen Dämonenheerscharen nicht beikommen. Da überredete Obergott Indra den Bala zu einem Spiel, in dem die beiden Menschen darstellen sollten. Bala wurde die Rolle eines Helden zugewiesen, der an einen Opferpfahl gefesselt ist. Vertrauensselig machte Bala mit und ließ sich binden, da ergriff Indra heimtückisch seinen Donnerkeil und erschlug den Widersacher mit einem Blitz. Aus seinem zerschmetterten Körper wurden Edelsteine; aus Balas Haupt der Vajra Brahmane (der Diamant), aus den Armen der Vajra Kschatrija (der Edelstein der Krieger), aus dem Nabel der Vaijra Vaischya (der Edelstein der Nährkaste) und aus den Füßen der Vajra Schudra (der Stein der untersten Kasten). Ein wahrer Platzregen aus Edelsteinen ging auf die Erde nieder. Und siehe da –

wie menschlich waren diese indischen Götter: Sie balgten sich um die Edelsteine und zankten sich untereinander. Und überall dort, wohin die Splitter aus Balas Leib fielen, wuchsen von nun an neue Edelsteine. Und das indische Wort Vajra für Diamant bezeichnet gleichzeitig auch den Blitz, die Waffe des Gottes Indra.

Aufgrund der göttlichen Herkunft sind die Edelsteine, so lange wie die schriftlichen Zeugnisse zurückreichen, den Kasten zugeteilt und haben Symbolkraft in einer Philosophie, in der die Reinheit der Lebensführung und die Erkenntnis eine große Rolle spielen. ›Edelsteinbücher‹ gab es in Indien schon sehr lange. Sie müssen etwa gleichzeitig mit dem Aufkommen feudalistischer Herrschaftsstrukturen entwickelt worden sein und dienten einerseits dem Handel, der Festlegung von Preisen und Qualitätskriterien, andererseits der ideologischen Untermauerung von Herrschaftsstrukturen.

Die erste schriftliche Erwähnung des Diamanten im altindischen Schrifttum soll aus dem *Arthaschastra* stammen, dem ›Lehrbuch vom weltlichen Gewinn‹. (Dieser eklatante Widerspruch zwischen einer asketisch ausgeprägten Religion und der Lebensweise von weltlichen sowie kirchlichen Herren findet sich ja überall und immer wieder.) Der Diamant galt den Indern als höchster Schatz, sowohl ein Symbol für höchste Charakterqualitäten als auch ein Zauberstein: »Wer rein ist an Körper und Geist, ist eines fehlerlosen Diamanten mit scharfen Ecken und Kanten würdig. Ihm sind Glück, Wohlstand, Kinder, Reichtum, Korn und Vieh beschieden. Ein solcher Diamant schützt seinen Besitzer vor Schlangen, Feuer, Gift und Krankheiten.« (Buddhabhatta) Ein reiner, völlig durchsichtiger Oktaeder galt als ›Idealstein‹ und war äußerst selten zu finden.

Der Besitz solcher Steine wurde nach Farben den Kasten zugeteilt, wobei die der Brahmanen weiß bzw. farblos und rein seien wie ein Bergkristall, rötlich-braune wie ein (heiliger) Affe gehörten der Kriegerkaste, glänzend hellbraun ist der Vaischya und den untersten Kasten waren matt-silbrige Steine zugeteilt – nicht dass die untersten Kasten sich etwa Diamanten hätten leisten können. Es war ein poetischer Vergleich. Nur ein König durfte alle Farben tragen.

Der *Koh-i-noor,* ›Berg des Lichts‹, soll schon vor fünftausend Jahren Karna, dem Sohn des Sonnengottes gehört haben. Er war der Stein der Herrscher; nur wer ihn besaß, durfte sich Herrscher Indiens nennen. Als 1739 der persische Fürst Nadir Delhi erobert hatte, kam er in den Besitz des Pfauenthrons und vieler anderer herrlicher Juwelen und Kunstwerke. Einer allerdings fehlte: der *Koh-i-noor.* Den hatte man vor ihm versteckt. Nadir ließ alle Winkel des Palastes danach durchsuchen, ohne Erfolg. Er muss aber wohl Eindruck auf die Damen gemacht haben, denn im Harem flüstert ihm eine im Vorübergehen zu: »Der Turban, Herr! Denkt an den Turban ...« Und Schah Nadir verstand. Er ließ ein großes Fest geben zu Ehren des besiegten Mogul Mohammed. Auf dem Höhepunkt der Feier bot er Mohammed öffentlich an, als Zeichen ihrer zukünftigen Freundschaft die Turbane zu tauschen. Das konnte der Mogul schlecht ablehnen. Und richtig: In dem Turban befand sich der *Koh-i-noor,* so dass fortan Nadir sich Herrscher Indiens nennen durfte. Wie grausam, dass die Engländer ihn stahlen, und nicht nur das: Sie haben den jahrtausendealten Stein der Herrscher Indiens umschleifen lassen. Er gehört heute zu den britischen Kronjuwelen. Hat man je etwas von Rückgabe gehört?

In Europa, wie gesagt, war der Diamant lange Zeit eine Legende. Im 2. Jh. v. Chr. soll der griechische Heerführer Menander Nordwestindien unterworfen haben. Auf diese Weise könnten Griechen von diesem Stein gehört haben. Bei Platon ist bereits etwas von einem ›Goldknoten‹ zu lesen, angeblich der edelste und reinste Teil des Goldes, der sich in besonders harter Form niedergeschlagen habe. Da er ihn nicht weiter beschreibt, hatte er damit keine persönliche Erfahrung.

Im *Steinbuch,* das Theophrastos zugeschrieben wird, ist der Diamant wohl erwähnt, aber die Beschreibung zeigt, dass auch dieser Autor selbst wohl keinen zu Gesicht bekommen hat: »Der Stein, der bei Milet gefunden wurde, bildet mit seinen Kanten ein Sechseck ... er heißt Karfunkel [mittelalterliche Übersetzung]; erstaunlich ist, dass er von der gleichen Art wie adamas ist.« Das griechische Wort *adamas* – Unbezwingbarer, von dem sich unser Wort Diamant herleitet, war zunächst eine Bezeichnung für Eisen und Eisenlegierungen. Im Arabischen gibt es ein Wort *al-mas,* das ›der Härteste‹ bedeuten soll. Hörensagen auch bei Plinius d. Ä. Er spricht auch von einem Goldknoten, ähnlich dem Bergkristall.

In der Bibel ist der Diamant erwähnt als einer von zwölf Edelsteinen im Amtsschild des Hohepriesters Aaron, wobei jeder Stein für einen der Stämme Israels stehen sollte. Da hat wohl Martin Luther ein wenig freizügig übersetzt, denn das hebräische Wort *jahalom,* das in *demant* übertragen wurde, kann um 1500 v. Chr., der Lebenszeit von Aaron, nicht diese Bedeutung gehabt haben. Es handelte sich um ein anderes sehr hartes Material – wahrscheinlich Nephrit. Die einzige

Form, in der Diamant in der Region vielleicht bekannt gewesen ist, war als Gravierspitze, als eiserner Griffel mit Diamantspitze, ein Importprodukt.

Im 1. Jh. n. Chr., in der Regierungszeit von Tiberius, herrschte in Rom bereits dekadenter Luxus. Edelsteine, Elfenbein, Tuch und Gewürze bezogen die Römer aus Indien. Da kam dann mit Sicherheit auch der Diamant ins Spiel. Dabei konnten die Römer aber nie ganz die arabischen Völker als Zwischenhändler ausschalten, und so wies die Außenhandelsbilanz Roms bald einen erheblichen Negativsaldo auf: Durch die Verdienstspannen des Zwischenhandels gaben die Römer für Luxuswaren mehr aus, als sie durch Steuern und eigene Produkte einnehmen konnten. Zu Augustus Zeiten wurde dann eine Münzverschlechterung staatlich verordnet: Die Münzen waren nicht mehr aus massivem Edelmetall, sondern nur noch mit einer dünnen Goldschicht überzogen.

Die Araber kannten den Diamant aus dem Indienhandel, wobei sie selbst aber die farbigen Steine weitaus mehr schätzten. Aus dem märchenhaften Basra, der Handelsmetropole am persischen Golf, stammen die Geschichten von Sindbad dem Seefahrer, unter anderem auch die von der kuriosen Methode, Diamanten zu gewinnen:

»Die Kaufleute begeben sich nämlich in die Nähe des Tals zu der Zeit, wenn die Adler Junge haben. Alsdann schneiden sie Fleisch ab und werfen es in großen Stücken hinab, damit sich die Diamanten, auf deren spitze Teile sie fallen, daran hängen. Die Adler … stürzen sich auf diese Fleischstücke und tragen sie in ihre Nester auf den Felsspitzen, um ihre Jungen damit zu füttern. Alsdann gehen die Handelsleute auf die Nester los und zwingen durch starkes Rufen die Adler, sowie sie sich hineingesetzt, sich zu entfernen, worauf sie die Diamanten von den Fleischstücken ablösen und mitnehmen.«

So etwa gaben es die Geschichtenerzähler um 900 n. Chr. auf den Märkten ihrem staunenden Publikum wieder. Viele arabische Reiseberichte aus dem frühen Mittelalter haben den sagenhaften Reichtum indischer Herrscher zum Inhalt – und immer wieder Diamanten.

Die seltsame Erfindung mit den Adlern und den Fleischstücken wurde im 13. Jh. von dem venezianischen Abenteurer Marco Polo bestätigt. Seine Version ist so detailliert, dass sie nicht einfach abgeschrieben sein kann:

»Während der Regenzeit stürzen die Wasser in heftigen Strömen durch die Felsen und die Höhlen, und wenn diese sich gesetzt haben, gehen die Leute aus und suchen Diamanten in den Betten der Flüsse, wo sie derer viele finden. Im Sommer ... wenn die Hitze unerträglich ist und es nicht regnet, dann steigen sie von den Bergen herab unter vielen Beschwerden und großer Gefahr wegen der Unmassen von Schlangen, die sie da heimsuchen.« Und auch da machen sich die Leute von Murfili die Sache einfach und überlisten die Adler zu unfreiwilliger Zuarbeit. Damals wurde Marco Polo als Lügner und Aufschneider gebrandmarkt. Wir wissen heute, dass er das nicht war – allenfalls hat er die Sache ein wenig ausgeschmückt.

Ein weiteres Mal findet sich die Geschichte von den Adlern und den Diamanten Mitte des 15. Jh. in einem Reisebericht des Italieners Nicolo de Conti. 1444 wird Papst Eugen IV. die Bittschrift eines (wiederum) venezianischen Kaufmanns überreicht. Er bittet den Heiligen Vater um Absolution für eine Todsünde: Auf einer 25 Jahre währenden Orientreise habe er sich zwangsweise zum Islam bekannt. So wundersame Dinge hat der Reisende zu berichten, dass der Papst ihm Absolution erteilt unter der Bedingung, dass er seine Erlebnisse dem päpstlichen Sekretär Poggio Bracchiolino erzählt. Der war Schriftsteller und hat nun seinerseits das Ausschmücken übernommen. Und da fliegen sie wieder, die Geier und Adler und tragen an blutigen Ochsenstücken klebende Diamanten zu den Menschen empor. Diesmal findet das ganze in ›Bizenegalia‹ statt, vermutlich einem kleinen indischen Königreich namens Vijayanagar. Vielleicht hat Signore Bracchiolino da bei Marco Polo abgekupfert, vielleicht auch nicht. Realistisch ist in dem Bericht vieles, zum Beispiel dass die Signores ihre nach Steinen suchenden Knechte bis auf die Geschlechtsteile (!) untersuchten, damit sie sich nicht das kleinste Splitterchen aneignen konnten.

Es gibt viele Versionen der Sindbad-Erzählung, chinesische, russische, europäische ... In einem Alexanderroman des aserbaidschanischen Dichters Nizami Gandzewi wird die Diamantenschlucht in Kaschmir lokalisiert. Auch Alexander kennt den Trick: Er lässt ein paar hundert Schafe schlachten (warum in kleinen Maßstäben denken?) und in die unzugängliche Schlucht stürzen etcpp. Nur haben die sonst so pedantischen Chronisten Alexanders des Großen von Diamanten nichts geschrieben. Auch ist Alexander auf seinem Feldzug zwar weit in das Innere des indischen Subkontinents vorgedrungen, aber in den Fundgebieten war er nicht.

Der Diamant, mehr als jeder andere Edelstein, war Stoff für Mythen, Legenden und Aberglauben. Lange bevor ihn die Leute in Mitteleuropa zu Gesicht bekommen hatten, verbanden sie ihn schon mit wundertätigen Eigenschaften. Rückkehrende Kreuzritter haben sicher von ihm berichtet, aus zweiter und dritter Hand. Minnesänger wie Wolfram von Eschenbach und Walther von der Vogelweide benutzten ihn als poetisches Symbol für das Unzerstörbare und Reine. In Eschenbachs Grallegende allerdings erscheint der fabulöse Edelstein nicht. Das Thema war Wolfram wohl zu ernst, um es mit unseriösen Übertreibungen auszuschmücken. Solche Bedenken hatten andere Autoren nicht. In dem Text *Physiologus,* Autor unbekannt, wird sogar die Bibel verfälscht: »Zum Beweis, dass der Diamant ein Gleichnis für Christus ist, höre auch, was der Prophet Amos sagt: ›Siehe, ich werde einen Diamanten mitten ins Volk Israel legen.‹« Die alte hinduistische Vorstellung vom Idealdiamanten wurde übernommen und neuen Lehrzwecken angepasst.

Das Steinbuch des Bischofs Marbod von Rennes und die *Physica* der Hildegard von Bingen berichten bereits über die Wunder- und Heilkraft des Steins. Hildegard von Bingen schreibt: »Dessen Kraft ist so stark, dass sie die Boshaftigkeit und das Übel, das in diesen Menschen ist, auslöscht … Wer wahnwitzig ist und lügnerisch und jähzornig, trage diesen Stein im Mund, und seine Kraft wird dieses Übel von ihm abwenden.« Sie weiß auch, warum: »Der Teufel ist diesem kleinen Stein feindlich gesonnen, weil er der Kraft des Teufels widersteht.«

Gott, hieß es, habe die Edelsteine geschaffen, um die Menschen an sich und an seine Gesetze zu erinnern. Man glaubte sogar, eine untreue Frau entlarven zu können, indem man ihr einen Diamanten ins Bett legte. Angeblich konnte sie es dort dann nicht lange aushalten. Kein Wunder – sowas ist doch unbequem. Paracelsus verbreitete, man könne einen Menschen töten, indem man seiner Nahrung heimlich Diamantpulver beimischte. Wie das vonstatten gehen sollte, da der Stein doch unzerstörbar ist, darüber schweigen die Autoren.

Mit Einsetzen der Renaissance wird dann mit den abergläubischen und nebulösen Vorstellungen ein wenig aufgeräumt. Der Leibarzt des deutsch-römischen Kaisers Rudolf, Anselmus Boetius de Boot, wettert 1605 gegen das Zerstoßen von Edelsteinen: »Darum fort mit den Possen und mit dem Altweibergeschwätz.«

Im 18. Jh. dann kamen harte Edelsteine und auch Diamanten in solchen Mengen aus den Kolonien, dass zumindest die Wohlhabenden und Gebildeten sich von seinen Eigenschaften selbst überzeugen konnten.

Einige große europäische Herrscher besaßen natürlich schon früher solch seltene Kostbarkeiten und trugen sie auch zur Schau. Burgund war im 15. Jh. das Vorbild für modische Eleganz. Karl der Kühne hätte ›Karl der Eitle‹ heißen sollen. So verliebt war er in sein Aussehen und in seine Glitzersteinchen, dass er sie sogar auf seinen Eroberungszügen mitschleppte. Da verlor er dann auch schon einmal einen Brillanten aus der Hosentasche – macht nichts, es gab ja mehr davon. Er soll lieber eine neue Kostbarkeit erworben haben, als erfahrene Soldaten zu besolden. Trotz aller Warnungen zog er gegen die Lothringer und Schweizer prachtvoll geschmückt in die Schlacht, aber mit unerfahrenen Leuten und geschwächtem Heer. Karl der Kühne ritt in den Tod: An seiner Seite hing ein Prachtschwert mit sieben großen Diamanten, etlichen Rubinen, Saphiren und Perlen geziert; sein Gürtel sollte die Feinde blenden mit seinem Gefunkel: darauf ein großer tafelförmiger Diamant und eine Glück bringende, in Punktdiamanten ausgeführte Inschrift; auf dem Kopf der Löwenhelm. Er hatte auch noch einen besonderen Glücksbringer bei sich, seinen Liebling, den *Sancy,* einen Diamanten reinsten Wassers von 53,7 Karat. Und wurde besiegt. Tage nach der Schlacht fand man den Herzog nackt und steifgefroren in einem Tümpel, seiner Schätze und schönen Kleider beraubt.

Der *Sancy* tauchte bei einem Pfaffen wieder auf, der ihn von einem reuegeplagten Landser haben will, wechselte dann mehrmals die königlichen Besitzer, England, Russland, Spanien, Indien und von dort wieder nach England, wo er heute im Besitz der Adelsfamilie Astor sein soll. Karls Gürtel wurde bei den Fuggern versetzt. Die haben ihn Kaiser Maximilian für 8000 Gulden verkauft, demselben Kaiser Maximilian, der viel Geld aus ›Vertreibungsprivilegien‹ einnahm: Er erlaubte den Städten, ihre Juden zu vertreiben und auszuplündern gegen einen Anteil an der Beute …

Diamanten waren die Begleiter der Macht, im Leben und im Tod. Und Macht fragt nicht nach Recht und Moral. Irgendwie passt das zu diesem kalten, farblosen Stein.

»Die Magnifizenz ist einem Fürsten notwendig, da er der Statthalter Gottes ist, Gott aber gibt seine Magnifizenz in seinen äußerlichen Werken zu erkennen. Wie Gott sich groß zeigt im Weltgebäude, so muss der Fürst auch in all seinen äußerlichen Werken strahlen und glänzen.« So erklärte der sächsische Sonnenkönig August der Starke das Bedürfnis der Fürsten, ja ihre Pflicht zur Pracht, einer Pracht, die die Untertanen teuer zu stehen kam. Eine ähnliche Argumentation hatte man schon von den Avignoner Päpsten gehört. In der Ära Ludwig XIV. waren nun auch weltliche Fürsten zu Gottes Gnaden aufgestiegen. Es ist das Zeitalter des Absolutismus.

August der Starke bewunderte den französischen Sonnenkönig und ahmte ihn in allen Dingen nach, auch bei der Schürzenjägerei. Seinen ersten Seitensprung ließ sich der Kurfürst Diamanten im Wert von 60 000 Talern kosten. Die späteren Mätressen sind teurer. Das Verhältnis zu der Gattin seines Ministers Hoym kostete ihn in neun Jahren rund 20 Millionen Taler in Schmucksachen. Das mag den Herrn von Hoym versöhnt haben. Die Gräfin Esterla setzte ihrerseits August Hörner auf. Daraufhin befahl der gekränkte Herrscher seiner Chevalier-Garde, ihr ihren Liebeslohn wieder abzujagen. Die Gräfin gab den Garden ein versiegeltes Kästchen mit den Worten, sie wolle nicht, dass bei Ablieferung etwa einige Diamanten fehlten, die ihr der König *geschenkt* habe. August empfing das versiegelte Kästchen, und als er es öffnete, fand er ein paar billige Stücke darin. Immerhin soll er da schon wieder gelacht haben über den Schachzug der schlauen Gräfin und hat ihr den geschenkten Schmuck dann doch gelassen. Weniger humorig nahm er die Ermahnung seines Kanzlers von Benchling, er sei zu freigiebig mit den Frauenzimmern. Das schade der Wohlfahrt des Landes. Für diese Kritik musste der Kanzler mit Kerkerhaft büßen auf Königstein, der sächsischen Bastille. Die Großverdienerinnen des Systems waren die Königshuren, die Mätressen. Mit einem hübschen Gesicht, Sexappeal und ein wenig Esprit ließen sich Vermögen machen.

Obwohl die Landeskasse mehr und mehr in die roten Zahlen geriet, schwelgten August und sein Hofstaat wie das große Vorbild in Versailles. Diamanten wohin man schaute, eine schier unvorstellbare Pracht: Der Hofjuwelier Johann Melchior Dinglinger führte sich am sächsischen Hof mit einem Kaffeeservice ein: »Ein kostbahres von Gold mit mehr denn 5600 Demanten, nebst vielen colerten (farbigen) steinen gezierters cofezeug, welches sich praesentiert auf einem Tisch aus lapis lazuli gelacciret ...« Auch die Rechnung war fürstlich: 50 000 Taler. Aber der Hof war chronisch zahlungsunfähig. Dinglinger musste vorschießen. Und während noch Kaffeeservice und ein paar andere Kleinigkeiten in Raten abgestottert wurden, bestellte August die berühmte Edelsteinminiatur, die Szene von der Geburtstagsfeier des Großmoguln Aureng-Zeb. Sieben Jahre hat Dinglinger mit 14 Gesellen an diesem Meisterwerk der Goldschmiedekunst gearbeitet. Der Materialaufwand war enorm, der Nutzen –

wenn man realistisch sein will – null: ein Puppenhaus für einen König.

Indische, brasilianische, südafrikanische Diamanten haben lange Zeit den Markt bestimmt. Ihre Geschichte ist beinahe immer eine Geschichte von Extremen gewesen: von Sklaven und verelendeten Arbeitern aus Erde und Fels geholt, als Symbole der Macht am Hals von Prinzessinnen, Huren und in Fürstenkronen, dann wieder Kriegs- und Diebesbeute. Über verfluchte Diamanten ist so viel geschrieben worden, Legenden vom Neid diktiert. Das hätte man gern gehabt, dass solcher Reichtum Unglück bringt. Das Unglück kommt von der menschlichen Gier, von Berechnung und Gefühlskälte, von mangelndem Respekt vor dem Leben. Da braucht es den Diamanten nur als Katalysator. Der Stein ist unschuldig. Und die Geschichte von Habsucht und Erbarmungslosigkeit geht weiter:

Ende des zwanzigsten Jahrhunderts – Kongo:

Fast lautlos gleiten drei große Einbäume über das träge Wasser des Ubangi. In jedem Boot sitzen zwischen acht bis zehn Männer, einige von ihnen mit russischen Maschinengewehren über den nackten Knien, abgelegten Waffen der DDR-Volksarmee, andere haben Speere und Macheten. Benzin für Motorboote können sich die MLC-Rebellen nicht leisten. Und Motorenlärm würde sie an die Regierungsarmee verraten. Lautlos und mit primitiven Waffen führen sie einen hinhaltenden Krieg gegen das Kabila-Regime.

Diese Männer haben in ihren Einbäumen Rohdiamanten im Wert von vielen tausend US-Dollar. Sie treffen sich mit den Einkäufern von Unternehmen wie Lazare Kaplan Int. und De Beers. Diamanten finanzieren den nicht enden wollenden Bürgerkrieg. Daran, dass er endet, sind Diamantenaufkäufer und Minenkonsortien nicht interessiert. Sie unterwandern seit Jahren Beschlüsse der United Nations, Diamanten aus den Bürgerkriegsstaaten Kongo, Sierra Leone und Angola zu boykottieren, um den Waffennachschub abzuschnüren. Aber selbst begrenzte Sanktionen erweisen sich als wirkungslos, weil dann Nachbarstaaten wie Liberia einspringen und aus blutigen Sierra-Leone-Diamanten saubere Liberia-Steine machen.

Diamantenaufkäufer gelangen auf diese Weise billig und einigermaßen gefahrlos an Rohsteine, die Rebellenanhänger in umkämpften Gebieten aufklauben. Inzwischen muss sich die Bevölkerung fürchten, ihre kleinen Kaffee- und Kakaoplantagen zu bestellen, von denen sie in Friedenszeiten gut leben könnten. Sie geraten zwischen die Fronten. Regierungstruppen feuern wahllos in den Dschungel und nicht alle Warlords schonen die Menschen, für die sie angeblich ihren Krieg führen.

Während Blauhelme in diesem Wirrwarr von Parteien und Interessen erfolglos versuchen, Frieden zu stiften, haben rivalisierende Minenkonsortien die Schürfrechte für afrikanische Bodenschätze unter sich aufgeteilt. Die Verhandlungsbedingungen mit den betreffenden Regierungen sind günstig. Jede der Bürgerkriegsparteien braucht dringend Dollars. Kabila ist inzwischen tot. Aber selbst wenn sich die Rauchschwaden verzogen haben, werden es eventuell legitime afrikanische Regierungen schwer haben: Ihre Bodenschätze gehören ihnen nicht mehr.

Diamanten, die Steine, die den Reichtum Afrikas darstellen könnten, haben es arm gemacht. Als 1869 in Südafrika Diamanten gefunden wurden, setzte hier ein Rausch ein, wie einst am Klondike. Die wenigen Farmer wurden einfach überrannt und billigst ausgebootet.

Zu den Diggern, die im Flusssand von Oranje schuften, gehört auch ein junger Mann namens Cecil John Rhodes. 1871 schreibt er an seine Mutter in England: »Hast du je solche Geschichten gelesen, in der die wundervollsten großen Diamanten gefunden werden? Auf diesem Kopje wird, glaube ich, jeden Tag ein Diamant von über fünfzig Karat gefunden. Nur haben sie unglücklicherweise beinahe alle einen leicht gelblichen Ton und werden allmählich unverkäuflich ... Durchschnittlich finde ich dreißig Karat pro Woche.«

Aber Cecil Rhodes stammt aus vermögenden Verhältnissen und hat nicht vor, sein Leben als dreckkratzender Digger zu beenden. Er weiß, dass das große Geld in solchen Fällen andere machen, und zu denen will er gehören.

1873 lässt die Weltwirtschaftskrise viele Träume zerplatzen, nicht aber den Traum von Cecil Rhodes. Als den kapitalkräftigen Unternehmern die claims zu Spottpreisen in die Hände fallen, ist er mit der Gesellschaft De-Beers-Mine (nach den ebenfalls beteiligten Gebrüdern De-Beers) dabei, an der er bald die Anteilsmehrheit besitzt. Sein Ziel ist aber nicht, ein reicher Minenbesitzer zu werden. Er will Herrscher sein über ein Diamantenweltreich. Wie man weiß, ist ihm das gelungen. Kaum mit feinen Methoden – mit feinen Methoden gründet man keine Reiche. Cecil Rhodes stellt zwar, im Gegensatz zu seinen Konkurrenten, farbige Menschen ein, aber er ist auch der Erfinder der *compounds,* hart geführter Sammellager für afrikanische

Arbeitskräfte, in denen sie für die Dauer ihres Arbeitsvertrages eingeschlossen werden, damit sie nicht stehlen können. Konkurrenzunternehmen werden geschluckt. Und das Kartell kann die Preise am Weltmarkt diktieren.

»Es ist mein Traum, dies alles einmal rot zu sehen«, sagt Cecil Rhodes 1878 einem Reporter, vor einer Landkarte stehend. ›Rot‹ bedeutet ›britisch‹, und er zeigt auf ein Gebiet vom Kap bis Kairo.

Die Kimberley-Diamantenfelder befinden sich an der Grenze des Oranje-Freistaats der Buren. 1871 ergreift eine Polizeitruppe der britischen Kapkolonie von Oranje Besitz. 1879 fallen britische Söldner ins Zululand ein. Schnellfeuergewehre gegen Wurfspeere und Lanzen. Die Residenz des Zulukönigs Cetywayo wird dem Erdboden gleichgemacht, der König als Gefangener nach Kapstadt verschleppt.

Die Matabele zwischen Limpopo und Sambesi versuchen sich mit Freundschaftsverträgen über Wasser zu halten, zuerst mit den Buren, dann mit Cecil Rhodes. König Lobengula soll einen gewaltigen Schatz aus Gold, Elfenbein und Diamanten besitzen. Kein Weißer hat ihn je gesehen. Aber die Schürfrechte für das Matabele-Gold möchten alle Weißen gerne haben. Cecil Rhodes gelingt es über einen befreundeten Missionar, die begehrten Schürfrechte zu bekommen, obwohl der aus Schaden klug gewordene König im Vertrag festhalten lässt: »Indem ich, Lobengula, diese Erlaubnis erteile, verzichte ich in keiner Weise auf mein Königreich oder einen Teil davon und halte die Souveränität meines Herrschaftsbereiches aufrecht.« Das war Rhodes nicht genug. Also wird der König weichgekocht: Rhodes lässt Gerüchte verbreiten, dass die Erzfeinde der Matabele, die Buren, einen Überfall planten, und veranlasst König Lobengula, seine Freunde, die Engländer, um Hilfe zu bitten.

Das Matabele-Land kommt unter britisches Protektorat. Eine – wahrscheinlich provozierte – Auseinandersetzung zwischen den Matabele und ihren Nachbarn, den Maschona, gibt Rhodes wenig später den ersehnten Anlass, Truppen zu schicken. Lobengulas Krieger mit ihren Speeren haben keine Chance. Der König lässt seine Residenz niederbrennen, er selbst verhungert als Flüchtling. Sein sagenhafter Schatz aber soll in den Bergen versteckt worden sein und wurde nie wieder gefunden.

Der Zeitgenosse Cecil Rhodes', Mark Twain, notiert: »Ich bewundere ihn, das gestehe ich offen, aber wenn seine Zeit kommt, werde ich mir als Andenken ein Stück des Strickes kaufen ...« Er hätte sich lieber ein Stück von dem Felsen reservieren lassen sollen, in dem eine Prunkplatte vom Ruhm eines skrupellosen Eroberers zeugt. Cecil Rhodes starb nur 48-jährig 1902.

Im Sterbejahr des ungekrönten Königs der Apartheitsstaaten beginnt eine andere Zentralfigur des internationalen Diamantengeschäfts ihren kometenhaften Aufstieg, der hessische Jude Ernest Oppenheimer. Aus einer kinderreichen Familie stammend, hat sich der junge Mann für einen Beruf entschieden, der noch große Chancen bietet. Nach seiner Lehrzeit bei einer Diamantenhandels-Gesellschaft in London, Mitglied des De-Beers-Syndicats, wird Oppenheimer 1902 nach Kimberley geschickt. Sein bescheidenes Ziel: 50 000 Pfund Sterling will er machen, das Verdiente mit 5 % anlegen und davon ein ruhiges Leben führen. Zunächst arbeitet er als Sortierer von Rohdiamanten, dann aber entdeckt er seine Faszination am Geschäft selbst, am Fädenziehen, an der Politik. Fortan leitet er die Geschäfte von De Beers vom Schreibtisch aus. Als 34-jähriger wird er auch Bürgermeister von Kimberley. Nebenher macht er kluge Investments in kleine Diamantenminen, außerdem Gold, andere Metalle und Kohle. So viel Vergnügen gewinnt er an dem Monopoly, dass sein einstiger kleiner Traum von den 50 000 und dem ruhigen Leben vergessen ist.

Mit seiner zunächst wenig beachteten, dann aber beachtlichen Firma *Anglo-American Corporation of South Africa* wird er zu einer Schlüsselfigur bei De Beers. 1921 wird Oppenheimer von der Queen in den Adelsstand erhoben. Mehrere Krisen des Diamantenhandels hat er gemeistert, die Konkurrenz der Deutschen in Namibia besänftigt: Ein Preiskampf – so Oppenheimer – würde den Nimbus des Diamanten zerstören. Nach und nach schafft er ein Diamantenkartell. Er hält das für die einzig logische Art, mit diesem edelsten aller Steine zu handeln. So sei es immer schon gewesen: in Indien, in Brasilien, in Venedig, später war es die ostindische Handelsgesellschaft, die die Preise diktierte und gleichzeitig mit kontrollierten Verkäufen – immer ein wenig knapper als die Nachfrage verlangte – den Mund wässrig machte. Diamanten waren nicht begehrt, weil jede Frau sich welche leisten konnte ... Aber jede Frau sollte davon träumen.

Ab 1930 dann gab es die (von De Beers kontrollierte) CSO *Central Selling Organisation,* das größte Kartell der damaligen Zeit. Aber selbst wenn es Gesetze gegen Monopole gegeben hätte, so wäre die CSO für jedes Gericht unerreichbar gewesen. Im Übrigen hatte man ja ein paar von den Kleinen leben lassen, solche, deren Umsatzgrößen an De Beers Preisdiktat so wenig ändern konnten, wie eine einzelne Fliege einen Kuhhaufen abzutragen vermag. Das Oppenheimer-Imperium umfasste auch Gold, Uran, Kohle, Kupfer, Zinn, Kobalt, Zink, Platin und Vanadium. Aber natürlich geht es bei einem solchen Kartell nicht nur um die Preise von Edelsteinen. Es geht um Politik. Seit den dreißiger Jahren waren Diamanten auch für die Industrie unentbehrlich geworden.

Oppenheimer, der ja deutsch-stämmiger Jude war, hat sich seltsam still verhalten, als sich die nationalistische Partei Südafrikas offen zu Hitler bekannte und sich mit der NSDAP verglich. Er selbst war zwar in der etwas liberaleren United Party, aber wählerisch bei seinen Geschäftspartnern war er wohl nicht. Von Kriegsende bis 1954 wurden deutsche Diamantenaufkäufer von De Beers boykottiert, erst als der millionenfache Mord an Menschen jüdischer Herkunft bekannt geworden war. Vielleicht stimmt aber auch die Version, nicht der Holocaust habe zu dem Boykott geführt, sondern die Weltvereinigung der Diamantenbörsen habe sich gegen die Niedriglöhne (!) in der BRD und den niedrigen Wechselkurs der DM schützen wollen. Als Folge davon seien 6000 belgische Edelsteinschleifer arbeitslos geworden. (Wie sich die Nachrichten gleichen.)

Auch gegen die Apartheid hat sich Oppenheimer nicht gerade vehement eingesetzt. Sein Konzern hat Riesengewinne aus der Ungleichbezahlung der schwarzen und weißen Arbeiter gezogen. Oppenheimer war Geschäftsmann alter Schule, Politik interessierte ihn kaum. Nach Kriegsende unterwarf er sich nur ungern dem Druck der USA, die sozialistischen Länder nicht mehr zu beliefern. Das Diamantenembargo hat dort den Fortschritt sehr behindert.

Erst Mitte der 50er-Jahre wurden dann im Ural nennenswerte Diamantenvorkommen entdeckt. Alexander von Humboldt hatte schon 1823 aus der Ähnlichkeit der Gold- und Platinvorkommen des Urals mit denen anderer Weltgegenden gefolgert, dass dort auch Diamanten gefunden werden könnten. Und es kamen auch immer wieder einmal kleinere Kristalle zum Vorschein, meist zufällig von Bauernkindern oder Waldläufern in seichten Flussbetten gefunden. Zum Beispiel ein stecknadelkopfgroßer Diamant, den ein Goldsucher namens Kapilla für zwei Flaschen Wodka, einen Sack Mehl und fünf Päckchen grünen Tee einem Geologen überlassen hatte. Das war im Gebiet des Flusses Wiljui. Der Geologe berichtete in Leningrad davon, aber man glaubte ihm nicht: Jakutien sei schließlich nicht Afrika. Er blieb aber dabei: Der sibirische Schild weise verblüffende Ähnlichkeiten mit dem südafrikanischen Schild auf, die geologischen Bedingungen seien vergleichbar. Es müsse dort Diamanten geben. Wenn sie in Flüssen gefunden werden, dann gibt es auch Lagerstätten. Aber wo?

1953. Ein Augusttag in der Taiga. Tief hängende Wolken ziehen von Norden heran. Den ganzen Tag Nieselregen. Die Geologin Larissa Popugajewa, unterwegs mit einer kleinen Expedition, hält es im dampfigen Zelt nicht mehr aus. Die Männer spielen Karten, rauchen, trinken Wodka. Larissa geht spazieren, um einen klaren Kopf zu bekommen, eine blonde junge Frau mit einem feinen ovalen Gesicht, auf dem alten Foto Lady Di nicht unähnlich. Eine Lady Di in Gummistiefeln, mit Schaffelljacke und einer Wollmütze, unter die sie ihr langes Haar gestopft hat. Am Flussbett des Daaldyn schlendert sie entlang, einem Nebenfluss des Wiljui. Wie alle Geologen und Mineraliensucher den Blick immer am Boden, sieht sie nicht, wie die grauen Wolken aufreißen. Sonnenstrahlen bringen plötzlich die Wassertropfen an den Tannenzweigen zum Glitzern. Und noch etwas glitzert, rot, vor ihr im gelben Flusssand, dicht unter der Wasseroberfläche. Sie hockt sich hin und greift danach, sammelt eine ganze Handvoll von den rötlichen Steinen. Was ist das? Rubine? Nein. Gibt es hier nicht. Granate? Rote Steine gibt es viele. Da fällt es ihr blitzartig ein: Pyrope müssen es sein, ein Magnesium-Alumosilikat, eine Art von Granat, aber eine mit wichtiger Eigenheit: Solche roten Steine findet man auch im Kimberlit in Südafrika. Larissa trommelt ihre Männer heraus. Alle Bäche in der Umgebung werden abgesucht, die Pyrope nach Fundstellen in Beutel sortiert, diese sorgfältig beschriftet. Diamanten finden sie aber nicht.

Als das erste dünne Eis auf den Bächen und Pfützen erscheint, müssen sie die Suche abbrechen. Aber daheim, im Leningrader Labor, da kommt Larissas Vorgesetzter, Professor Kuscharenko, und bittet, die Pyrope sehen zu dürfen. Er hat auch welche mitgebracht – die stammen aus Südafrika. Aufgeregt vergleichen sie beide und Professor Kuscharenko ruft: »Sehen Sie! Die Kanten sind ganz wenig abgeschliffen. Larissa, Sie waren dicht am Kimberlitschlot!« Im Sommer 1954 geht Larissa Popugajewa wieder auf die Jagd nach den Himbeersteinen und tatsächlich: Die kleinen, hellroten Granate führen sie zu der heiß ersehnten blaugrün schimmernden Erde, die anzeigt: Hier ist ein Vulkanschlot gewesen. Hier könnte es Diamanten geben, genau wie in Südafrika! Aber da ist kein plötzliches verheißungsvolles Gefunkel – kein Jubelschrei (»Ich hab einen!«) –, wie man sich das vielleicht so vorstellt. In mühseliger Kleinarbeit hacken Larissa und ihre Begleiter etwa 500 Kilo des blaugrünen Gesteins klein, waschen es zu einem Konzentrat und schaffen es mit dem Boot zur Station Schilagon. Und dort dann finden sich bei genauer Analyse fünf kleine Diamanten. Größere folgten. Larissa Popugajewa müsste als eigentliche Entdeckerin der russischen Diamantenvorkommen eine Berühmtheit sein. Ist sie aber nicht. Sie hat nicht einmal Diamantschmuck. Der hängt am Hals von Moskauer Mafiosi-Gattinnen.

Schließlich wurde die Sowjetunion sogar ins Diamantenkartell CSO aufgenommen. Nach dem Fall der Eisernen Mauer und dem Zerfall der Sowjetunion brachten die Russen kurzzeitig den fein ausgewogenen Markt durcheinander. Sie verlangten bessere Geschäftsbedingungen und unterstrichen ihre Forderung, indem sie den Markt mit billigen Diamanten überschwemmten. De Beers gab nach.

Heute ist die Kartell-Politik in der bekannten Form am Ende, die CSO aufgelöst (2001). Anfang 2000 ließ das Diamantenhaus De Beers verkünden, man hebe die künstliche Verknappung auf (es wurde ein wenig diplomatischer formuliert). Händler könnten ab sofort gute Steine in jeder gewünschten Menge erhalten, wenn sie sich im Gegenzug verpflichteten, keine Diamanten von ›unklarer Herkunft‹ mehr zu beziehen. In anderen Worten: Entweder wollte De Beers die Bemühungen der UN unterstützen, durch ein Handelsembargo gegen Bürgerkriegsdiamanten den Mördern beider Seiten den Nachschub abzuschneiden. Oder sie wollten sich einfach lästige, die Preise verderbende Konkurrenz vom Halse schaffen. Wie gesagt: Es heißt ja, dass unter den Diamantenaufkäufern in Kongo, Sierra Leone, Angola und Liberia auch Beauftragte von De Beers sind. Und dort werden die Steine dann zu Diamanten von ›klarer Herkunft‹.

Stellen Sie sich vor, wie einfach es sein könnte: Bis zum Ende der Bürgerkriege kauft einfach keiner mehr Diamanten. Es gibt so schöne andere Steine. Und wenn man Strass trägt zum Kleid von Krizia oder Gaultier – wer wird das schon merken. Aber das ist wohl ebenso naiv wie der Satz »Stellt euch vor es ist Krieg und keiner geht hin«.

Und so hat im Laufe der Jahrhunderte der Diamant seinen Symbolgehalt grundlegend verändert: Reinheit und Erleuchtung bedeutete er den Indern, den Europäern des Mittelalters war er Zeichen von Stärke, Unverwundbarkeit. Den christlichen Autoren des 15./16. Jh. war er der Stein der Liebe, auch der Gerechtigkeit. Im 17. und 18. Jh. aber wurde er zum Symbol eines egomanischen, verantwortungslosen Absolutismus. Und im 20. Jahrhundert bekam er das Adjektiv

›blutig‹. Gespenstergeschichten von Flüchen indischer Gottheiten, Selbstmord, Mord, unerklärbare Unglücksfälle wurden dem Edelstein angelastet. Und wie er in allen Farben funkelt und in keiner. Er gibt sein Wesen nicht zu erkennen. Härte ist sein herausragendes Merkmal. Die Geschichten passen zum Stein, dem Stein des Absolutismus, der Gier, der Rücksichtslosigkeit. Er ist dennoch schön. Wir Menschen projizieren unsere Träume und Alpträume in ihn hinein und den Stein kümmert es nicht.

9.
Die heilende Kraft der Steine

»Moqui Marbles, 2er-Set, nur 10.99 € ... Der Name dieser geheimnisvollen Energiesteine kommt aus dem Indianischen und heißt so viel wie ›treuer Liebling‹. Die Moqui Marbles gelten als lebendige Energieträger So gibt es männliche Steine mit rechtsdrehender Energie und weibliche Steine mit linksdrehender Energie. Führt man sie als Pärchen zusammen, so erzeugen sie ein Energiefeld, dessen Kraft ausgleichend auf Körper und Seele wirkt. Mit Ursprungszertifikat!«, so ein Angebot aus dem Versandkatalog eines bekannten Hamburger Teehauses. Daneben finden sich ›Bergkristall-Pendel‹, die als Medium Entscheidungshilfen geben sollen, Runensets, Rosenquarz gegen Elektrosmog, Jaspis für wohltuende Entspannung und Tigereisen gegen Müdigkeit. Jede Geschenkboutique bietet heute neben Plüschmäusen und Tittentassen Heilsteine und Powerarmbänder aus Kristallperlen. Es ist eine Modeerscheinung, eine Geschäftemacherei, die der fundierten Lithotherapie den faden Beigeschmack von Betrug verschafft hat.

Der Mineralienhandel hat in den letzten Jahren einen nie gekannten Aufschwung erlebt. Auf Mineralienbörsen herrscht Gedränge. Es sind meist ganz normale Menschen, von Esoterik oder Anthroposophie weit entfernt, die dort mit regelrechten Einkaufslisten vor den Auslagen stehen. Prüfend halten sie Trommelsteine und Donuts in den Händen: einen Fluorit gegen den lästigen, chronischen Husten, blaugrün wie ein Gebirgsbach im Winter; Aquamarin gegen den Heuschnupfen; Mondstein und Amethyst für tiefen Schlaf und heilsame Träume. Der Glanz und die Farbenpracht, das Feuer, die Tiefe und die sanften Nuancen ziehen sie in ihren Bann. Sie sind schön, die Steine, aber helfen sie auch? Warum nicht in eine Apotheke gehen und Medikamente kaufen, die erprobter sind und weitaus zuverlässiger wirken? Die Chemie ist in Verruf gekommen. Der Schacher um die Gesundheitsreform und immer neue Meldungen über Nebenwirkungen und Schädigungen durch herkömmliche Medikamente haben uns misstrauisch gemacht. Dazu kommt ein Gefühl des Verlusts von Individualität, die Empfindung von Ausgeliefertsein im Räderwerk der Apparatemedizin. Wir möchten wieder selbst bestimmen, was mit uns geschieht.

Die Medizin hat gewaltige Fortschritte gemacht und der Chemie verdanken Millionen von Menschen Leben und eine lebenswerte Existenz. Aber sie ist, parallel zur kulturellen Gesamtentwicklung, in eine Sackgasse geraten. Über all dem großartigen Fortschritt hat man irgendwann einmal die Seele vergessen, hat man begonnen, den menschlichen Körper als Mechanismus zu betrachten. Teile werden ersetzt, chemische Zusammensetzungen untersucht und gegebenenfalls verändert, nur noch Symptome behandelt. So weit ist die Spezialisierung vorangeschritten, dass nun wieder nach einem Hausarzt gerufen wird, bei dem die Fäden und Informationen zusammenlaufen müssen. Wenigstens einer soll das Ganze im Auge haben. Inzwischen weiß jeder Schulmediziner, dass Stress und Kummer krank machende Faktoren sind. Es wird auch danach gefragt, aber ändern können sie es nicht – noch nicht.

Es wäre falsch und undankbar, die so genannte ›Schul‹medizin zu verteufeln. Lassen Sie uns deshalb im Folgenden die Richtungen unterscheiden in materialistische Medizin, weil sie auf dem Messbaren/Körperlichen basiert, und ganzheitliche Medizin, weil sie sich u. a. auch mit dem Nichtmessbaren und Seelischen befasst, d. h. alle Faktoren verbindet.

Die materialistische, die Wissenschaftsmedizin ist aus einer ganzheitlichen, einer Erfahrungsmedizin hervorgegangen. Die Chemie hat sich aus der Naturheilkunde ergeben. Am Anfang war ein mühseliges Tasten. Man musste alles an sich selbst ausprobieren. Bei der Suche nach Mitteln gegen Krankheit und Tod orientierte man sich zunächst am Auffälligen: Gerüchen, Formen, Farben, Geschmack. Und man hatte die Zuversicht, dass die Götter, die zwar die Menschen zur Strafe für ihre Sünden mit Sterblichkeit und Gebrechen geschlagen hatten, in ihrer Güte ihnen zugleich auch die Gegenmittel geliefert hätten. Sie hatten die Natur so gestaltet, dass man die Heilmittel an gewissen Zeichen erkennen konnte. Da versuchte man »Gleiches mit Gleichem« zu heilen, das ›Simileprinzip‹, oder umgekehrt einen Zustand mit seinem Gegenteil zu bekämpfen, da »Natur über die Natur siegt«. Das Simileprinzip wird noch heute in der Homöopathie angewendet.

Die Art und Weise, wie nach Heilmitteln gesucht wurde, erscheint uns heute naiv: Eine Pflanze, die roten Saft absondert wie der Tormentill (Blutwurz), wurde zum Stillen von Blutungen verwendet, ebenso rote Steine (die roten Steine enthalten immerhin Eisen, das zur Blutbildung notwendig ist). Eine Pflanze, deren Blüten dem menschlichen Fuß (Knabenschuh) oder deren Blätter einer Niere ähnlich sahen, wurde entsprechend eingesetzt; ein Kraut, dessen Blatt feine Pünktchen wie Insektenstiche aufwies, sollte Insektenstiche und Wunden verschließen (Tüpfeljohanniskraut). Die Rinde der Weide wurde ausgekocht und gegen Krankheiten verordnet, die sich bei Kälte und Nässe verschlimmerten, wie Rheuma oder Gicht. Die Weide wuchs ja in nördlichen Feuchtgebieten, mit den Wurzeln im Nassen und Kalten, deshalb nahm man an, dass sie sich gegen diese Übel gut zur Wehr zu setzen wüsste. Trotz abwegig erscheinender Schlussfolgerungen erwiesen sich die Annahmen in der Praxis oft als richtig. In der Rinde der Weide steckt nämlich Salizylsäure, die Urform des Aspirins. Und auch das Schöllkraut mit seinen leberförmigen Blättern wird noch heute erfolgreich gegen manche Leberleiden gegeben.

Bei den Steinen war es eine kuriose Mischung aus magischen Vorstellungen, Farbpsychologie und Erfahrungswerten, die dazu führte, dass einer ganzen Reihe von ihnen Heilwirkungen zugeschrieben wurde: Grüne Steine wie der Smaragd zum Beispiel sollten ermüdete Augen erfrischen. Das lässt sich leicht nachvollziehen. Blaue Steine wurden als beruhigend und ausgleichend empfunden, rote sollten Kraft und Mut spenden. Die Wirkung der Farben ist inzwischen durch wissenschaftliche Tests bewiesen, aber wie steht es mit den Inhaltsstoffen? Im Mittelalter hatte man ja nun mal nichts anderes zur Verfügung, aber warum um alles in der Welt sollte ein Mensch des 21. Jahrhunderts Steine lutschen?

Mineralien sind lebenswichtig und ihr Einfluss auf Knochen, Muskeln und Organe ist bekannt. Da gibt es oberflächenwirksame Mineralien wie die Heilerde, die äußerlich gegen Schwellungen und

Entzündungen, innerlich gegen Blähungen und Durchfall wirkt. Von vielen wasserlöslichen Elementen – u. a. Fluor, Kalzium, Magnesium, Natrium, Selen, Phosphor und Zink – brauchen wir nur Spuren. Es genügt im Allgemeinen das, was wir mit einer ausgewogenen Ernährung und Mineralwasser zu uns nehmen. Aber nicht alles, was in der Natur vorkommt, kann unser Körper verwerten. Metalle, wie das Eisen aus den roten Steinen, können nicht ohne weiteres absorbiert werden. Edelsteine sind zu hart, als dass Körpersäfte ihnen etwas anhaben könnten. Was also Magen oder Darm nicht leisten, erbringt die Chemie. Da werden die Elemente isoliert und in einer vom Körper verwertbaren und genau dosierbaren Form dargereicht. Wenn man dagegen einen Stein auf die Haut legt, ihn im Mund trägt oder Wasser trinkt, in dem er gelegen hat, dann ist es zwar möglich, dass winzige Partikel gelöst und aufgenommen werden, die Mengen sind aber nicht messbar.

Und genau hier setzt der Streit zwischen der materialistischen und der ganzheitlichen Medizin ein: Die materialistische Medizin behandelt den Körper in erster Linie als mechanisches und chemisches System. Wenn eine Disharmonie eingetreten ist, dann sucht man sie durch Zugabe fehlender Substanzen auszugleichen. Das ist wie beim Auswiegen auf dem Markt: Knochen brüchig? Kalzium dazu. Zähne schlecht – da fehlt Fluor. Und es funktioniert – meistens.

Jetzt sagen Litho- und Phythotherapeuten (Stein- und Pflanzenheilkundler): Ja, aber die Natur wird schon ihren Grund gehabt haben, die Stoffe so zu kombinieren und zu mischen, wie wir sie in einer Pflanze oder in einem Stein vorfinden. Sie machen einen Schritt zurück und verordnen lieber die ganze Pflanze, den Stein, das ursprüngliche Mineralgemisch, statt ein einzelnes Element. Dafür spricht bei der Phytotherapie, dass inzwischen mehr und mehr Bestandteile entdeckt werden, die bislang vernachlässigt worden sind und über deren Wirkung man noch gar nicht viel weiß.

Und jetzt wird es noch verrückter: Die materialistische Medizin also behandelt Symptome mit *Mengen*. Man kann etwas nachweisen und hat eine *stoffliche Wirkung*. Bei Bachblütentherapie und Homöopathie werden die ursprünglichen Inhaltsstoffe so weit gelöst und immer wieder verdünnt, dass sie nicht mehr gemessen werden können. Wenn sie dennoch Veränderungen hervorrufen, nennt man das die *feinstoffliche Wirkung*. Tatsächlich ist es eigentlich eine nicht-stoffliche Wirkung. Und deshalb sagen manche Wissenschaftsmediziner, das sei eben keine Wirkung oder nur ein Placebo-Effekt. Es soll sich also um eine geistige Information handeln, die da ›energetisch‹ weitergegeben wird. Einige der selbst ernannten Lithotherapeuten verwenden auch gern das Wort ›Schwingungen‹ – das klingt so schön kosmisch.

Aber dass wir es nicht verstehen, bedeutet nicht, dass nichts dran ist. Im Verlauf der Wissenschaftsgeschichte haben wir schließlich auch unsere Beschränktheit akzeptiert. Selbst Einstein hat sich gegen Ende seines Lebens mit etwas herumgeplagt, das er zwar erkannte, aber nicht erklären konnte, und das war die Entdeckung von der Ganzheitlichkeit des Universums. Das Phänomen läuft heute unter dem Titel *Bell's Theorem* nach dem irischen Physiker John Stewart Bell, der Einsteins These weiterentwickelt und bewiesen hat. Bell's Lehrsatz besagt: »Treffen die statistischen Vorhersagen der Quantentheorie zu, so ist die Vorstellung eines objektiv existierenden Universums unvereinbar mit dem Gesetz örtlich begrenzter Ursachen.« Stark vereinfacht: Wenn es ein Universum gibt, das von unserer Wahrnehmung unabhängig ist, dann kann es nicht sein, dass Ereignisse nur örtlich begrenzt stattfinden und dann einfach ausplätschern.

In Bells Lehrsatz ging es um Probleme, die in den dreißiger Jahren des 20. Jh. durch die damals junge Quantentheorie aufgeworfen wurden. Albert Einstein war nämlich unzufrieden mit der Ungenauigkeit statistischer Vorhersagen im subatomaren Bereich. Es gab einfach zuviel Zufall, zu viele Ereignisse, deren Ursache sich nicht feststellen ließ. Endlich kam Einstein in Zusammenarbeit mit Podolski und Rosen auf die Idee, eine Veränderung in der Drehung eines Teilchens bei einem ursprünglich aus zwei Teilen bestehenden System müsse auch das andere Teil beeinflussen, das davon irgendwann einmal getrennt wurde, und zwar *gleichzeitig*. Er nannte das Phänomen »spooky action at a distance«. Es musste sich um eine Art Instant-Voodoo handeln, denn es galt ja nach wie vor: Kein Signal kann schneller als das Licht reisen. Wie soll also ein von seinem Gegenstück getrenntes Teil zeitgleich wissen, was mit seinem Gegenpart Meter oder sogar Kilometer von ihm entfernt passiert war? Einstein betrachtete das Paradoxon lediglich als Zeichen dafür, dass die Quantentheorie noch Lücken habe. Fast dreißig Jahre später formulierte und bewies John Bell auf dem Papier, dass eine nicht-lokale Verbindung zwischen Partikeln existiert. Was ist ›nicht-lokal‹? Wenn eine Faust auf Ihrer Nase landet, dann ist das – bäng – eine lokale Verbindung mit schmerzhafter Wirkung. Wenn irgendwo irgendwer mit der Faust in Ihre Richtung fuchtelt, dann passiert Ihnen nichts – denken

Sie – das ist ›nicht-lokal‹. Es gibt keine direkte Berührung und auch keine Kraftübertragung (so viel Wind wird der schon nicht machen). Und dennoch sollte diese einfache, für jedermann nachvollziehbare Regel im subatomaren Bereich nicht gelten? Bells Berechnungen waren nicht zu widerlegen. Aber niemand glaubte daran. Zur Zeit von John S. Bells Forschungen war es technisch noch nicht möglich, dies im Experiment zu prüfen. 1972 war man endlich so weit. Professor John Clauser an der Universität von Berkeley, Kalifornien, beschoss die eine Hälfte eines Kalkspatkristalls mit Photonen. Das andere Teil des Kristalls befand sich in einiger Entfernung vom Geschehen und soll aber augenblicklich ebenfalls eine Reaktion gezeigt haben. Das würde viele scheinbar zufällige Ereignisse erklären. Das Experiment wurde inzwischen mehrfach wiederholt, immer mit demselben Ergebnis: Die Lokalität ist nicht entscheidend. *Bell's Theorem* wird nicht an Schulen gelehrt, die Wissenschaftler zerbrechen sich immer noch ihre Köpfe über das Warum. Science-Fiktion-Autoren lassen ihre Raumschiffe derweil schon munter mit dem FTL-Antrieb durch's All springen *(Faster Than Light)*. Einige von Bells Jüngern freuen sich und glauben, man hätte endlich die elementare Einheit der Welt entdeckt. Diese Einheit könne durch eine räumliche Trennung nicht aufgehoben werden. Und ähnlich erklärte mir ein physikalisch gebildeter Naturheilkundler die (vermeintliche?) Weitergabe von so genannten nicht-stofflichen Informationen. Eine direkte Übertragung von Kraft oder Masse sei gar nicht nötig.

Der überzeugendste unter den Steinheilkundlern derzeit ist Michael Gienger. Er hat, bevor er Heilpraktiker wurde, Chemie studiert. Seine Thesen stehen auf dem festen Grund einer soliden naturwissenschaftlichen Ausbildung und jahrelangen Testreihen. Erst probten sie im Selbstversuch, dann begannen Gienger und eine Gruppe von etwa hundertzwanzig Gleichgesinnten, die Wirkung einer begrenzten Anzahl von Heilsteinen, seit der Antike bekannt, breit gestreut zu beobachten. »Wer immer uns begegnete«, berichtet Gienger, »mit irgendeinem Zipperlein, hatte sofort auch einen Stein in der Tasche. Denn unser Organismus ist zuverlässiger als jedes Messgerät.« So fing es an in den 80er-Jahren, und Gienger ist überzeugt, dass er und seine Freunde die Wirkung einer Reihe von Steinen ebenso sicher nachgewiesen haben, wie jeder Pharmakonzern die seiner Chemikalien, nur auf kleinerer Ebene versteht sich. Und so hat er herausgefunden, sagt er, dass Lapislazuli den Zyklus der Frau verlängere, Prasem vor Sonnenbrand schütze und Rhodonit Wunden heile. 132 Leiden behandelt er inzwischen mit ca. 88 Heilsteinen. Man kann das in seinen Büchern nachlesen.

Er geht nach dem Simileprinzip vor und vergleicht das Bildungsprinzip der Steine und die kristallinen Strukturen mit der Lebensweise bzw. dem Charakter des zu Behandelnden. (Wer hat nicht schon einmal jemanden als ›eckig‹ empfunden?) Haben Sie die Sache mit den Entstehungsprinzipien der Gesteine noch parat? Falls nicht: Das primäre Bildungsprinzip zeigt einen Kristallisationsprozess aufgrund von Abkühlung und Erstarrung aus dem Urstoff der Erde, dem Magma. Jetzt sagt Gienger: So wie das primäre Gestein noch genauso ist, wie es geboren wurde, haben wir in der frühen Kindheit bestimmte Veranlagungen geerbt, Verhaltensmuster erlernt. Vielleicht konnten wir unser Potential aber nicht voll entwickeln. Vielleicht stehen wir auch gerade in einer Lebenssituation, in der ein Neuanfang uns abfordert zu lernen und diese Fähigkeiten zu entwickeln. Bei Krisen oder Krankheitsbildern, die aus dem ursprünglich Angelegten und dem Jetzt entstehen, könne ein Stein primärer Entstehungsweise unterstützen.

Beispiel: Amethyst. Spirituell soll er die Aufnahmefähigkeit fördern und bei Meditationen helfen, den inneren Dialog abzustellen, um Ruhe zu finden; seelisch soll er helfen, Verluste zu überwinden, Inspiration und Intuition fördern; mental soll der Amethyst u. a. die Effektivität von Wahrnehmung und Handeln verstärken; und körperlich soll er schmerzlindernd und entspannungsfördernd wirken. Es ist ja klar, dass Angst vor Überforderung, neue Situationen, Verluste zu körperlichen Reaktionen wie muskulären Verspannungen oder Kopfschmerzen führen können. Psychosomatisch gesehen würde man sagen: Man zieht sich vor Angst zusammen oder man wehrt sich mit der Krankheit gegen eine bedrohlich scheinende Inanspruchnahme. Bin ich krank, dann muss ich mich nicht stellen ...

Weitere ›primäre‹ Heilsteine wären beispielsweise der Fluorit – gegen Geschwulste, eitrige Wunden und Allergien psychischer Herkunft; er soll die Regeneration von Haut und Schleimhäuten stärken und körperlich beweglicher machen, z. B. bei Steifheit durch Gelenkbeschwerden wie Arthritis.

Oder Labradorit oder Spektrolith – ein außerordentlich schöner Buntstein. Er sieht aus wie versteinertes Nordlicht, rangiert von Blau über Grüntöne bis zu rosa-bräunlich und wird in Finnland und in Madagaskar gefunden. Vom Labradorit heißt es, er sei ein Illusionskiller: Er stärkt das Bewusstsein für die reale Lebenssituation, bringt auch vergessene Erinnerungen hervor und vermittelt Gefühlstiefe. Körperlich wirksam soll er sein bei Erkältungen, rheumatischen Erkrankungen und auch bei Bluthochdruck.

Mondstein wurde in alten Zeiten als Glücksstein und für Liebeszauber verwendet. Er steht für Hellsichtigkeit und soll Wahrträume fördern. Körperlich regt er die Tätigkeit der Zirbeldrüse an und bringt Hormonzyklen in Übereinstimmung mit der Natur. Als klassischer Frauenstein soll er bei Menstruationsbeschwerden, nach Entbindungen und im Klimakterium hilfreich sein.

Aquamarin – soll geistiges Wachstum, aber auch Leichtigkeit und heitere Gelassenheit fördern. Unter anderen Wirkungen wird ihm Heilkraft bei Überreaktionen des Autoimmunsystems zugeschrieben, etwa bei Heuschnupfen, sowie eine Verbesserung der Sehkraft.

Sie alle sind primär entstandene Steine und sollen helfen, unser volles Potential aufgrund uns gegebener Anlagen zu entwickeln.

Beim sekundären Bildungsprinzip von Gesteinen und Mineralien wurde Verwittertes, Fortgewaschenes, Abgelagertes ganz oder teilweise aufgelöst und mit Stoffen aus der neuen Umgebung neu zusammengebaut.

Für die Heilwirkung konstruiert Gienger nun Folgendes: Wir haben durch Veranlagung und frühe Kindheit ein bestimmtes Festbild erlangt, auf das nun sekundäre Dinge einwirken: Schule, Lehrer, Arbeitsplatz, Gesellschaft – generell: Das Lebensumfeld nagt an uns, bringt uns zu neuen Orten, trägt neue Erfahrungen und Verhaltensweisen an uns heran. Jetzt ist es möglich, dass erprobte Verhaltensweisen nicht mehr nützen oder sogar kontraproduktiv sind. Wer gelernt hat, leise und höflich zu sein, setzt sich im Beruf vielleicht nicht ausreichend durch. Umgekehrt, wer früh gelernt hat, dass Brüllen den erwünschten Effekt bringt, dem weht plötzlich seitens der Kollegen ein scharfer Wind um die Nase. Es kommt zu schmerzlichen Erfahrungen und – als Reaktion – zu körperlichen Beschwerden.

Und weil Sediment- oder Sekundärgesteine gebildet, wieder gelöst und neu formiert worden sind, so sollen sie nun uns helfen, ähnliche Prozesse durchzustehen, sie zu erkennen und daran zu wachsen, statt davon krank zu werden. Alte Prägungen und Glaubenssätze werden aufgelöst. Es wird uns möglich, den aktuellen Situationen angemessene Strategien zu entwickeln, eigene Bedürfnisse auf unsere Umwelt besser abzustimmen. Sekundäre Steine sollen bei Krankheiten unterstützen, die durch Auseinandersetzung oder auch durch Vermeidung notwendiger Konflikte entstehen.

Beispiel: Türkis. Seit dem Altertum ist der Türkis in vielen Kulturen als Amulettstein gebräuchlich, ein Amulett für Kraft und Lebensfreude. In der Steinheilkunde soll er spirituell helfen, die Ursachen des ›Schicksals‹ zu erkennen, soweit sie im eigenen Verhalten liegen. Seelisch soll er extreme Stimmungsschwankungen ausgleichen und apathische Opferhaltungen lösen. Mental wirkt er auf das innere Gleichgewicht, fördert Handlungsfähigkeit und Voraussicht. Körperlich neutralisiert er Übersäuerung und bringt so Erleichterung bei Rheuma, Gicht und Magenbeschwerden.

Weitere ›sekundäre‹ Heilsteine sind beispielsweise: Chrysopras, ein grüner oder auch goldbrauner Stein – für Entgiftung und Entschlackung, gegen manche Hautkrankheiten wie Neurodermitis, in Zusammenhang mit Topas auch gegen Pilzinfektionen.

Malachit: krampflösend, soll bei sexuellen Schwierigkeiten helfen und ist generell ein Frauenstein.

Opal: Von ihm behaupten Lithotherapeuten, er mache aufgeschlossen, bringe Hilfe bei Mutlosigkeit und rege an, die Wunder des Lebens zu sehen und sich daran zu freuen. Körperlich wirkt er entgiftend und fiebersenkend und befreit Herz und Brust von Beklemmungen.

Jaspis galt seit dem Mittelalter als Stein der Krieger und soll im Schwertknauf von Siegfrieds Schwert *Balmung* eingelassen gewesen sein. In der Steinheilkunde wird roter Jaspis zur Anregung von Kreislauf und Energiefluss empfohlen. Er soll Mut und Konfliktbereitschaft fördern, aber auch die Fantasie, die nötig ist, um Hindernisse anzugehen und Ideen in die Tat umzusetzen. Grüner Jaspis soll weniger heftige Aktionen auslösen, sondern helfen, sich gegen andere abzugrenzen.

Tigerauge – in der Antike als Amulett gegen Augenkrankheiten bekannt – wird in der modernen Lithotherapie angeboten bei nervlicher Übererregung und Überfunktion der Nebennieren. Seelisch soll er Distanz schaffen, spirituell in dunklen Lebensphasen helfen, den Mut nicht zu verlieren.

All diese Steine des sekundären Bildungsprinzips sollen helfen, mit Einflüssen von außen fertig zu werden, sie aufzunehmen und in etwas für uns Positives zu verwandeln.

Bei der tertiären Entstehung von Mineralien und Gesteinen wird alles, was bereits strukturiert und ergänzt war, noch einmal durcheinander gewürfelt: Die Erdkruste arbeitet erneut und durch Druck und Hitze wird Gestalt und stoffliche Zusammensetzung verändert, so dass wiederum Neues entsteht. Und so, wie die Metamorphite und Tertiär-Mineralien mehrmals auf ihre Beständigkeit hin geprüft worden und bei Bedarf gezwungen worden sind, neue Formen anzunehmen, sagt Michael Gienger, sei der Mensch manchmal harten Prüfungen und Veränderungen ausgesetzt, Trennungen, dem Gefühl, eine neue Richtung einschlagen zu müssen, verbunden mit einer Abneigung, loszulassen. Je älter man wird, desto schwerer wird die Anpassung. Man möchte sich nicht mehr ändern, muss aber. Es entstünde eine Hitze, ein Druck, der sich durch Krankheitsbilder Aufmerksamkeit verschafft. Tertiäre Mineralien fördern die kritische Selbstreflexion, klären unterdrückte innere Konflikte, helfen loszulassen.

Ein Beispiel: Biotitlinsen – das sind Glimmer-Aggregate, blättrige, grau-silbrige, kugelige bis linsenförmige Gebilde. In der Steinheilkunde werden sie am Körper getragen bei Übersäuerung, Ischias, Rheuma, Gicht und sie sollen die Geburt beschleunigen, wenn man sie auf das Schambein auflegt. Angeblich machen sie den Muttermund weich und lösen Wehentätigkeit aus. In dieser Eigenschaft sind sie schon aus dem Altertum bekannt. In Portugal hießen sie früher ›Gebärende Steine‹. Hier liegt wieder eine typische Similarität vor (Gleiches mit Gleichem). Biotit-Linsen springen nämlich im Sommer bei Hitze regelrecht aus dem umgebenden Gestein heraus ...

Oder der Diamant: Er galt im Mittelalter als Befreier von dämonischer Besessenheit, symbolisierte Gerechtigkeit und Tugend. In der heutigen Zeit schreibt man ihm die Eigenschaft zu, die klare Erkenntnis der eigenen Lebenssituation anzuregen, dabei aber Ängste und Depressionen zu überwinden. Er soll helfen, Entscheidungen zu treffen, und Organe heilen, die einen direkten Bezug zur geistigen Tätigkeit haben: Gehirn, Nervensystem, Sinnesorgane. Man soll ihn entweder als Schmuckstein am Körper oder bei der Meditation als Drittes Auge auf der Stirn tragen. (Wahr ist auf jeden Fall, dass er in geschliffener Form und bei höherem Gewicht weibliche Depressionen lindert.)

Tertiär nach seiner Entstehungsweise ist auch der Granat, ein klassischer Krisenstein. Wenn Weltbilder zusammenstürzen oder die eigenen Lebensumstände extrem schwierig zu meistern sind, dann soll er helfen, über sich selbst hinaus zu wachsen, Selbstvertrauen und Ausdauer stärken. Er löst Blockaden auf, die der Meisterung der

Situaton im Wege sind: Verhaltensmuster, Gewohnheiten, hinter denen wir uns verstecken wollen. Körperlich will man mit dem Granat die Heilung innerer und äußerer Wunden beschleunigen, Stoffwechsel und Kreislauf stabilisieren.

Auch die berühmte Jade ist ein Heilstein, und zwar sowohl der reine Nephrit *(true jade)*, als auch der Jadeit, der sehr ähnlich zusammengesetzt ist. Europäer wurden mit diesem Stein, obwohl er auf seltsamen Wegen in wenigen Einzelexemplaren schon in der Steinzeit nach Europa gelangte, erst bei der Entdeckung der so genannten Neuen Welt bekannt. Die Spanier sahen den milchig, undurchsichtigen hellgrünen Stein in verschiedenen Gegenden als Kultmesser, Ohrgehänge oder Lippenpflock. Man sagte ihnen auf Nachfragen, er werde gegen ›Hüftbeschwerden‹ getragen; wie sich später herausstellte, waren Nieren- und Ischiasleiden gemeint. Spanische Heimkehrer berichteten dann, dass der grüne Stein ganz erstaunlich durchspülende Wirkung habe. Einer der Conquistadores will ihn fortgeworfen haben, weil er – simpel gesagt – dermaßen viel Wasser lassen musste, dass er Angst hatte zu vertrocknen. Das war wohl eine der unter Landsern üblichen Münchhausiaden. In die moderne ganzheitliche Heilkunde hat das mit dem Nierenstein aber Eingang gefunden: Jade soll die Nierenfunktion anregen und den Säure-Basen-Haushalt ausgleichen. Seelisch sorgt sie für Ausgleich, für Ruhe bei Gereiztheit. In China verwendete man Jade immer schon, um Jähzornige für die Umwelt genießbarer zu machen.

Es gibt allerdings auch Steine, die sowohl primär, als auch tertiär entstanden sein können: Saphir und Smaragd gehören dazu. Und wie weiß man, welcher Stein zu welcher Kategorie gehört? Da bleibt nur: nachlesen in einem Mineralienhandbuch.

Prinzipiell: Die Tertiär-Mineralien sind dazu geeignet, das eigene Tun und Denken zu überprüfen und dann Schädliches, das nicht mehr taugt, abzulegen, erneut zu verwandeln.

Michael Gienger hat zur weiteren Analyse – welcher Stein für welchen Menschen – auch noch die Form bemüht. In der kristallinen Struktur sieht er Parallelen zu Charakter und Lebensweise. Typisch für Kristalle ist ja, dass ihr Aufbau, ihr so genanntes Gitter, eine bis ins kleinste Teil immer gleiche Struktur aufweist. Da gibt es kubische Kristalle, rhombische, trigonale, tetragonale, monokline (Parallelogramme), trikline (Trapezform) und sogar amorphe, ›gestaltlose‹ Kristalle – zu letzteren gehören zum Beispiel die schönen buckeligrundlich, matten Chalzedone, die in der unbearbeiteten Form aussehen wie Moospolster oder eine blasig bubbelnde, plötzlich in der Bewegung gefrorene wässrige Oberfläche.

Die Auslegung für die amorphe Lebensweise liegt auf der Hand: Das sind Leute, die sich treiben lassen, die jeden Moment nehmen können, wie er kommt. Sie sind spontan, reich an Gefühlen und Ideen, verspielt, genial. Aber alles hat seine Schattenseiten. Wehe, dem Amorphen gehen die Ideen aus, dann wird er apathisch oder sogar aggressiv und selbstzerstörerisch. Tatsächlich stimmt das mit dem Bild überein, das wir von Künstlern haben. Wie viele von ihnen haben sich umgebracht oder sind Drogen verfallen, als ihre kreative Quelle versiegte ...

Der kubische Lebensstil dagegen: quadratisch, praktisch, gut. Diese Menschen lieben regelmäßige Strukturen, brauchen ihre kleinen Rituale, sind pünktlich und leicht aus der Façon zu bringen, wenn etwas nicht nach Plan läuft. Gefühlen misstrauen sie – die Gefahr ist zu groß, dass man da in etwas hineingerissen wird, das man nicht unter Kontrolle hat. Das alles klingt nach einem Charakter, mit dem man sich im Zeitalter des Wassermann ungern identifizieren möchte, einem Pedanten, einem gefühlskalten Kontrollfetischisten. Aber so einfach ist es nicht. So einer kann große Apparate leiten, er kann groß denken, er oder sie kann Ordnung schaffen, ist zuverlässig. Wo wären wir ohne diese Leute? Ein Amorpher als Firmenchef? Das habe ich einmal erlebt: Ein sympathischer Mensch. Er hatte gute Ideen, demotivierte aber die gesamte Belegschaft mit seinem Schlingerkurs. Rechnen konnte er auch nicht.

Da wäre noch zum Beispiel der hexagonale Lebensstil. Ist auch was schön Verlässliches. Bienen bauen hexagonal und das völlig ebenmäßig ohne Lineal und Bauplan. Hexagonale sollen zielstrebige und höchst effektive Leute sein, immer gut vorbereitet, Karrieremenschen, eher rational denn gefühlsbestimmt. Angeblich findet sich dieser Typ eher in Vizestellung. Er will nicht ganz nach oben, nur fast, was auch eine gute Methode der Selbsterhaltung ist: Staatssekretäre halten sich viel länger im Sattel als Minister. Wenn die Hexagonalen krank werden, dann meist aufgrund von Rücksichtslosigkeit sich selbst gegenüber. Es sind ungeduldige Kranke. Und wehe, wenn das gesteckte Ziel plötzlich einmal hinter ihnen liegt und vorne nichts mehr ist, dann brechen sie zusammen.

Und so geht es weiter. Natürlich entspricht kein wirklicher Mensch nur einer bestimmten Struktur. Menschen sind keine Kristalle. Aber man kann einige Hauptmerkmale suchen und hat dann in etwa den richtigen Eindruck. Ich habe das mit Bekannten versucht und war überrascht ob der Übereinstimmungen. Michael Gienger formuliert frei nach Samuel Hahnemann, dem Vater der Homöopathie: »Drei auffällige und sonderbare Merkmale eines persönlichen Lebensstils genügen in der Regel, um die Übereinstimmung ... festzulegen.«

Und dann? Soll man Steine von der gleichen Art oder der entgegengesetzten wählen? Das eben ist Ihnen freigestellt und erfordert einen sorgfältigen Prozess der Selbstanalyse: Welche Eigenschaften und Verhaltensweisen sind mir im Wege, führen zu Beschwerden oder behindern mich, meine Gaben voll auszunutzen, mich zu freuen, mich zu lösen oder zu binden. Was möchte ich lernen, was fördern? Bei der richtigen Auswahl kann ein seriöser Naturheilpraktiker oder Lithotherapeut helfen. Es scheint mir allerdings, dass da viele Scharlatane hantieren. Weil diese Heilmethoden vom staatlich sanktionierten Gesundheitswesen nicht anerkannt sind, gibt es weder Ausbildungsmaßstäbe noch Kontrollen. Vorerst bleibt es Vertrauenssache, wem man sich anvertraut. Die Hauptarbeit liegt ohnehin beim Patienten selbst.

Und das ist eine absolut unbestrittene Tugend der Steinheilkunde: Die Reflexion, die Konzentration auf etwas, das man erreichen möchte. Der Spruch »Der Glaube kann Berge versetzen«, scheint abgedroschen, ist darum aber nicht weniger zutreffend. Die Selbstheilkräfte unseres Körpers, das wird Ihnen jeder vernünftige Mediziner bestätigen, sind noch kaum erforscht. Im Gegenteil: Mit den vielen chemischen Medikamenten, die man allzu hastig schluckt, weil man sich zum Kranksein keine Zeit gönnt/gönnen darf – nur schnell weg, weg mit den lästigen Symptomen –, mit all diesen Mitteln gewöhnt man dem Körper ja ab, seine eigenen Kräfte einzusetzen. Und erst die Hygienehysterie: so wenig hat unser Immunsystem zu tun, dass es sich in Form von Allergien gegen uns selbst wendet.

Erste Erfolgserlebnisse kann man schon haben, wenn man sich seine Heilsteine selbst zusammenstellt, mit Hilfe von entsprechenden Büchern und nach Eingebung. Man fühlt sich spontan oder bei längerer Betrachtung zu manchen Steinen hingezogen, zu bestimmten Farben, Formen, Oberflächenstrukturen. Manche Steine scheinen in der Hand geradezu zum Leben zu erwachen. Darauf kann man getrost hören. Kombinationen sind denkbar. Vielleicht möchten Sie die ›schulmedizinische‹ Therapie Ihres Arztes auch ein wenig von innen her unterstützen. Er wird Sie sicher darin bestärken. Dann, wenn Sie das Gefühl haben, es tut Ihnen gut und Sie möchten stärker damit arbeiten, könnten Sie den Rat eines Lithotherapeuten suchen.

Steine gezielt zu tragen, im häuslichen Umfeld zu verteilen, sie auf der Haut zu tragen, in der Nähe des Bettes aufzubewahren oder für eine Ruhepause auf die Stirn zu legen, braucht aber nicht erst im Krankheitsfall einzusetzen. Sie können helfen, eine größere Zufriedenheit, mehr Lebensfreude zu erreichen, Ziele klarer zu definieren, loszulassen wenn nötig, oder auch sanfte Verhaltensveränderungen anzuregen, wenn man mit seinen erlernten Strategien scheitert.

Noch einmal: Die sanften Methoden der ganzheitlichen Medizin können die herkömmliche Medizin nicht ersetzen, sondern nur gegebenenfalls ergänzen. Wer schwer krank ist, sollte zu einem gut ausgebildeten Arzt gehen und keine Experimente machen. Übrigens bedeutet ›sanft‹ auch ›langsam‹. Man kann da keine schnellen Erfolge erwarten.

Samuel Hahnemann, der so genannte Vater der Homöopathie, sagt, die Beschwerden seien nicht die Krankheit (mechanische Verletzungen, Viruserkrankungen und dergleichen ausgenommen). Krankheit definierte er als Verstimmung der Lebenskraft. Er unterschied in Krankheit als Verschleißerscheinung, als Bedrohung, als Strategie, als Illusion (im Mittelpunkt etwas, das der Patient verkehrt sieht), als kulturelles Phänomen (Reaktion auf gesellschaftliche Normen), und Krankheit als Schöpfung/Spiel (psychosomatisch).

Homöopathen verwenden sowohl pflanzliche Stoffe als auch mineralische und arbeiten dabei mit den Ähnlichkeitsprinzipien, die sich auch Lithotherapeuten wie Gienger zunutze gemacht haben. Allerdings verwenden sie nur in seltenen Fällen Mischungen von pflanzlichen und mineralischen Stoffen. Sie fragen nicht nur nach aktuellen Symptomen, sondern außerdem nach Charakter, Befindlichkeiten, Ängsten, Vorlieben, stellen Patientengruppen und -typen zusammen. Man spricht nicht von einem Stoff für oder gegen etwas, sondern beispielsweise von einem ›Bild von Manganum‹. Dabei kommen dann so seltsame Einzelheiten heraus wie: »Hat die Neigung, es jedem recht zu machen … erwartet jedoch auch eine Anerkennung … Angst, dass etwas passieren könnte, quälende Kleinigkeiten … verfroren …« oder bei ›Bild von Calcium Carbonicum‹: »Unsichere, dickliche Menschen … frieren … häufig erkältet … Sucht nach Eiern … Abneigung gegen Milch …«, dann erst folgen verschiedene körperliche Symptome und erst, wenn eine einigermaßen sichere Übereinstimmung erkennbar wird, kann ein bestimmter Stoff versucht werden. Selbst, wenn der Patient wegen eines einzelnen Symptoms gekommen ist, wird versucht, seine gesamte psychische und physische Konstitution zu verändern. Wie genau das funktioniert, hat mir niemand erklären können, aber bewiesen worden ist es wohl: Da wurden bei völlig Gesunden mit der Gabe gewisser Stoffe in homöopathischen Dosen eben jene Symptome erzeugt, die man dann bei Erkrankten mit den entsprechenden Stoffen bekämpft. Dasselbe Mittel kann einen Gesunden krank und einen Kranken gesund machen.

Bei einem Vergleich der Aussagen von Homöopathen und Naturheilkundlern haben sich betreffs der verwendeten Stoffe Übereinstimmungen ergeben, wobei natürlich die Homöopathen keine Steine, sondern nur die mineralischen und chemisch gelösten Hauptbestandteile verwenden. Für die materialistische Medizin ergaben sich kaum Übereinstimmungen. Es geht also bei dem Vergleich um die wirksamen Bestandteile und deren Zuordnung zu bestimmten Krankheiten:

Rhodonit, der Rosenfarbene, wird von Lithotherapeuten empfohlen als Wundheilstein, soll die Knochen stärken und gegen Ängste und Stress wirken. Er enthält Kalzium, das Wissenschaftsmedizin und Naturheilkunde übereinstimmend als Knochen-stärkendes Mineral kennen, sowie Mangan, das in der Homöopathie als Mittel gegen Angst und Unruhe gegeben wird. Mangan verwendet die materialistische Medizin nicht innerlich, kennt es aber als Spurenelement, dessen Fehlen zu Sterilität und Knochenmissbildung führen kann. Sie sagt, dass es in unserer Nahrung überwiegend ausreichend vorhanden sei. Allerdings sind aus dem Bergbau Mangandioxydvergiftungen bekannt.

Fluorit, ein Heilstein gegen Atemwegserkrankungen und Arthrose soll auch als Lernhilfe für Kinder dienen und ein ›Ordnungsvermittler‹ sein. Da hätten wir als wirksame Bestandteile Kalzium und Fluor. Fluor kennt man in der Homöopathie als Element, das dafür sorgen soll, dass man schneller begreift, effektiver und zielbewusster handelt. Es ist auch ein Drüsenmittel und soll gegen Verhärtungen von Gelenken helfen. Laut Wissenschaftsmedizin ist Fluor in einigen Enzymen, den Botenstoffen des Körpers, vorhanden und lebensnotwendig. Es wird innerlich aber nur zur Vermeidung von Karies gegeben.

Drittes Beispiel: Türkis, ein wasserhaltiges Kupfer-Aluminium-Phosphat mit geringen Eisenbeimischungen. Da sagt die Steinheilkunde, Türkis wirkt krampflösend, gegen Depressionen, schenkt Energie und eine positive Einstellung zum Leben. In der Homöopathie, siehe da, ist Kupfer das krampflösende und Nervenmittel schlechthin und im ›Bild für Cuprum‹ heißt es: »Ernste Menschen, innerlich verkrampft ... haben starke Gefühle, derer sie sich schämen ...« In der materialistischen Medizin gilt Kupfer als lebensnotwendig zur Bildung des roten Farbstoffs im Blut.

Es sind also in den Steinen zum Teil nachweislich dieselben Stoffe vorhanden, deren Heilwirkung auch die Homöopathie nutzt. Es ist nur eine Frage von Mengen und Nachweisbarkeit dieser Mengen.

Die Heilwirkung von Steinen ist umstritten, nicht aber die wohltuende Wirkung von Farben, Licht und Freude. Von der materialistischen Medizin gerade noch anerkannt werden gewisse hypnotische Wirkungen glänzender Edelsteine und solche, die Strahlungen aussenden. In den 1840ern erregten die Experimente eines K. von Reichenbach Aufsehen: Er hatte die Beobachtung gemacht, dass so genannte Sensitive im Dunkeln ein feines Licht wahrnehmen, das von Kristallen ausgeht. Doch wurden diese Erkenntnisse als Hokuspokus abgetan und nicht weiter verfolgt.

Wenn Ihnen jetzt der Schädel brummt, trösten Sie sich: Das geht mir nicht anders. Ich habe allerdings einiges im Selbstversuch probiert und es hilfreich gefunden. Zum Beispiel habe ich meine Katze für einige Zeit mit Bachblütentropfen behandelt. Ich hatte unwissentlich einen kleinen Wildkater in mein Haus aufgenommen. Er war zwar durchaus gutwillig, hatte aber durch seine Herkunft Schwierigkeiten, in einer Wohnung zu leben, war unzufrieden und zerstörerisch. Diese Schwierigkeiten sind tatsächlich durch die Bachblütentherapie so weit gemildert worden, dass wir heute harmonisch miteinander leben. Er ist (meistens) zufrieden, obwohl ich die Tropfen schon lange abgesetzt habe. Nun sind wirksame Stoffe in einer Bachblütenmischung absolut nicht nachweisbar. Aber eine durch Einbildung hervorgerufene, also ›Placebo‹-Wirkung kann man wohl bei einem Tier kaum vermuten. Es begreift ja nicht, was oder dass ich ihm überhaupt irgendetwas in sein Trinkwasser gegeben habe.

Die Wissenschaften sind im Umbruch begriffen. Die materialistische, mechanistische Umgangsweise mit der Welt ist an ihre Grenzen gelangt. Und vielleicht wird sich bald erweisen, dass der Traum von der Einheit des Menschen mit dem Rest der Schöpfung wahr werden kann. Warum sollten denn nicht alle Dinge miteinander verbunden sein? Schließlich ist alles nach demselben Prinzip aufgebaut: Mensch, Tier, Pflanze, Steine, Wasser, Erde, harte und weiche Stoffe, alle sind sie Ansammlungen winziger beweglicher Teile, die durch elektrische Anziehungskraft und Abstoßung ihre Form und Eigenschaft erhalten. Wie kann es ›leblose‹ Materie geben? Die Definition für Leben beinhaltet wachsen und Fortpflanzung, aber das ist unsere Definition. Sie wurde auch schon ein paar Mal geändert. Wer sagt, dass unsere Definition von Leben die einzige ist? Einige Naturvölker sind fest davon überzeugt, dass Steine leben, nur viel langsamer als wir. Und außerdem: Die Bedingung des Wachstums erfüllen Kristalle schließlich und unter dem Elektronenmikroskop kann man sehen, dass sich da allerlei bewegt. Die ›Verunreinigungen‹, also die in der Minderzahl befindlichen beigemengten Elemente, die dem Stein die schöne Farbe geben, streben nämlich aus dem Kernbereich des Molekularverbands nach außen hin. Wissen sie, dass sie nicht dazugehören?

Viele Vorstellungen und Traditionen haben zur Steinheilkunde beigetragen.

Die Äffin Eva mag in einem bunten Kiesel zunächst ein schönes Schmuckstück gesehen haben. Man darf unseren Vorfahren schon ein von praktischen Erwägungen unabhängiges Gefühl für Ästhetik zugestehen. Was ist Ästhetik schon anderes als die Suche nach Wohlgefühl, ein Ur-Instinkt. Die Verkopfung der Ästhetik hat den Weg zur Harmonie nur steiniger gemacht. Das ist wie mit dem kleinen Kind und der Ballerina: Das Kind hat noch die unbewusste Grazie, die ein Tänzer erst mühsam wieder erlernen muss. Und so haben vielleicht unsere primitiven Vorfahren schon Zusammenhänge erahnt, die uns heute verschüttet sind.

Welche Ursprünge hat die Lithotherapie von heute? Sie bezieht sich auf antike Quellen. Steine von besonderer Farbe, Form, Glanz, Reinheit und Seltenheit ließen Menschen schon seit der Urzeit an eine besondere Wirkung denken. Und so versuchte man, sich durch sie vor Unglück zu schützen oder mit ihrer Hilfe die Lebensbedingungen zu verbessern. Und immer schon wurde das Seltene mit dem Hierarchischen verbunden. Seltene Steine waren besonders begehrt und bald als Symbol des Ranges den Stärksten vorbehalten.

Von den Sumerern, um 4000 v. Chr., wissen wir, dass sie edle Steine mit den Sternen in Verbindung brachten. Das Ideogramm für ›Stern‹

im Babylonisch-Sumerischen ist identisch mit ›Gott‹. Steine waren gefallene Sterne, Göttergeschenke oder sogar Wohnungen von Göttern. Diese Vorstellung findet sich in vielen späteren Religionen wieder. Der heilige Stein in der kanaanäischen Religion hieß ›Bethel‹, was bedeutet ›Haus Gottes‹. Da Krankheiten von den Göttern geschickt und wieder genommen wurden, was lag näher, als die steinernen Göttergeschenke zur Heilung zu verwenden?

Bei den Chaldäern, einem semitischen Volksstamm, der im 7. Jh. v. Chr. in Babylon regierte, den Begründern der Astronomie in diesem Teil der Welt, taucht zum ersten Mal nachweislich der Gedanke auf, dass Krankheit und Gesundheit in Beziehung zu den Gestirnen stehen. Die beweglichen Himmelskörper und die hellsten Fixsterne bekamen die Namen der zwölf höchsten Götter und wurden eins mit ihnen. Dämonen waren zwar den Göttern unterlegen, es wurde aber angenommen, dass sie bei bestimmten ›ungünstigen‹ Konstellationen der göttlichen Sterne die Macht hatten, Menschen zu schaden. Manchmal mögen sie dazu auch die Erlaubnis der Götter erhalten haben, wenn vielleicht ein Mensch ihnen missfallen oder gegen ihre Gesetze verstoßen hatte. So verbanden sich Astrologie und Medizin. Die Chaldäer waren es auch, die die Wirkung von besonderen Steinen dadurch verstärkten, dass sie Bilder von Göttern und Beschwörungsformeln in sie einritzten. Unser heutiges Wort Talisman kommt aus dem Arabischen von *tilsam* = Zauberbild und Amulet von arabisch: *hamalet* = Anhängsel/Anhänger.

Aus Mesopotamien gelangte die Zaubermedizin nach Ägypten. Die Ägypter betrieben eine sogar aus heutiger Sicht bewundernswerte medizinische Forschung. Aber auch bei ihnen stand der Glaube an magische Kräfte, *heka*, völlig gleichberechtigt neben ganz diesseitigen Versuchen und Beobachtungen. Wissenschaftler sagen, dass die ägyptische Medizin ursprünglich frei von Zauberglauben war, und anstelle der im Papyrus *Ebers* genannten Edelsteinmischungen pflanzliche Substanzen verwendet wurden.[5] In dieser medizinischen Anweisung werden dann Lapis Lazuli, roter Jaspis, Alabaster, Kieselstein und ›schwarzer Messerstein‹ (Feuerstein), Malachit und Hämatit erstmals aufgeführt. Diamant, Rubin und Saphir waren bei den alten Ägyptern unbekannt. Dagegen war der höchst geschätzte Stein bei ihnen der Lapis Lazuli (in alten Schriften oft Lazurstein genannt), dunkelblau und goldgesprenkelt. (Aus zerstoßenem Lapislazuli wurde auch der begehrte blaue Farbstoff Aquamarin gewonnen, bis im 19. Jh. die Mineralfarben größtenteils durch chemische abgelöst wurden.) Der wunderschöne Blaustein wurde aber nicht in Ägypten gefunden, sondern nur in der Tartarei und China, so dass also bereits in frühester Zeit Handelswege von Ägypten nach China bestanden haben müssen. Im Land dagegen wurde der grünlich-blaue Malachit abgebaut. Die Malachitminen in der Nähe des Mosesbrunnens zwischen Suez und dem Sinai wurden nachweislich schon zur Zeit der dritten Dynastie (um 4000 v. Chr.) ausgebeutet.

In den Ägyptischen Totenbüchern werden eine Fülle von Edelsteinen erwähnt, ebenso in den Götterdarstellungen anderer Religionen. Legenden wie das Gilgamesch-Epos und sogar die Bibel strotzen von Edelsteinen, mit denen man bildhaft die Macht und vor allem die Unvergänglichkeit der Helden und Götter ausdrücken wollte.

Aus einem ägyptischen Totenbuch: »Die Göttin Maat, deren Lippen mit Kristall geziert und Smaragden ...«

Im sumerischen Gilgamesch-Epos: »Er strebt, die Edelsteinbäume zu sehen: Der Karneol, er trägt seine Frucht ... der Lasurstein trägt Laubwerk ...«

Die Juden dürften in ihrer babylonischen Gefangenschaft Gelegenheit gehabt haben, sich mit chaldäischem Geheimwissen vertraut zu machen. Im Buch Henoch, dem Ursprung der Kabbala (ca. 130 v. Chr.) wird zum ersten Mal von Alchemie und Edelsteinen und von damit verbundenen magischen Praktiken gesprochen. Zum Beispiel wird berichtet, wie aufrührerische Engel die Menschen Geheimnisse des Himmels lehren und dafür von Gott verstoßen werden: »Azazel lehrte die Menschen die Kunst, die Augenbrauen zu schwärzen [mit Antimon] und die Verschönerung ... und das allerkostbarste und auserlesene Gestein und allerlei Farbtinkturen ... Tamiel lehrte die Sterndeutung.« Seit der Rückkehr aus Ägypten trugen auch die Juden Amulette, die bei ihnen *Kamea* hießen.

Im Talmud dann besaßen die Edelsteine Heilkräfte. Abraham hatte von Gott einen Edelstein geschenkt bekommen, mit dem er alle Kranken heilen konnte. Und natürlich wurden die Edelsteine auch zu Symbolen von Macht und Beständigkeit:

Die Bibel, Jesaja 54, 12-14: »Siehe, ich will deine Steine wie einen Schmuck legen, und will deinen Grund mit Saphiren legen und deine Zinnen aus Kristallen machen und deine Tore von Rubinen und alle deine Grenzen von erwählten Steinen ...« (Gemeint ist Jerusalem.)

So wie es im ganzen Orient üblich war, begannen sich auch die hebräischen Hohepriester mit Brustschilden zu schmücken, besetzt mit zwölf Edelsteinen, von denen jeder einen Stamm Israels symbolisierte. Die heilige Zahl zwölf hatten die Israelis von älteren Völkern übernommen.

Ein klassisches Land der Edelsteinheilkunde dürfte jedoch China gewesen sein, wo die Apotheken ja heute noch uns merkwürdig erscheinende Register haben. Ebenso Indien, wo die klaren, harten Edelsteine zuerst gefunden und bearbeitet wurden, lange bevor sie in Europa allgemein bekannt waren. Chinesische und indische Steinheilkunde hat aber auf die europäische keinen oder wenig Einfluss gehabt, da bis in die Neuzeit keine direkten Handelsbeziehungen bestanden. Griechische, arabische und römische Ärzte haben die Heilwirkung vieler Steine beschrieben. Im europäischen Mittelalter hat man diese Vorstellungen übernommen und dem christlichen Werte- und Glaubenssystem angepasst. Der Gral, das Gefäß, in dem Christi Blut aufgefangen sein soll, soll aus einem einzigen großen Edelstein geschnitten sein. Das Bett des Gralkönigs Amfortas war der Sage nach mit 58 Edelsteinen besetzt, die allesamt magische Wirkung hatten. Aber einen *gral* hat es lange vor der christlichen Version der Sage von der Tafelrunde gegeben. Das Wort stammt wahrscheinlich aus dem Keltischen und soll sich von *Gar-Al* – ›Gefäß aus Stein‹ – oder *Gar-El* – ›Stein Gottes‹ – herleiten. Es könnte sich also um einen Heilstein gehandelt haben, ähnlich dem, den der Christengott Abraham geschenkt hat. Alle Göttersteine hatten zugleich Heilkraft und das Trinken aus dem *Gar-al* sollte unsterblich machen. Körperliche Unversehrtheit war damals wie heute das höchste Gut.

Die berühmte Edelstein-Heilkunde der heiligen Hildegard von Bingen war mystisch geprägt und nicht wissenschaftlich nach heutigem Verständnis. Alle realen Beobachtungen, die man in dieser Zeit machte, mussten unbedingt mit der Bibel in Übereinstimmung gebracht werden, was zu abstrusen Ergebnissen führte. Und doch war nicht alles falsch. Die Heilige bezog ihre Eingebungen teils aus Träumen und Visionen, aus der Genesis und teils aus dem Studium klassischer Steinbücher der Antike, wie denen von Plinius, Aristoteles, Theophrast, deren Farb- und Elementelehren, alles zu einer eigenen, heute bizarr anmutenden Hildegard-Mischung verpappt: »Aber wie Gott den Adam nicht nur wiederherstellte, sondern ihn darüber hinaus [über den gefallenen Luzifer] erhöhte, so ließ Gott weder den Glanz, noch die Kräfte dieser Edelsteine [die Luzifer bei seinem Fall verloren hatte] vergehen; vielmehr wollte er, dass sie sich auf Erden der Wertschätzung und des Lobpreises erfreuten und [den Menschen] als Heilmittel dienten.«

Rote Steine hielt man für blutstillend und auch Hildegard von Bingen verschrieb roten Jaspis und ›Cornelion‹ (Karneol) gegen Nasenbluten. Dabei machte die Kühle des aufgelegten Steins einen Teil der Wirkung aus. Das wohltuende Grün des Smaragds und anderer grüner Steine sollten Epilepsie heilen und die Sehkraft stärken. Smaragd und Prasem sollen der »Grünkraft des Taus« zu verdanken sein, was an altägyptische Vorstellungen anknüpft. Das Mittelalter war eine Zeit der Ästhetik der Gefühle. Die Menschen waren ungeheuer empfänglich für die sinnliche Wirkung von Farben und Licht; Licht, weil es als reinstes Symbol Gottes und des Guten galt. Bei den Farben liebte man besonders die klaren und unvermischten und setzte sie in Schmuck und Kleidung unbekümmert nebeneinander. Farbe war Kraft und Lebenslust. Und wo fanden sich Licht und Farbe, Macht und Güte Gottes besser vereint als im Edelstein? Kein Wunder, dass die Apotheken voll waren mit Stoffen, die starke Gefühle erzeugten, sowohl von Ekel als auch von Freude.

Hildegards Anwendungen gehen von zerstoßenen Edelsteinen in Wein, Honig oder Essig bis zur (weitaus sparsameren) Mehrfach-Verwendung: Man sollte dem Kranken einen entsprechenden Stein in den Mund legen, auf den Leib binden, oder ihm Wasser zu trinken geben, in dem der Stein gelegen hatte. Man kann sich denken, dass die Mittel immer teurer und seltener wurden, je wohlhabender und mächtiger der Patient war. So mag das Trinken zerstoßener Perlen durchaus seinen ästhetischen Reiz gehabt haben, billiger und ebenso wirksam aber wäre zerstoßener Muschelkalk gewesen. Der existierte übrigens auch in mittelalterlichen Apotheken; es mussten natürlich die Gehäuse exotischer Meeresschnecken dafür herhalten, die oft auch noch mit Zucker zu Konfekt verarbeitet wurden, damit es besser rutschte …

Über die Einnahme zermahlener Hartsteine sagt die materialistische Medizin ja, dass keine Aufnahme stattfindet. Da genügt dann mit Sicherheit das Auflegen oder die Weitergabe so genannter ›feinstofflicher‹ Information durch das Trinken von Edelsteinwässern. Gerechterweise hat da also Arm und Reich die gleiche Chance.

Zur Reinigung und zum Wiederaufladen eines gebrauchten Steins wurde – und wird heute noch – empfohlen, ihn unter fließendes Wasser zu halten und ihn dann natürlichem Licht auszusetzen – Mondlicht bei metallischen Steinen, Sonnenlicht für Quarz und Kristalle. Laut Gienger dürfen es aber nur die ersten oder letzten Sonnenstrahlen sein, Sonnenauf- oder Sonnenuntergang. Zu jeder anderen Tageszeit entlade man den Stein.

Wachstum und Wirkung von Steinen wurden kosmologisch erklärt, wie beim Karfunkel (bei den meisten antiken Autoren wahrscheinlich Granat, bei Hildegard möglicherweise Rubin):

»Dann lässt die Sonne alle ihre Kräfte in das Firmament einsinken und wärmt den Mond mit ihrer Glut und regt ihn mit ihrem Feuer an und richtet ihn auf und bringt ihn zum Leuchten [nach einer Mondfinsternis]. Zu dieser Zeit nun, in dieser Stunde wird der Karfunkel geboren. Daher hat er seinen Glanz vom Feuer der Sonne beim Wiederhellwerden des Mondes, und von daher kommt es, dass er mehr in der Nacht als am Tage leuchtet. So wächst er, bis die Wärme ihn gebiert. Weil eine Mondfinsternis selten ist, ist auch dieser Stein selten und von seltener Kraft.«

Das Phänomen der plötzlichen, weil noch in seiner Ursache und Regelmäßigkeit nicht erkannten Mondfinsternis hat den Menschen damals viel Angst bereitet. Man glaubte, dass die Mondfinsternis auf Gottes Weisung hin Hungersnöte, Krieg und Pestilenz nach sich ziehe. Warum aber der Karfunkel ausgerechnet Kleider in gutem Zustand konservieren soll, wie Hildegard behauptet, wird nicht erklärt. Außerdem wirke er gegen Viertage-Fieber, Kopfschmerzen und Gicht.

Das Neue und Originelle bei Hildegard von Bingen im Vergleich mit ihren Quellen sind wohl die Angaben über genaue Tageszeiten und vorherrschende Temperaturen bei der Entstehung der Steine:

Der Amethyst wächst, wenn die Sonne einen Hof hat, so, als trüge sie einen Kronreif. Dies tut sie, wenn sie eine Änderung am Kleid des Herrn, das heißt der Kirche, im Voraus anzeigt. Wenn er wächst, quillt er ebenso massenhaft hervor wie der flins [Feuerstein] *und deshalb gibt es auch viele Amethyste. Er ist warm und feuerartig und auch ein wenig luftartig, weil, wie gesagt, zu jener Zeit, da die Sonne sich mit einem Hof umgibt, die Luft ziemlich lau ist.*

Ein Mensch, der Flecken im Gesicht hat, befeuchte einen Amethyst mit seinem Speichel und bestreiche mit dem so angefeuchteten Stein seine Flecken. Auch erwärme er Wasser an einem Feuer und halte den Stein über das Wasser, so dass die Ausdünstung, die aus ihm dringt, sich mit jenem Wasser vermischt. Hierauf lege er ihn selbst in dieses Wasser und wasche mit dem Wasser sein Gesicht. Das tue er häufig und er wird eine zarte Haut und eine schöne Gesichtsfarbe erhalten …

Und wenn eine Spinne einen Menschen irgendwo gebissen hat, streiche er den Stein über die Bissstelle, und er wird geheilt werden. Denn die Beschaffenheit der Spinne ist in ihrer Hitze tödlich, dass ihr Biss alle schädlichen Säfte im Menschen anzieht. Dies vereitelt jedoch die gute Wärme und die gute Kraft des Steins. Auch Schlangen und Vipern fliehen diesen Stein und meiden den Ort, an dem sie ihn wissen.

Gegen Läuse empfiehlt Hildegard wiederholte Bäder mit Amethystwasser. Dagegen ist nichts einzuwenden. Baden ist immer ein gutes Mittel gegen Ungeziefer. Die vorbeugende Wirkung des Amethysts gegen Berauschtheit durch Wein sowie Gifte wurde seit dem Altertum gelobt. Man fragt sich, ob er deshalb bei hohen kirchlichen Würdenträgern so beliebt war. Sie hatten ja von ihren Kollegen allerhand Unchristliches zu befürchten. Aber nein: Der Amethyst als Bischofsstein war Symbol der Ehe mit der Kirche und wies auf Bescheidenheit und Demut (angesichts der damals üblichen Ausstattung kirchlicher Würdenträger die reinste Ironie). Marbod, der gelehrte Bischof von Rennes, sah im Amethyst das Emblem der »Herzen, die sich ans Jesuskreuz schlagen«. Im Alten Testament wurde er wahrscheinlich als ›Jahalom‹ oder ›Achlam‹, einer der Steine auf dem Brustschild des Hohepriesters, erwähnt. Wegen der vielfachen Übertragungen und Umschreibungen kann man aber nicht sicher sein.

Noch etwas von Hildegard von Bingen?

Der Ligur (Bernstein) ist warm und von stählerner Kraft. Er entsteht aus einer bestimmten Art ... des Luchsurins. Denn der Luchs ist kein wollüstiges, ausschweifendes und unreines Tier, vielmehr besitzt er feuriges Temperament stets gleicher Art ... Aus seinem Urin entsteht dieser Stein, aber nicht in jedem Falle, sondern nur, wenn die Sonne stark brennt und die Luft leicht und mild und wohltemperiert ist ...
Ein Mensch, der heftige Magenschmerzen hat, lege den Ligur für eine kurze Zeit in Bier oder Wein oder Wasser [für Arme] und nehme ihn dann heraus. Die Flüssigkeit wird von den Kräften des Steins durchzogen, so dass sie von ihm ihre Kraft empfängt. So verfahre man fünfzehn Tage lang und gebe dem Kranken ein wenig davon zu trinken, nach kleinem Frühstück und nicht nüchtern ...

Sonst jedoch soll kein Mensch bei irgendeiner Krankheit dieses Mittel trinken als eben bei Magenschmerzen; er verliert sonst sein Leben, weil die Kraft dieses Mittels so stark ist, dass es sein Herz versehren und seinen Kopf spalten und zerbrechen würde.

Hildegards steinerne Uhr ordnet die Heilsteine nach Tages- und Nachtzeiten, zu denen sie angeblich entstehen. Daraus ergab sich, auf welche Organe sie am besten wirken. Wir wissen heute, dass jedes Organ tageszeitabhängige Arbeits- und Ruhezyklen hat. Es war also eigentlich eine gute Idee, die Behandlung dem Aktionsrhythmus des betroffenen Organs anzupassen, um höchste Wirksamkeit zu erzielen. Nur leider richten sich die Kristalle nicht nach Tageszeit oder Mondphase. Ihr Wachstum wird einzig bestimmt durch Druck, Temperatur und Lösungsgenossen. Da hat die heilige Hildegard wohl die Sensibilität von Kristallgittern überschätzt.

Die Zuordnung von bestimmten Eigenschaften und Wirkungen zu gewissen Steinen rührte von einer exzessiven Bibelauslegung, wo ja reichlich Steine vorkommen. Man kann also annehmen, dass die christliche Lithotherapie auf dem Weg über die Bibel sich auf althebräische und ägyptische Zaubermedizin bezieht.

Der ›vis electrica‹ oder Bernstein wurde übrigens von dem Arzt und Hellseher Nostradamus einer interessanten Verwendung zugeführt: Nostradamus, nachdem er sich bei der Königin-Mutter Louise von Savoyen mit allzu offenen Worten unbeliebt gemacht hatte, musste in den dreißiger Jahren des 16. Jh. sein Brot als wandernder Zauberdoktor verdienen. Und da soll er unfruchtbare Frauen behandelt haben, indem er mit zwei phallusförmigen Bernsteinen über ihren Leib strich. Vielleicht hoffte er, da ihm die anziehende Wirkung des Bernsteins bekannt gewesen sein muss, irgendetwas ›Blockiertes‹ oder in Disharmonie Befindliches an den inneren Organen der Frauen in Bewegung zu bringen. Ob's geholfen hat, weiß man nicht.

Eine externe lithotherapeutische Anwendung allerdings ist bekannt, die unbestritten wirksam war: Persische Wundärzte sollen auf Feldzügen Verletzungen der Soldaten mit Hilfe von Kugeln aus Bergkristall geschlossen und sterilisiert haben. Auch der Römer Plinius berichtet, dass »was an den Körpern zu brennen sei, nicht vorteilhafter zu brennen ist als mit einer Kristallkugel«. Den gleichen Effekt erreicht man heute mit Laserstrahlen punktgenau.

In der Zeit der Renaissance (15. bis 16. Jh) kam in Europa die Alchemie auf, und damit erste Ansätze zu einer Erforschung der Stoffe. Es war eine Übergangszeit, in der Magie und Wissenschaft, mystische Begriffsleiter und Beobachtung gleichberechtigt nebeneinander standen.

Alchemisten versuchten, die Eigenschaften und Zustände von Stoffen nach ihren Wünschen umzugestalten und nahmen sich als Vorbild die Natur selbst. Bei der Herstellung des Steins der Weisen wurden natürliche Vorgänge nachgeahmt wie die Vereinigung der Geschlechter, Zeugung, Tod, Fäulnis und Wiederauferstehung. Das Ganze war von einer Aura der Geheimnistuerei umgeben und wurde kunstvoll umschrieben, damit Nichteingeweihte dem Vorgang nicht folgen konnten. Zum Selbstschutz können diese teils skurrilen Verklausulierungen nicht gedient haben, denn sogar Päpste hielten sich Alchemisten in der Hoffnung auf Gewinn. Es mag also eher eine geschickte Eigenwerbung gewesen sein. Geheimnisumwittertes ist immer interessant, und je länger man schließlich undurchschaut mauscheln, köcheln und manschen konnte, desto länger war das Auskommen gesichert.

Der Stein der Weisen, auch Roter Löwe oder Großes Elixier genannt, sollte aber nicht nur unedles in edles Metall verwandeln, sondern als Universalmedizin das Leben verlängern. Nur den unseriösen unter den Alchemisten ging es in erster Linie darum, Gold herzustellen. Zu bereichern hofften sich vor allem ihre Auftraggeber. Für die war es eine simple Investition; sie bezahlten die Experimente, um anschließend ihren Einsatz vervielfacht zurückzubekommen. Für die Alchemisten selber stand etwas ganz anderes im Vordergrund. Sie wollten sich zu Schöpfern, gottgleich, erheben. Dazu mussten sie ein reines und asketisches Leben führen, beten, fasten und dabei beständig am Athanor stehen. Am Ende eines mühseligen Prozesses soll eine einjährige ›Gärzeit‹ in einem Ei aus grünem Glas gestanden haben, manche sagen auch: in einem Gefäß aus Bergkristall.

Die Anweisungen zu dem komplizierten Prozess waren angeblich vom ägyptischen Gott der Weisheit Thot, auch Hermes Trismegistos, auf Smaragdtafeln geschrieben worden. Eine koptische oder lateinische Abschrift davon wollte Lorenzo de Medici, ein Förderer von Kunst und Wissenschaft, erworben haben. Es gab andere Quellen, so das ›Buch des Geheimnisses‹, *Kitab sirr-al-asrar* von Abu bakr Muhamad bin Zakariya ar-Rhazi, und sogar ein Manuskript, das von Abraham selbst stammen sollte. Man kann sagen, dass die Alchemie zur

Chemie im Verhältnis steht wie die Astrologie zur Astronomie, aber immerhin: Ein Anfang war gemacht.

Paracelsus, der Arzt und Alchemist, war beim einfachen Volk als Magier gefürchtet und hat dafür sicher selbst gesorgt. Er war ein Schwätzer und Vielschreiber, die Eitelkeit in Person, Theophrastus Bombastus von Hohenheim, er war aber auch ein emsiger Laborant. Die Inhaber der damaligen Lehrstühle von Europas medizinischen Fakultäten hassten und beschimpften ihn als »Bestie« und »grunzendes Schwein«, und er selber zahlte mit gleicher Münze zurück. Unter anderem widersprach er der herrschenden Auffassung zum Einfluss der Gestirne auf die menschliche Gesundheit und der Säftelehre.

Seine größte Errungenschaft aber war der Versuch einer Entgiftung mineralischer Arzneien, die er durch Erhitzen und Lösen in Alkohol und Wasser zu verändern suchte. Die Hauptaufgabe der Alchemie für Paracelsus war weder die Suche nach Gold, noch nach einem Universalheilmittel, sondern die Suche nach wirksamen Medikamenten, die nicht schadeten. Im Gegensatz zu seinen Widersachern hat Paracelsus eigene, zukunftsweisende Verfahren entwickelt. Gleichzeitig glaubte er aber an Geister, an »Unterwesen«, Sylphen und Nymphen, die aus den Ausdünstungen der Erde und »nicht aus Adam« entstanden seien. Es ging eben noch lustig durcheinander in dieser Zeit.

Die allmählich entstehenden chemischen Kenntnisse haben dann bei Ärzten und Apothekern zu einer Einschränkung der verwendeten Hartsteine, von Edelmetallen und Perlen geführt. Aber bei der reichen Kundschaft hielt sich weiterhin hartnäckig der Glaube, dass ein Medikament umso besser helfe, je teurer und schwerer es zu beschaffen sei.

Noch im Jahr 1774 klagte ein Apotheker: »Ich verwundere mich, dass, so vieler Ermahnungen der gelehrtesten und aufrichtigsten Männer ohngeachtet, doch noch manche Edelsteine, nicht ohne Schaden des Beutels, und gemeine Steine, nicht ohne Nachteil der Gesundheit, unter die Arzneien gemischt werden. O! Wie viel Mühe und Arbeit kostet es nicht, eingewurzelte Vorurteile aus den Köpfen zu vertreiben?«

Der Zyklus schließt sich: Mehr als hundert Jahre lang waren die Edelsteine aus den Apotheken verbannt. Jetzt sind sie wieder da, wenigstens in den Hausapotheken. Und modernste Erkenntnisse bringen uns zu den Ursprüngen der Heilkunst zurück.

Aber was ist mit diesen *Moqui Marbles?* Das scheint nun wirklich ein liebenswürdiger Hokuspokus zu sein. Sie werden nur in den Schluchten des Colorado River in der USA gefunden, eine Laune der Natur. Es handelt sich um Pyritkugeln, die im Schlamm eines Urmeeres außen mit einer Schicht Limonit überzogen wurden, natürlichem Rost. Ob sie tatsächlich wie eine ›natürliche Batterie‹ wirken, ist Glaubenssache. Aber es beruhigt ungemein, sie in der Hand zu halten und mit ihnen zu spielen, ihre Wärme zu fühlen und ihr leises Klicken zu hören, wenn sie aneinander stoßen. Und wer weiß? Legen Sie Ihre kleinen steinernen Lieblinge doch in einer Vollmondnacht ein paar Zentimeter voneinander entfernt auf die Fensterbank und schauen Sie am nächsten Morgen nach, ob sie noch an derselben Stelle liegen. Angeblich streben sie zueinander, wie das Männer und Frauen nun einmal tun …

10.
Magier, Schamanen, Zaubersteine

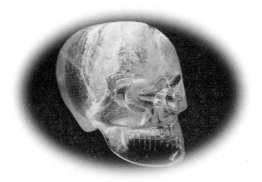

1927 – im Tropendschungel von Honduras mühen sich Archäologen ab, um die Maya-Stadt Luba-atun freizulegen. Unbarmherzig glüht die Sonne und heizt die feuchte Luft unter dem Blätterdach auf über vierzig Grad auf. Affen schnattern auf die Forscher herab. Träge winden sich Schlangen davon. Unheimlich und fantastisch wirken die Ornamente und Fratzen, die, von Wurzeln und Gras befreit, nach Jahrhunderten wieder ans Licht kommen: Gewaltige Mauern, Stufen, Türme aus Basalt, dicht an dicht mit Zeichen bedeckt. Da, plötzlich – ein greller Lichtstrahl schneidet durch das matte Grün, die tigerfleckigen Schatten. Ein einheimischer Arbeiter, der den Eingang eines der zerfallenen Gebäude von Schutt, Wurzeln und hängendem Grün befreit hat, kommt wie von Dämonen gehetzt herausgerannt, schreit etwas, lässt seine Machete fallen und rennt davon. Die anderen Indios lassen ebenso ihr Werkzeug fallen und folgen ihm. Die Weißen sind allein.

Mit entsicherter Pistole und gesenktem Gewehr steigen sie die verfallenen Stufen empor, aus deren Ritzen sich Feigensämlinge ans Licht winden, und tauchen ein in den Halbschatten des alten Tempels. Man kann sich der Wirkung dieser Ruinen schwer entziehen, auch wenn ihre Erbauer schon lange tot und Staub sind. Vorsichtig und respektvoll gehen die Männer durch den steinernen Eingang, schauen sich um. Und da blinkt es wieder. Schweigend deutet einer: Im Halbdunkel über einem Altar schimmern die leeren Augenhöhlen, grinst das Gebiss eines Totenkopfes, eines Schädels aus Bergkristall, durchleuchtet von einem Schaft Sonnenlicht, der durch ein Loch in der Decke fällt. Die Forscher sind nicht abergläubisch, doch bei dem Anblick fängt ihr Puls an zu rasen. Die Haare stellen sich ihnen zu Berge. »Unheimliches Ding!«, murmelt einer von ihnen.

Aber was für eine außergewöhnliche Entdeckung! Und wie fein der Kristall bearbeitet ist. Wie war das möglich? Die Maya waren zwar geschickte Steinmetze, aber für ihre reliefübersäten Bauwerke und Sarkophage benutzten sie Kalkstein und Tuff, relativ weiches Material, das beliebig zu formen ist. Metallwerkzeuge kannten sie nicht.

Der Schädel wird geborgen und zur Untersuchung an Experten des Konzerns Hewlett-Packard geschickt. Die sagen: Das Ding dürfte eigentlich gar nicht existieren. Wer immer das hergestellt hat, hatte keine Ahnung von Kristallographie, hat keinerlei Rücksicht genommen auf die Symmetrieachsen des Steins. Es handelt sich immerhin um einen einzigen großen Bergkristall von fünf Kilogramm Gewicht. Eine Eigenart von Kristallen ist ihre innere Struktur. Sie sind nur gemäß ihrer speziellen Spaltbarkeit zu bearbeiten. Dieser hätte zerspringen müssen. Die Experten kommen zu dem Schluss, das Stück sei mit einer Spezialpaste aus Baumharz, Sand und Schrot poliert worden, die Vertiefungen in unendlicher Kleinarbeit ausgebohrt und ausgehöhlt, mit Hartholzstäben und wieder Quarzsand. Wie lange hat das wohl gedauert, auf diese Weise einen naturgetreuen, überlebensgroßen Menschenschädel herzustellen?

Der Unterkiefer ist sogar beweglich. Vielleicht hat der Priester ein Licht dahinter aufgestellt, so dass die Augenhöhlen leuchteten, hat den Unterkiefer manipuliert, so dass der Eindruck entstand, der Schädel könnte zu ihm sprechen. Welche Macht muss ihm das verliehen haben! Die Frage ist: War es nur skrupellose Manipulation oder haben solche Priester und Schamanen selbst an ihr Tun geglaubt? Haben sie geglaubt, dass ein solcher Stein tatsächlich eine Verbindung zu den Ahnen herstellt und ihnen besondere Macht verleiht? Der Bergkristall, der einzige Stein neben dem Diamant, der das klare, kalte Licht der Sterne in sich trägt? Vorstellbar ist das schon.

Es hieße, verkürzt zu denken, wenn wir annehmen wollten, dass unsere Vorfahren alles Auffallende, Merkwürdige oder Unbegreifliche gleich für Zauberwerk hielten. Vielmehr steckten dahinter komplexe Gedankengänge und Beobachtungen.

Die Übergänge zwischen Religion/Mythologie, konventioneller Medizin, Psychotherapie und Magie sind fließend. Bei der konventionellen Heilkunde westlicher Prägung sollen physische Gegebenheiten durch physische Einflussnahme verändert werden. Das kann man sehen und messen. Aber es wird auch mit Suggestion gearbeitet, um die Wahrnehmung des Patienten zu verändern. Das Ziel der Magie ist es, tatsächlich die Wirklichkeit zu verändern, die eigene, oder die von anderen Menschen. Aber der Zusammenhang von Ursache und Wirkung ist hier kaum nachzuweisen, deshalb behilft man sich mit dem Begriff ›der Glaube …‹, damit soll dann alles erklärt sein. Als man im 19. Jahrhundert beobachtete, wie australische Medizinmänner töteten, indem sie mit einem kleinen Knochen auf die zu strafende Person zeigten – da hieß es, das seien eben naive Wilde, sie stürben aus Angst, einem aufgeklärten Menschen könne das nicht passieren. Vielleicht ist das bedauerlich, denn umgekehrt könnte man auf diese Art Krebs, Aids, all die furchtbaren Krankheiten heilen, gegen die die moderne Wissenschaft bis heute nichts auszurichten vermag – mit einem Zeichen, mit einem Wort. Es ist offensichtlich, dass physische Veränderungen durch psychischen Einfluss bewirkt werden – »es ist möglich, weil ich es glaube«. Warum aber sollte das nur als Einbahnstraße funktionieren? Wenn ein anderer fest glaubt, mir mit seinen Gedanken zu schaden oder zu helfen, warum sollte es nicht möglich sein, mir selbst zu helfen, wenn ich mich gedanklich intensiv damit befasse?

Magie ist der Eingriff aus der Bewusstseins- in die materielle Ebene. Die großen Magier glaubten, eine besondere Begabung zu haben, eine innewohnende Kraft. Sie unterschieden sich darin gar nicht so sehr von gewöhnlichen Menschen. Für sie war es nur eine Frage der Intensität, der Willenskraft und der Opfer, die man zu bringen bereit war. Ein Zauberer oder ein Schamane muss sich die Hilfe Gottes oder von Geistern durch eine entsprechende Lebensweise erwerben. Die europäischen Magier der Neuzeit meditierten, lebten asketisch und befolgten komplizierte Riten. Diese Riten, Anrufungen und die dabei verwendeten Gegenstände dienten der Fokussierung. Bei ihnen besonders beliebt waren Bergkristall, Mondstein und Amethyst, dann je nach befolgtem Ritual die Steine, die dem angerufenen Planeten und seinen Geistern, der angerufenen Gottheit geweiht sind. Bei der schwarzen Magie wurden Blut, schwarze und rote Steine, Tiere, Teile von Tieren und Menschen, scharfe und übel riechende Harze verwendet. Bei der weißen Magie oder *Theurgie* waren es nur ästhetische Dinge: Edelsteine, Stoffe, sanfte Farben, angenehmes Räucherwerk und die bekannten Symbole des Guten. Wie viel Mühe wurde auf die Anlage von Zauberkreisen und die Anbringung von Zeichen verwendet, es mussten eigens für diesen einen Moment ›jungfräuliche‹ Kleidung und Gegenstände hergestellt werden; das verwendete Räucherwerk, die Steine und Edelsteine waren nach Zweck, Jahreszeit, Stunde und Planeten ausgewählt. Man wollte die Aufmerksamkeit von Geistwesen erringen und sie positiv stimmen. Rief man für einen Liebeszauber etwa die Venus an, so gefiel man sich darin, vorher in rotem Wein zerstoßenen Amethyst zu trinken …

Edelsteine und ihre Farbsymbolik spielten seit dem Mittelalter überhaupt eine große Rolle, innerhalb der christlichen Kirche sowie außerhalb. Gerade im Mittelalter war man tief empfänglich für Farben und Licht, aber auf eine andere Weise als heute: Licht war gleichbedeutend mit Gott – Dunkel gleichbedeutend mit dem Teufel. Was die Farben betraf, so liebte man besonders die klaren, lebhaften Farben, weitaus weniger die Zwischentöne. Die christliche Farbbsymbolik hat ihre Wurzeln in den sehr alten Systemen aus Babylon und Ägypten, hat jedoch Veränderungen in der Gewichtung erfahren:

Gelb war für die christliche Kirche des Mittelalters die Farbe des Judas, Zeichen für Neid, Hass und Verrat. Juden wurden im Mittelalter und bei den Nazis mit gelb markiert/gebrandmarkt. Für die Ägypter war es angeblich die Farbe des Neides, bei der oströmischen Kirche dagegen die Farbe der Verklärung, der Durchdringung mit Licht. (Das ist merkwürdig, denn bei ihrer Verehrung für die Sonne hätten die Ägypter deren Lichtfarbe nicht negativ auslegen dürfen.) Positiv: Gelb ist auch oft anstelle von Gold eingesetzt worden, der höchsten ›Farbe‹, dem höchsten Wert auf einer psychologisch und religiös belegten Skala.

Rot ist für die Christen das Opferblut Jesu (ursprünglich das des Tammuz, des geopferten und wiederauferstandenen Geliebten der Ischtar, später von den Juden übernommen) und daher das Zeichen der Liebe. Aber auch von Macht: Kaiser, Teufel und die obersten Richter trugen Rot. Im Ägypten der Pharaonen war es Symbol für Blutsühne und das Dämonische. Die weiße Magie richtete sich da ganz klar nach der christlichen Auslegung, die schwarze nach älteren Lehren.

Blau war für Christen Symbol für das Himmlische, auch für Glauben und Seelenfrieden. Marienblau – die sanfte Farbe des Mantels der Muttergottes. Der Saphir galt entsprechend als Schutzstein gegen bösartige Angriffe und Besessenheit. Die moderne Farbpsychologie hat bestätigt, dass Blau beruhigend wirkt. In der Magie steht Blau für das höhere Bewusstsein.

Und Grün kennen wir als ›Hoffnung‹, in der christlichen Symbolik die auf das Paradies. Bei den Ägyptern: Freude, Lebenskraft, Neubeginn.

Im Übrigen war schon im Mittelalter ›schön‹ gleichzusetzen mit ›gut‹, während unansehnlich oder gar ›hässlich‹ = ›schlecht‹ sein musste, denn Gott war Licht und Herrlichkeit. Und so vereinten die Edelsteine alles Göttliche und Gute in sich.

Bei Schmucksteinen kannte man in Europa noch kaum den Facettenschliff. Gebräuchlich in den Ketten und Ringen waren ›mugelige‹, rund geschliffene Steine – heute: Cabochons. Magier schätzten aber damals schon, lange bevor man um Strahlungen wusste, pyramidenförmige oder spitz zulaufende Rohkristalle als Gedankenverstärker.

Die erste Art von Zaubersteinen waren wohl Ritualsteine, solche von assoziativer Form oder Farbe, mit deren Licht oder Gestalt Beutetiere herbeigelockt, Krankheiten und böse Geister vertrieben wurden. Dazu gehören in gewisser Weise auch die Grabbeigaben. Sie sollten früher wie heute den Toten auf seiner langen, dunklen Reise beschützen. Solche Gaben helfen auch den Zurückbleibenden. Wenn man einem geliebten Toten etwas mit ins Grab gibt, einen Ring beispielsweise, dann ist es ein wenig so, als bliebe eine Verbindung bestehen. Man hofft und wünscht sich, dass mit dieser kleinen materiellen eine größere seelische Brücke geschlagen werden kann. In manchen Kulturen wurden die Grabbeigaben so wichtig, dass wir sie heute anhand dieser Hinterlassenschaften entschlüsseln können. So hat das mit der Brücke also funktioniert, wenn auch anders als die Geber es gedacht hatten. Dem Toten und seiner ganzen Kultur ist mit diesen Dingen ein Stück Unsterblichkeit geschenkt worden.

Die Ritualisierung von Edelsteinen dürfte sich überall auf der Welt so entwickelt haben, wie das mit dem Türkis bei den Indianern im Süden der heutigen USA war. Der Türkis glich etwas Seltenem, etwas Lebensnotwendigem, aber Rarem, dem Wasser, und etwas Unerreichbarem: dem Himmel. Es lag also nahe, bei lebensbedrohlicher Trockenheit diesen Stein als Vermittler zu betrachten, ihn im Tausch für

Wasser, Schutz und Leben anzubieten. Mit der Zeit wurde er zu einem Objekt der Macht, einem Geschenk der Götter oder Geister, in dem Kraft gespeichert war. Denn die Unvergänglichkeit, die relative Unzerstörbarkeit von Stein muss besonders solche Menschen beeindruckt haben, die Naturgewalten, Krankheiten und wilden Tieren sehr viel stärker ausgeliefert waren als wir.

Ähnlich wie mit dem Türkis ist es mit dem Bergkristall. Er ist sogar ein universaler Zauberstein; seine Verehrung zieht sich fast durch alle Weltkulturen. Die Griechen hielten ihn für versteinertes Eis, die Indianer für Wassertropfen, in vielen asiatischen Kulturen gilt er als Symbol von Reinheit und Licht. In Tibet werden hantelförmige, aus Bergkristall geschnittene Objekte, die so genannten *dorje* (Donnerkeile) oder *phurba* (Geisterdolche), bei der Krankenheilung eingesetzt. Indianer legen bis heute Neugeborenen ein Stück Bergkristall in die Wiege, um Unglück abzuwenden und die kleine Seele an die Welt zu binden. Tantrische Zauberer benutzten aus diesem Kristall geschnittene *shiva-linga*.[6] Und in Europa wurden Kugeln aus Bergkristall zum Wahrsagen verwendet. Bergkristall muss es sein, der geheimnisvolle, im hohen Fels langsam gewachsen; menschengemachtes Glas kann – so meinen die modernen Hexen – unmöglich die gleiche Wirkung haben, Magie kann man nicht mit Maschinen erzeugen. Bergkristallkugeln können gepresst werden. Eingeweihte sagen, solche Steine hätten keinerlei Wirkung mehr.

In Indien und Tibet soll es einen *Mani* oder *Ratna*, ein sagenhaftes Zauberjuwel gegeben haben, das Wünsche zu erfüllen vermochte. Dem tibetanischen Buddhismus galt das Zauberjuwel *Cintamani* als Wünsche-Erfüller der nichtmaterialistischen Art, ein Denk-Stein, das ›Juwel der Lehre‹. Was genau das für ein Edelstein ist, kann man nicht sagen; er wird eine ähnlich symbolische Funktion haben wie der Karfunkel der europäischen Märchenwelt.

Bei den Ägyptern war es der Smaragd, dem aufgrund von Assoziation besondere Kräfte zugesprochen wurden. Man sah in ihm das lebensspendende Grün nach der Nilüberschwemmung, wenn die Saaten austrieben, die Luft klar und frisch war und der Zyklus des Lebens neu begann. Auf einer ähnlichen Gedankenkette beruht unser: »Grün ist die Hoffnung …« Die Europäer lernten den Smaragd durch die Conquistadores kennen. Smaragde wurden von den Inkaherrschern erpresst, Sterbenden vom Hals gerissen und aus den Götterbildern herausgebrochen. Viele der heute berühmten Smaragde stammen aus diesen Quellen, besonders die in Königskronen.

Als heiliger, magischer Stein galt den Ägyptern der Lapislazuli, dunkel-azur und gold-gesprenkelt bedeutete er ihnen ein Stück Himmel, so wie der Türkis den Pueblo-Indianern. Wenn ägyptische Richter Recht sprachen, trugen sie um den Hals einen Lapislazuli mit der Inschrift: ›Wahrheit‹.

Der Onyx dagegen, und mehr noch der undurchsichtig schwarz glänzende Obsidian, hat eine mehr okkulte Bedeutung. Onyx ist eine schwarze oder schwarz-bläulich-weiß gebänderte Chalcedon-Art, im Mittelalter der Zauberstein schlechthin. Er verlieh seinem Träger die Fähigkeit, sich unsichtbar zu machen. Schwarz – Nacht – unsichtbar, eine ziemlich simple Gedankenverknüpfung. Der Schneeflockenobsidian dagegen gilt als Stein des Kriegers – eines Menschen, der seine eigenen Fehler erkennt, annimmt und dadurch unverwundbar wird.

Obsidian ist ein Vulkanglas, das in Mexiko in besonders großen Mengen vorkommt, ein wichtiges Material für Klingen, Speer- und Pfeilspitzen und Ritualmesser, solchen, mit denen den Opfern der Azteken die Herzen herausgeschnitten wurden. Die Maya stellten damit dunkle Spiegel her, die unter dem Schutz des Gottes Tezcatlipoca standen. Diese schwarzen Spiegel dienten den Priestern zur Wahrsagerei. Beräucherte man den Spiegel noch dazu mit einer bestimmten Pflanze, dann konnte man beliebig in die Vergangenheit, die Gegenwart oder die Zukunft sehen. Mexikanische Hexen, *brujos,* benutzen heute noch Kugeln aus Obsidian zum ›hell‹sehen.

Durch Einritzungen wurde die Macht der Steine um ein Vielfaches verstärkt. Was ›in Stein gemeißelt‹ ist, ›geschrieben steht‹, gilt als ewig. Aus dem gleichen Grund möchten die Menschen mancher Kulturen nicht gern fotografiert werden. Selbst wenn die Seele nicht dabei gestohlen wird – durch eine Abbildung entsteht eine Bindung. Stellen Sie sich einfach vor, jemand, den Sie nicht kennen oder nicht mögen, fotografiert Sie heimlich nackt (am Badesee) und besitzt jetzt dieses Bild – unangenehm, nicht wahr? Aber warum denn? Es fehlt einem doch hinterher nichts. Das bloße Betrachten eines Bildes kann doch nichts bewirken – oder doch? Zumindest in unserem Unterbewusstsein empfinden wir so etwas als Schutzverletzung. Verbindungen, Bindungen, Fesseln, einen Bann herzustellen, ist ein zentrales Thema der Magie. Und so meinte man durch Kombination von Bildern, Sprüchen und den lebenden Kristallen die Wirkung der eigenen Wünsche zu verstärken. Kein Wunder, dass die wenigen Naturvölker, die noch solche Ritualsteine benutzen, sie eifersüchtig hüten. Bei den Aborigines konnte noch vor kurzer Zeit jemand, der unberechtigterweise einen solchen Stein erblickte, getötet werden. Die Siegelsteine der Assyrer, die Skarabäen der Ägypter und selbst die Gesetzestafeln Moses' waren beispielsweise solche Bindungselemente. Indem Moses die Tafeln zerschlug, löste er die Bindung zwischen Gott und dem für unwert befundenen Volk. Und indem Gott ein zweites Mal Tafeln beschrieb, band er das Volk wieder an sich, trotz seines Versagens.

Kurioserweise haben besonders so genannte biogene Steine, Fossilien, Perlen, Kröten- und so genannte Schlangensteine (Ammoniten) ihren Platz in Magie und Volksglauben, einer sogar in einem englischen Stadtwappen: Das Wappen der Stadt Dudley, West Midlands, wird ordentlich von zwei Engeln flankiert, obenauf Krone und Löwenkopf, dann sieht man da eine Burg, einen Anker, ein gefährlich fauchendes Tier und – schön in der Mitte – prangt ein seltsames Gebilde, das man für einen Wurm halten könnte, der hinten Augen hat oder für einen gut strukturierten Hundehaufen. Es war eine seltsame Sorte grauer Steine, die man in der Gegend gelegentlich fand. Da man nicht wusste, was es sein konnte, das Ding aber zu regelmäßig war, um als zufällig durchzugehen, musste es sich wohl um etwas Magisches handeln und so wurde diese Kuriosität ins Stadtwappen aufgenommen. Die braven Bürger von Dudley ließen sich das Zeugs in Silber fassen oder legten es auf die Kommode im guten Zimmer als Amulett und Giftschutz. Viele wurden auch unter dem Namen ›Dudley-Locusts‹ oder ›Dudley-Insects‹ verhökert und landeten in mittelalterlichen Wunderkammern neben Mumien und doppelköpfigen Kälbern in Alkohol. Im 18. und 19. Jh., als die Geoforschung ernsthaft begann, wurden diese ›Dudley-Insects‹ zu begehrten Objekten wissenschaftlichen Eifers. Sie wurden als Beweis für die Theorie vom Ur-Ozean genauso herangezogen wie für die vom Vulkanismus, daneben aber weiterhin als Überbleibsel der Sintflut verehrt. Tatsächlich handelt es sich um Trilobiten, eine der ältesten Organismenklassen der Erde. Es sind entfernte Verwandte der Pfeilschwanzkrebse, zu ihrer Zeit (Cambrium bis Perm) ziemlich gewöhnlich – etwa 10 000 Unterarten gab es von ihnen. Wenn Sie in einem Mineraliengeschäft einen entdecken, dann stammt er wahrscheinlich aus Marokko, wo sie noch zahlreich gefunden (oder gefälscht) und nach Europa und in die Vereinigten Staaten verkauft werden. Das älteste Trilobiten-Amulett hat man bisher in einer Höhle in Frankreich gefunden, es wird auf 15 000 Jahre datiert und stammt aus der Gegend des heutigen Tschechien – ein weiteres Beispiel für Fernhandel in der Steinzeit.

Ammoniten oder so genannte ›Schlangensteine‹ (versteinerte Gehäuse von Kopffüßlern mit spiralförmig eingerollter Schale) waren ebenfalls geschätzte Zaubermittel, wegen ihrer regelmäßigen Spiralform. Die Spirale ist eines der ältesten Symbole der Menschheit. Sie findet sich ebenso auf bretonischen Menhiren, bei den Kelten, im bronzezeitlichen Südfrankreich, Italien und Spanien, Afrika, wie unter den gigantischen Scharrbildern der Nasca-Kultur und in den Felsmalereien der australischen Aborigines. Ein so universales Zeichen kann kein zufälliges oder rein ästhetisches Ornament sein. Es in Stein zu schlagen bedeutete, einer wesentlichen Erkenntnis Gewicht und Dauer zu verleihen. Von der Verwendung der Spirale an begann sich der Mensch metaphysischer Prozesse bewusst zu werden. Er versuchte, allgemein gültige Gesetze zu erkennen, Ordnung ins Chaos des Lebens zu bringen. Ein Adam oder eine Eva der Jungsteinzeit hatte vielleicht ein besonders schönes Schneckenhaus gefunden oder einen Nautilus am Strand. Sie betrachtet ihn näher und ihr Finger fährt die Vertiefung zwischen den Gehäusewindungen entlang – auf einmal sieht sie die Entsprechungen überall um sich her: das Aufrollen und wieder Einrollen eines Farnwedels; Blüten wie die Trichterwinde, Staubgefäße, Insektenrüssel, Wasserwirbel, Wind. Und das Leben ringsumher, folgte es nicht ein und demselben Muster? Geborenwerden, Aufrichten, Wachsen und wieder Schrumpfen, Einrollen und Schlafen, der ewige Kreislauf, nur dass die Spirale Unendlichkeit verhieß. In ihrem vom Ursprung fort gerichteten Wachsen trägt sie potentiell die Ewigkeit in sich und schützt zugleich ihr Zentrum – ein Zeichen der Hoffnung.

Kein Wunder, dass der Spirale, besonders wenn man sie in ihrer natürlichen Form vorfand, eine schützende und heilende Kraft zugesprochen wurde. Ammoniten wurden je nach Größe am Hals getragen, in Tempel- und Hausmauern eingelassen oder als Blitzschutz im Gebälk angebracht. Ihr Gebrauch ist nachgewiesen in Mitteleuropa, Japan, dem Himalaya, England, Papua-Neuguinea und Nordamerika, wo es zum Beispiel bei den Sioux-Indianern in keinem Medizinbeutel fehlen durfte.

Einige nordamerikanische Stämme sammelten auch so genannte Büffelsteine; das sind fossile Tausendfüßler, deren herausgewitterte Kammerfüllungen an kleine Figuren von Büffeln erinnern. Da die indianischen Kulturen besonders stark von Büffeln geprägt wurden, die ihnen von Nahrung bis zu Kleidung und Werkzeug alles lieferten, was sie nötig hatten, war das ein gesuchter Medizin-Stein.

Im Himalaya soll man gelegentlich noch prähistorische Anhänger aus geätztem Karneol oder Achat zu sehen bekommen, die *dzi*-Steine. Sie sind länglich und leicht oval geformt, schützen vor Bergunfällen, verlängern das Leben und bringen Glück. Bei einem Absturz, so hofft man nämlich, breche ein Stück vom Anhänger ab und nicht von seinem Besitzer. Als wirksam und echt gelten allerdings nur sehr alte Steine. Sollten Sie einen *Dzi* deutlich unter hunderttausend Euro angeboten bekommen, so handelt es sich um eine Fälschung, so viel ist sicher.

Andere biogene Zaubersteine sind: ›Götterräder‹ – in der Brandung plan geschliffene Ammoniten, fossile Haifischzähne, Koprolithen – sie sehen aus wie Schlangen, sind aber Reptilienkot, Krötensteine – fossile Zähne von Kugelfischen in der Form von kleinen Schüsseln, Maria-Ecker-Pfennige – Nummuliten oder herzförmige fossile Muscheln, die im Chiemgau mit dem Marienkult in Zusammenhang gebracht wurden. Perlen, im weichen Fleisch der Muschel gewachsen, galten als Aphrodisiakum, auch verschiedene fossile Schnecken sowie scheußlicherweise organische Steine, die aus Tieren, Schwalben und Adlern zum Beispiel, herausgeschnitten wurden.

Und worauf beruht die Sitte der Monats- und Geburtssteine?

Da seit sumerischer Zeit – so lange haben wir schriftliche Aufzeichnungen dazu – die Menschen Edelsteine als ›Sterne auf Erden‹ betrachteten, lag nahe, die Sterne oder Sternbilder, die bei der eigenen Geburt oder bei gewissen wichtigen Ereignissen zu sehen waren, in Steine zu übersetzen und sie als Glücksbringer zu tragen. Später wurden den Planeten menschliche Eigenschaften zugeordnet, so wie ja auch die Götter der Antike ziemlich menschlich waren. Und schließlich konstruierte man für die sieben damals bekannten Planeten auch noch sieben symbolträchtige Farben, die Grundfarben Rot, Grün, Blau und Gelb, dazu kamen als Behelf noch Schwarz, Gold und Silber.

Mars – Rot
Venus – Grün
Merkur – Gelb
Saturn – Schwarz
Jupiter – Blau
Mond – Silber
Sonne – Gold

Es gibt etliche solcher Systeme. Wenn man also auf seriöse Weise seinen Geburtsstein bestimmen will, dann wird man sich genau informieren und wohl überlegt für ein philosophisches Bezugssystem entscheiden müssen. Die Blättchen der Mineralien- und Schmuckhändler sind da keine große Hilfe, da sie selten Herkunft und Bezug angeben.

Um noch einige Beispiele zu geben: In der orphischen und kabbalistischen Magie gibt es lange Zuordnungsreihen von Planeten, Tierkreiszeichen, Farben, Pflanzen, Steinen, Zahlen, Körperteilen, Geistern und Dämonen (in der Kabbalah die Namen Gottes). Zum Beispiel die so genannte orphische Leiter zur Zahl Zwölf nach Cornelius Agrippa von Nettesheim: Planet – Venus, Tierkreiszeichen – Stier, Monat – April, Tiere – Taube, Bock, Pflanze – Myrte, beeinflusster Körperteil – Hals, Stein – Amethyst, Farben – Rot/Violett.

Indien ist das Land, in dem die Edelsteinverehrung und die Meditation mit Edelsteinen wohl die längste Tradition hat. Sonne, Mond, Planeten und Sterne regieren alles Leben auf Erden. Ein *Nava-Ratna*, ein Neun-Edelstein-Schmuck, war so zusammengesetzt, dass alle Himmelsrichtungen erfasst wurden – ein machtvolles Amulett. Dabei ging es nicht um die Herausstreichung der Individualität, sondern – im Gegenteil – um das Aufgehen des Individuums im Ganzen – theoretisch. Erst in jüngerer Zeit hat sich dort das Tragen von Geburts- und Monatssteinen durchgesetzt. (Monatssteine und diejenigen, die den Tierkreiszeichen oder Planeten zugeordnet sind, überschneiden sich, gehören aber unterschiedlichen Systemen an.)

Nach hinduistischer Lehre gelten als Schutzsteine für den

Steinbock	weißer Onyx und Mondstein
Wassermann	Saphir, Opal, Türkis
Fische	Peridot, Mondstein, rosenfarbene Muscheln
Widder	Amethyst und Diamant
Stier	Smaragd und Moosachat
Zwilling	Beryll und dunkelblaue Steine
Krebs	Smaragd und schwarzer Onyx
Löwe	Rubin und Diamant
Jungfrau	Jaspis und Zirkon
Waage	Diamant und Opal
Skorpion	Malachit und Topas
Schütze	Granat und Diamant

Damit Sie eine Auswahl haben, nachfolgend die Monats- bzw. Geburtssteine der arabischen (8.–12. Jh.) und jüdischen (1.–5. Jh.) Tradition:

	arabisch	jüdisch
JANUAR	Granat	Granat
FEBRUAR	Amethyst	Amethyst
MÄRZ	Hämatit	Jaspis
APRIL	Saphir	Saphir
MAI	Smaragd	Achat
JUNI	Achat, Perle	Smaragd
JULI	Karneol	Onyx
AUGUST	Sardonyx	Karneol
SEPTEMBER	Chrysolith	Chrysolith
OKTOBER	Aquamarin	Aquamarin
NOVEMBER	Topas	Topas
DEZEMBER	Rubin	Rubin

Viele astrologische Überlieferungen teilen den Tierkreiszeichen jeweils einen Planeten zu, der das Schicksal und den Charakter des unter seinem Zeichen geborenen Menschen beeinflussen soll. Wie man von anfänglich sieben Planeten dort hingelangt ist, das liegt im Dunklen. Für den, der dennoch gern solche Glückssteine tragen möchte, habe ich hier eine Auswahl häufig genannter Steine aus allen Systemen versucht, unter Weglassung relativ neu entdeckter Mineralien, von denen die antiken Autoren, auf die man sich beruft, noch nichts wussten oder die sie einfach mit ähnlich-farbigen in einen Hexenkessel geworfen haben:

Steinbock 22.12. — 20.1.
Farbe Grün/Schwarz
Planet Saturn
Steine Chrysopras, grüner Turmalin, weißer Onyx, Moosachat

Wassermann 21.1. – 19.2.
Farbe Blau/Grün
Planet Uranus
Steine Bergkristall, Aquamarin, Türkis, blauer Topas, Opal

Fische 20.2. – 20.3.
Farbe Violett, Blau, Opalfarben
Planet Neptun
Steine heller Opal, blauer Saphir, Mondstein, Amethyst

Widder 21.3. – 20.4.
Farbe Rötlich
Planet Mars
Steine Rubin, Karneol, Feueropal, Granat, Amethyst, Jaspis

Stier 21.4. – 20.5.
Farbe Hellrot, Orange
Planet Venus
Steine Karneol, Achat , Rosenquarz, Rhodochrosit, Zitrin

Zwilling 21.5. – 21.6.
Farbe Gelb, Orange
Planet Merkur
Steine Topas, Citrin, Beryll, Bernstein, Tigerauge

Krebs 22.6. – 22.7.
Farbe Silber, Weiß, Grün
Planet Mond
Steine Smaragd, Opal, Mondstein, Olivin, Chalcedon, Jade

Löwe 23.7. – 23. 8.
Farbe Weiß, Gold
Planet Sonne
Steine Diamant, Bergkristall, Jaspis, Bernstein, Rubin, Goldtopas

Jungfrau 24.8. – 23.9.
Farbe Gelb/Grünlich
Planet Merkur
Steine Tigerauge, Goldtopas, Lapislazuli, gelber Jaspis, (Smaragd)

Waage 24.9. – 23.10.
Farbe Blau/Rötlich
Planet Venus
Steine Aquamarin, Rosenquarz, blauer Topas, Sternsaphir, (Beryll)

Skorpion	24.10. – 22.11.
Farbe	Schwarz/Rot
Planet	Pluto
Steine	schwarzer Opal, Achat, Granat, Amethyst, Rubin, Malachit

Schütze	23.11. – 21.12.
Farbe	Blau
Planet	Jupiter
Steine	Lapislazuli, blauer Saphir, Opal, Chrysokoll, Chalcedon

Und wenn Ihre Farben nicht dabei sind, dann halten Sie es einfach mit dem englischen Hexenmeister Aleister Crowley: »Tu was du willst, soll sein das ganze Gesetz.« Dieses ›Gesetz von Thelema‹ soll ihm in den Mittagstunden des 8., 9. und 10. April 1904 bei der Betrachtung einer steinernen Stele des Horusgottes eingegeben worden sein.

11.
Die schönste Nase der Welt

Februar 1823: In einer Karawanserei östlich von Kairo wird eine Expedition ausgerüstet. Es ist einer dieser plötzlichen und farbigen afrikanischen Sonnenaufgänge. Noch ist es eisigkalt. Es riecht nach Pfefferminztee, Dungfeuern und Staub. Das Morgengebet vom nahen Minarett ist gerade verklungen. Die Treiber, Diener, Laufjungen, Lastenträger erheben sich, rollen die Gebetsteppiche zusammen und machen sich schweigend an die Arbeit. Dafür kommentieren die Kamele jeden Packen, der auf ihrem Buckel landet, mit übellaunigem Quärren, Spucken und Gebrüll. Zwei engländische Herren in Khaki und Tropenhelm stehen unter dem Torbogen der Herberge. Der eine studiert noch einmal die Landkarten im Licht der blakenden Petroleumlampe, der andere klopft mit der Reitpeitsche ungeduldig gegen seine Stiefel: Wenn nur diese Araber ein wenig mehr Organisationsvermögen hätten – denkt er – wahrscheinlich haben diese Kerls die Hälfte vergessen, die andere Hälfte missverstanden.

Schon einige Zeit haben die Briten Mohammed Ali Pascha geplagt, die östliche Wüste zur ›geologischen‹ und ›archäologischen‹ Erforschung freizugeben. Sie hoffen Gold und Edelsteine zu finden, die vergessenen Minen der Pharaonen. Erst geht es an der Küste entlang Richtung Norden, nach Benisouf, wo man sich einige Tage erholt und ziemlich entspannte Naturstudien betreibt. Dann führt der Weg durch das Wady Arabah über einen alten Karrenweg zum koptischen Kloster Deïr Antonios. Diese koptischen Klöster wurden oft genug in die antiken Steinbrüche hinein gebaut, wo vorhandene Stollen und Zuwege genutzt werden konnten. Die beiden Engländer wissen, dass sie dort keine Schätze mehr finden werden, aber sie hoffen auf alte Dokumente in der Klosterbibliothek, die Aufschluss geben könnten.

Deïr Antonios ist ein steinernes Nest in dreißig bis vierzig Fuß Höhe mit einer Falltür, durch die Besucher an Seilen nach oben gezogen werden, falls die Mönche sie für einlassenswert erachten. Die Treiber, Köche, Leibdiener gehören nicht dazu: Die Mönche fürchten alle Araber, haben üble Erfahrungen mit ihnen gemacht. Das Kloster stammt aus Konstantinischer Zeit und besitzt herrliche alte Wandmalereien, einen grünenden Garten mit Zisternen und einem uralten Bewässerungssystem – aber daran sind die Besucher kaum interessiert. Bücher bekommen sie jedoch nicht zu sehen und ziehen daher unzufrieden wieder ab. Im Kloster Deïr Bolos ergeht es ihnen noch schlechter. Sie finden die Mönche ungehobelt – *uncouth* – und ungastlich – *inhospitable.* »Es gab weiter nichts interessantes zu sehen«, notiert Sir Wilkinson 1830 in seinem blasierten und geschwätzigen Bericht.

Noch in der Nähe der Küste besichtigen sie eine stillgelegte Kupfermine; die Gewinnung des kostbaren Metalls muss unendlich mühselig gewesen sein in alter Zeit, vor der Erfindung des Dynamits; das umgebende Gestein ist purer Granit. Die Araber am Ort feiern irgendetwas, sie feuern mit überalterten Gewehren wild in die Luft, veranstalten Kamelrennen; der Sheik lädt die Fremden ein. Man schlachtet ein Kamel zu ihren Ehren und sie werden gedrängt, mit ihnen zu essen und zu feiern. Bei der Gelegenheit fragen sie die Einheimischen nach alten Straßen aus und bekommen zur Antwort, ja, ja, die gäbe es, gepflasterte Straßen mit Säulen zu beiden Seiten, Straßen, die weit in die Berge führen. Wo genau, das wissen ihre Gastgeber nicht, dort irgendwo – gestikulieren in nordwestlicher Richtung –, der Großvater sei noch darauf geritten. Straßen ins Landesinnere, das ist ein gutes Zeichen, ein Anzeichen für antike Siedlungen, Bergwerke, Minen.

In der Nacht bekommen sie Besuch von einer Kolonne Skorpione und einer verirrten Schlange. Am nächsten Tag brechen sie auf, um die alte Straße zu suchen. Die wenigen stachligen Sträucher und Bäume bleiben zurück. Graue und gelbglühende Bergketten erheben sich vor den Reisenden. Staub treibt ihnen in Augen, Mund und Nase. Seit drei Jahren hat es nicht geregnet. 103 Grad Fahrenheit, dazu ein Wind, der noch heißer scheint. Dennoch finden die einheimischen Führer Wasser in schattigen Tälern, in versteckten Reservoirs. Manchmal ist das Wasser salzig, brackig, nur für Kamele genießbar.

Noch eine ausgespielte Kupfermine, nichts von Wert. Endlos und monoton schwanken die Kamele dahin, man könnte einschlafen dabei. Aber darf nicht. Die Sonne gleist, feindselig. Manchmal werfen die Gipfel etwas Schatten, in dem man die Mittagsglut verdöst.

Endlich finden sie Reste einer Straße und wirklich: Ein paar zerborstene Säulen ragen aus den Dünen, römische Säulen. Die umliegenden Hügel und Berge sind aus Schiefer und Gneis, gelegentlich Sandstein. In einen Sandstein eingegraben finden sie menschengemachte Kratzspuren und griechische Zeichen, einige Namen. Waren es Arbeiter, entflohene Sklaven auf dem sicheren Weg in den Tod? In den Minen der Pharaonen und der Römer wurden Sklaven nicht bewacht. Das erledigte die Wüste. Und dann entdecken sie die Rampe, eine aus losem Gestein aufgeschüttete Verladerampe; von solchen wurden zur Zeit der Pharaonen Steinquader und Statuen auf die Holzschlitten geschoben, und von Ochsen gezogen an ihren Bestimmungsort transportiert, an die Küste, um auf Schiffe verladen zu werden. Hier muss etwas sein.

Um einen Überblick über die Gegend zu bekommen, soll ein Gipfel erstiegen werden, unmöglich für die Kamele. Die Engländer klettern allein hinauf, eine elende Plackerei bei der Hitze. Oben allerdings werden sie von einem kühlen Lufthauch und einem majestätischen Anblick belohnt: zerklüftete Gebirge, eines hinter dem anderen wie Wellen in einem Ozean aus Stein. Sehnsuchtsvoll denken sie an die Schweizer Alpen, entkleidete Alpen aber, ohne eine Spur von Pflanzenbewuchs. Ihr Blick schweift über die Landschaft und da sehen sie von oben Ruinen, erreichbar durch eine enge, geröllgefüllte Schlucht. Und die grau-grünen Felsen vor ihnen enthalten dunkelrote Bänder, breite Kronen ochsenblutfarbenen Gesteins hoch oben im Fels, unter einer Kappe von dunkler Hornblende: Es ist Gebel Dokhan, der rauchende Berg; Sir John Gardener Wilkinson und John Burton haben den Mons Porphyrites wiedergefunden, den römischen Steinbruch, nach dem Napoleon so erfolglos hatte suchen lassen. Ein herrlicher ornamentaler Stein wurde hier gebrochen, der auf der ganzen Welt nicht seinesgleichen hatte: kaiserlicher Porphyr, den die römischen Kaiser für sich reservierten und aus dieser entlegenen Wüstenregion Ägyptens bis nach Rom bringen ließen.

Wilkinson: »Wir hatten die Befriedigung, Ruinen von einigem Ausmaß und jene ausgedehnten Steinbrüche zu sehen, aus denen Rom so viele superbe Stücke Porphyrs brechen ließ, um seine Bäder und Säulenhallen zu schmücken; uns die immense Arbeit und die Kosten vorzustellen, die die Herstellung solch feiner Straßen verursacht hatten, die die Berge in alle Richtungen überquerten; die Straßen und Häuser dieser antiken Stadt zu durchwandern; und vor allem, mitten in diesem verlassenen Tal einen Tempel zu finden.«

Da sind Zisternen, tief in den Fels getrieben, Werkstätten, Vorratshäuser, Brennöfen und Schmieden, wo das Werkzeug repariert wurde, Bäder, Isistempel, Schlafstätten für die Arbeiter, Ställen gleich, auch Viehställe, und Häuser für Soldaten, für Aufseher, die Villa des Präfekten, zweistöckig mit einstmals überdachtem Innenhof, stuckverziertem Brunnen ...

»Ein wenig weiter oben nach Süden ist ein kleiner Tempel, Serapis geweiht; er ist niemals fertig gestellt worden, obwohl alle Materialien am Platz waren; nicht eine Säule ist aufgestellt worden. Nichts war vollendet bis auf die Stufen und die Basis des Säulengangs. Die Anordnung ist ionisch und die Architektur übertrifft alles, was wir in diesen Bergen zu finden erwartet hätten. ... Serapis scheint die Lieblings-Gottheit der Minenarbeiter gewesen zu sein ... pontischer Herkunft, eingeführt in Ägypten zur Regierungszeit des ersten Ptolemäers und durch den Erfindungsgeist der Priester in Isis' Ehemann verwandelt.«

Alles, was die Engländer vorfinden, Gefäßscherben, halb gelöste Gesteinsblöcke, komplett fertig gestellte und mit Namen versehene Sarkophage, Säulen, macht den Eindruck eines relativ plötzlichen Aufbruchs. Wahrscheinlich war bekannt geworden, dass der Auftraggeber gestorben, ermordet, abgesetzt worden war. Das römische Weltreich zerfiel. Es bestand keine Nachfrage mehr nach dem kaiserlich roten Stein. Die Garnison zog ab, die Wege wurden vom Wüstensand zugeweht und der Steinbruch schließlich ganz vergessen, fast 2000 Jahre lang; so gründlich vergessen, dass man sich in Konstantinopel nicht einmal mehr an die wirkliche Herkunft der roten Säulen erinnerte. Konstantin hatte die Reichshauptstadt verlegen lassen und vieles mitgenommen, so die gewaltigen roten Säulen der Kathedrale Hagia Sophia, die in späterer Zeit als ›römische Säulen‹ bezeichnet werden sollten. Gebel Dokhan war vergessen bis zum Februar 1823. Ein Jahrhundert später ließ der korrupte, unglaublich fette und prunksüchtige König Faruk den römischen Steinbruch wieder in Betrieb nehmen, bis zum Umsturz 1953. Und wieder ließen die Arbeiter fallen, was sie gerade in den Händen hatten, und ergriffen die Flucht.

Gebel Dokhan und Mons Claudianus, der zweite kaiserliche Steinbruch, den die Expedition Wilkinson-Burton entdeckt hatte, waren eine Fundgrube für Archäologen, Geologen, Mineralogen und Kunstwissenschaftler. In diesem seit alter Zeit fast unberührten Gelände konnten sie in Ruhe Lebensweise und Arbeitsmethoden des Altertums studieren. Es war alles noch da. Auch die achtzehn Meter lange zerbrochene Säule, bereits perfekt ausgemeißelt, gerundet und geschliffen und dann – CRACK! – man kann das vielstimmige Aufstöhnen heute noch in der Luft schwingen hören, wenn man davor steht – ein ungeschickter Schlag, ein Fehler, ein unsichtbarer Riss im Block, und all die Mühe war vergebens.

Wundervolles Gestein lieferten die Steinbrüche des alten Ägypten: den Quarzit von Gebel Ahmar, von den Ägyptern ›Wunderstein‹ genannt wegen seiner vielfach variierenden Färbung; Kalzit-Alabaster aus Hatnub – dieser Steinbruch wurde in der Antike als ›Goldhaus‹ bezeichnet, das beweist die Wertschätzung für den schönen Stein; nubischen Sandstein und den Rosengranit für königliche Kolossalstatuen und Obelisken; Dolerit und den hellen Kalkstein, mit dem die Pyramiden verkleidet waren.

Von all diesen Materialien ließen die neuen römischen Herren Tonnen und Aber-Tonnen auf Schiffen über das Meer schaffen. Warum? Hatten die Römer selbst kein Granit? Doch, aber es ließ sich nicht für die gewünschten kollosalen Formen verwenden. Jedes Gestein bricht in einer ganz bestimmten Weise, entlang bestimmter Linien und Kristallstrukturen, hat Schwächezonen, Spaltflächen. Je nach Fundort und Entstehungsgeschichte eines Gesteins an seinem Ort, kann es sein, dass Granit hier in pflastersteingroße Würfel bricht und sich dort Blöcke von zwanzig Metern Länge gewinnen lassen.

Zuerst standen nur Flintsteinfäustel und Dolerithämmer zur Verfügung. Bis zum Beginn des Neuen Reiches wurde der Kalk- und Sandstein mit Kupfelmeißeln und Holzschlegeln aus dem Fels geschlagen, später kam die härtere Bronze in Gebrauch. Hartgesteine wurden mit Dolerithämmern (einer Granitart) zurechtgehauen und anschließend mit Hilfe von Glättsteinen und quarzhaltigem Sand poliert. Sehr erleichtert wurde die Arbeit durch die in römischer Zeit entwickelte Keillochspaltung. Dazu wurden in einer Linie über der Sollbruchstelle keilförmige Spalten in das Gestein getrieben, der

Block anschließend durch gleichmäßiges Eintreiben von Keilen abgespalten. (Nur in wasserreicheren Gegenden als es die ägyptische Wüste war, konnte mit Hilfe von befeuchteten Holzkeilen gesprengt werden.) Bis auf Gebäudefriese wurden alle großen Objekte von den Steinmetzen vor Ort fertig gestellt und dann erst an den Ort ihrer Bestimmung transportiert, auf Holzschlitten, die von Ochsen, oft genug auch von Menschen gezogen wurden.

Inschriften wurden in den Steinbrüchen entdeckt, manche stolz: »Mein König sandte mich, den Erbprinzen und Wesir, Liebling des Königs, mit einer Armee von 10 000 Mann aus, um einen Block aus reinem, kostbarem Stein zu holen für einen Sarkophag, als Denkmal für die Ewigkeit. In meiner Armee waren … Minenarbeiter, Handwerker, Steinbrucharbeiter, Künstler, Zeichner, Steinschneider … Ich gab jedem eine Lederflasche, eine Tragstange, zwei Krüge mit Wasser und zwanzig Brote täglich … Meine Soldaten kehrten ohne Verlust heim, nicht ein Mann starb, nicht eine Truppe wurde vermisst, nicht ein Esel starb, nicht ein Arbeiter war geschwächt.«[7] Andere Inschriften zeugen von Heimweh und Verzweiflung. Es gibt sie in vielen Sprachen.

»Ein Künstler, der den Meißel führt, muss sich mehr abarbeiten, als einer, der das Feld pflügt. Ist er vielleicht in der Nacht befreit? In der Nacht zündet er sein Licht an«, notiert der Hofbeamte Ptahotep zur Zeit der fünften Dynastie.

Daran hat sich für Steinmetze und Bildhauer bis heute wenig geändert. Mehr als jede andere Kunstform ist die Arbeit am Stein ein Kampf, eine gewalttätige körperliche Auseinandersetzung. »Stein tötet«, sagte mir Hashimi Yoshimoto, ein japanischer Steinbildhauer unserer Tage. Der Stein saugt Kraft und Leben aus dem, der sich auf ihn einlässt. Er kostet Lebenszeit. Er ist widerspenstig, manchmal heimtückisch mit verborgenen Fehlern; doch welche Befriedigung, wenn sich eine Harmonie ergibt, wenn die Form zutage tritt, der Stein sich fügt – oder der Bildhauer endlich den Stein verstanden hat.

Es ist schwer vorstellbar, dass die Erschaffung einer Kolossalstatue in irgendeiner Form Freude gemacht haben könnte – jedenfalls dem Künstler. Der einzelne Steinmetz galt auch noch nicht viel in jener Zeit. Das Ergebnis war wichtiger als die Menschen, die es schufen, Ewigkeit alles, irdisches Leben von geringem Wert.

»Alles fürchtet sich vor der Zeit, die Zeit aber vor der Pyramide«, besagt ein arabisches Sprichwort. Da geht es wieder um die Mächtigkeit und Unzerstörbarkeit des Steins.

Ägyptens Kunst wurde vor allem berühmt durch räumliche Größe, durch immense Ausmaße. Aber als Imhotep für König Zoser die erste Pyramide baute, da war die Megalithkultur schon Vergangenheit. Größe war also nichts Neues. Sie war weniger eine Frage des Vermögens oder des Geschmacks als eine Frage der Politik. Überhaupt ging es in den steinernen Ausdrucksformen immer hin und her zwischen den Polen groß und klein, ideal und realistisch. Ursprünglich bedeutete der Ausdruck Kolossus nicht das, was wir heute darunter verstehen. Es war zunächst einmal das Wort für plastische Bildwerke bzw. Kultgegenstände, zu Beginn noch etwas ziemlich Kleines.

Die ältesten bisher bekannten Statuetten stammen aus der Steinzeit, und bei den ersten Modellierversuchen machten es sich die Menschen noch leicht. Sie benutzten Ton und Knochen, und überhaupt ritzten und malten sie lieber. Mit der Zeit wurden die Vorfahren Rodins geschickter, die Werkzeuge besser, wie wir gesehen haben. Und wie ein Kind, das sich die ersten Zähne ausbeißen muss, rückte der Künstler der Vorzeit nun widerspenstigerem Material auf den Leib: Stein. Warum sich damit lange aufhalten und nicht bei weicheren Materialien bleiben? Der Mensch suchte damals wie heute die Herausforderung. Die geschaffenen Idole waren ja auch keine Alltagsgegenstände. Offenbar galt auch schon vor 20 000 Jahren, dass aufgewendete Zeit und Mühe einem Werk Wert verliehen, und auch die Schönheit, Farbe und die kühle Glätte des Steins, dieses einzigartigen Materials.

Die vitalen Weibsbilder mit den ausgeprägten Geschlechtsmerkmalen, die im Neolithikum so beliebt gewesen zu sein scheinen, dienten nicht (nur) dem Vergnügen einzelner Herren. Man kann annehmen, dass es sich um eine Überfrau gehandelt hat, eine große Göttin der Fruchtbarkeit (Fruchtbarkeit war damals noch geschätzt, notwendig und kein Fluch). Sehr wahrscheinlich galten zu dieser Zeit noch matriarchalische Werte, denn männliche Idole sind nur vereinzelt gefunden worden. Die Hervorbringung von Leben war noch dem Weiblichen zugeordnet und allein Fruchtbarkeit verdiente verehrt und für alle Ewigkeit festgehalten zu werden.

In der Kykladenkultur, benannt nach den griechischen Kykladeninseln um Delos, entwickelte sich im dritten Jahrtausend v. Chr. dagegen eine Form, die in jedem Museum der heutigen Welt für moderne Kunst durchgehen würde. Die zwischen 3000 bis 2000 v. Chr. hier geschaffenen Figuren waren extrem mager, extrem stilisiert und von einer zauberhaften Einfachheit und Anmut. Da ist schon eine Eleganz der Linie zu sehen, für die wir heute, im Zeitalter der totalen optischen Übersättigung wieder sehr empfänglich geworden sind. Dabei war die Form den Kykladenkünstlern gar nicht so wichtig. Die Figuren waren bunt bemalt, wie auch die hellenistischen Marmorstatuen. Die glatt gehobelte Form ohne große Details ergab sich auch aus der Technik: Metallwerkzeuge gab es noch nicht; die Plastiken wurden anfänglich mit korundhaltigen Schmirgelsteinen aus einem vage geformten Block gewonnen. Klar, dass da Brüste, Nasen, Ohren und dergleichen auf der Strecke blieben. Oder war es schon der Beginn der Entwertung des Weiblichen?

Danach ging es immer zwei Schritte vor, einen zurück. Weder Kreta noch Mykene kannten plastische Steinbilder. Und die nachdrängenden Indogermanen taten sich vor allem durch zyklopische Mauern hervor, klobige Mauern aus riesigen Steinen, wie von Riesen errichtet. Um 1000 v. Chr. war das technische Wissen um die feinere Steinbearbeitung verloren und es ging noch einmal von vorn los (zwei Schritte zurück). Der nächste Schritt nach vorn fand unter fremdem Einfluss statt. Seehandel und das Leben in den ersten Kolonien hatten die Griechen mit anderen Kulturen bekannt gemacht, besonders der ägyptischen. Die Ägypter hatten zu dieser Zeit schon eine ausgeprägte Steinkunst, und nicht nur in weichem, feinkörnigem Marmor, sondern man hatte dort neben gewaltigen Grabdeckeln (Pyramiden) Königs- und Göttergestalten aus Sandstein, Kalkstein und sogar Granit gesehen. Die Ägypter schätzten die Vielfalt des Steins, seine Farben, die Einschlüsse und Äderungen.

Die Griechen zu Hause blieben bei Marmor, davon hatten sie genug. Es ist aber nicht so, dass sie, wie wir heute, sich an seiner kühlen, weißen Glätte erfreuten. Die nackten Jünglinge und bekleideten Mädchen sollen auf's Grellste bemalt gewesen sein, sozusagen expressionistisch. Auch dabei wurde Stein verwendet, pulverisiert; teils hatte man von den Ägyptern gelernt, Mineralfarben durch Brennen, Lösen und Mischen zu verändern. Das beliebte ›Ägyptisch Blau‹ zum Beispiel entstand durch Verschmelzen von Quarzsand, Soda, Kalk und Kupferverbindungen. Daneben gab es ›Ägyptisch Grün‹, Zinnober, ein Quecksilbersulfid, rotes Hämatit, gelben Ocker, außerdem Holzkohle und verschiedene Pflanzenfarben. Die Herstellung von Ultramarin aus dem Edelstein Lapislazuli war zwar in Griechenland bekannt, aber nicht an bemalten Objekten nachweisbar. Auf jeden Fall stand eine hübsche Palette zur Verfügung. Und wo das nicht genügte, wurden Augen aus bunten, glitzernden Edelsteinen eingesetzt und die Statuen noch mit Metallschmuck behangen. Es muss so recht kitschig gewesen sein, von wegen ›griechische Klassik‹ ...

Und wohin sollte der Ausdruck nun gehen? Anfangs wurde noch das Ideal über die Natur gesetzt, nur schöne junge Menschen kamen zur Darstellung. Der eine lieferte die schönste Nase Griechenlands, der andere gab seine schwellenden Waden zum Vorbild, das Ganze addiert war besser als die unvollkommene Natur, die immer nur jedem ein bisschen und keinem alles gibt. Und dann wurde es gar schicksalhaft bewegt! Das ließ sich allerdings besser in Bronze machen. Als Alexander Griechenland erobert hatte, trat der den Göttern geweihten die den Menschen geweihte Kunst entgegen, den herrschenden Menschen genau gesagt. Und die herrschenden Menschen wollten selbstverständlich größer dargestellt sein als der Untertan, auch würdevoller. Ein Gott-Herrscher rennt nicht und fuchtelt nicht wild mit Diskussen in der Gegend herum. Also zurück zur Marmorplastik, allerdings nun überlebensgroß. Nach Alexander bekamen dann die Götter riesenhafte Bildnisse gewidmet – man empfand die Notwendigkeit, ihre Existenz auf's Neue zu beglaubigen.

In die Zeit griechischer Weltstädte fiel die Entdeckung der Individualität. Nun wurden auch Alltagsszenen mit Kindern, Sklaven und Barbaren interessant. Die hatten ihre eigenen und keine Ideal-Gesichter. Ja sogar Greise waren zugelassen. Künstlerpersönlichkeiten traten hervor und auch Besitzerpersönlichkeiten, Freude am Besitz, am Genuss von Kunstwerken. Und das unterstützte den Ehrgeiz und die Schaffenskraft der Künstler. Dem Marmor wurde das Äußerste abgerungen, lebendig wurde er jetzt; Menschen, Blätter und Blüten schienen aus dem Block herauszutreten, würden jeden Augenblick zu sprechen, zu fallen, zu duften anfangen. So fein bearbeitete Praxiteles den Stein, dass das Sonnenlicht durch ihn hindurchschien.

Die Römer sind schuld an der Fließbandkunst. (Es spricht ja an sich für die Sieger, dass sie die Kultur der Besiegten zu schätzen wussten.) Die Schiffsladungen von Beutekunst reichten nicht aus. Jeder wohlhabende Römer musste sofort solch eine griechische Marmorfigur in seinem Esszimmer haben. Massenaufträge gingen nach Athen und ein Heer von Kopisten lebte einträglich vom Aufschwung des römischen Bürger-Mäzenatentums.

Die Techniken hatten sich inzwischen sehr verfeinert. Die ›pfirsich-flaumige‹, stumpfe Oberfläche klassisch-hellenistischer Statuen war erreicht worden durch das unglaublich mühselige und zeitaufwändige ›Marmorprellen‹. Dabei wurde die Form insgesamt und Schicht für Schicht mit Spitzmeißeln abgearbeitet und anschließend mit Bimsstein geglättet. Die römischen Kopisten benutzten Flacheisen, das ging schneller.

Die römische Kaiserzeit machte auch endlich mit der Kriegsbemalung Schluss. Und die Kolossal-Porträts und mächtigen Säulen der Gott-Kaiser verlangten härteres Material: Granit, Dolerit und Porphyr – eben jenen dunkelroten Stein, den Hadrian, Claudius, Nerva und Nero aus dem tributpflichtigen Ägypten herbeischaffen ließen. Die Dimension privater Personen war eingeschränkt auf eineinhalbfache Lebensgröße. Nicht jeder reiche Wurstverkäufer durfte hoch hinaus. Kritik am kaiserlichen Größenwahn gab es auch – gelegentlich. Lukian sah darin einen Mangel an Respekt vor der homerischen Götterwelt. Nicht alle Kolosse waren übrigens massiv. Manche besaßen nur Kopf, Hände und Füße aus Stein. Der Rest war – mit reichen Gewändern verkleidetes – Holz. Auch war es üblich, die Statuen vertriebener Kaiser oder ermordeter Vorgänger zu recyceln: da wurde einfach das Gesicht umgemeißelt, oder, wenn das nicht möglich war, ein anderer Kopf aufgesetzt. Das hatte bereits Ptolemaios mit Alexander getan. Jetzt machte es Caligula mit Augustus und Claudius mit Caligula. Und der feuerteufelnde Nero hat alle übertroffen: Nach Claudius Tod, dessen genaue Umstände verheimlicht wurden, ließ Nero zunächst pietätvolle Porträts des Verstorbenen aufstellen und genehmigte sodann einen Koloss des Tiberius, den verschiedene kleinasiatische Städte gestiftet hatten. Dann aber stiftete Nero sich selbst eine Statue, die ihn als Sol, Sonnengott, zeigte, der größte Koloss, der je gemacht worden war, über dreißig Meter hoch. (Der Koloss von Rhodos soll drei Meter höher gewesen sein, seine Existenz ist aber weder bezeugt noch bewiesen). Nach Neros Tod wurde auch dieses Monstrum eilends umgestaltet, umgewidmet und verschwand schließlich ganz. So ewig war also der Stein gar nicht.

Diese Kolosse dürften die ausführenden Künstler und Handwerker ziemlich gefordert haben. Man stelle sich vor, allein welche perspektivischen Probleme sich da stellten: Fernsichtigkeit, die Verzerrung bei Betrachtung von schräg unten musste berücksichtigt werden! Aber richtig gestaltet wirkte das Überdimensionale wie geplant: beeindruckend. Sogar Goethe schrieb aus Rom, die erste Frau, in der er sich hier verliebt habe, sei der (gigantische) Juno-Kopf gewesen ...

Eigentlich lässt sich an der Bildhauerkunst der Spätklassik nur ein Gutes finden, wovon wir heute noch profitieren: Der Wandel von der rein naturalistischen Wiedergabe zu einer geistigen Auseinandersetzung, zum selbstständigen Ausdruck. Die Römer mögen jämmerliche Kopisten gewesen sein, aber sie suchten, wo sie selbstständig arbeiteten, bereits das Unsichtbare hinter dem Sichtbaren. Die griechisch-römische Steinkunst hat alle nachfolgenden europäischen Epochen geprägt, und es ging immer hin und her: mal mehr, mal weniger naturgetreu, lebendig – idealisiert, größer – kleiner und demütiger, mal schlicht, mal maniriert. Und mehr und mehr wurde der Stein zum bloßen dekorativen Material. Seine ihm eigene Würde wurde nicht bedacht, im Gegenteil: Allzuoft wurde er erbarmungslos niedergehackt und zusammengemeißelt, nur um den Lieblingsdackel eines Fürsten vorzustellen.

Erst im 20. Jh. wurde mit der traditionellen Bildhauerei gebrochen. Und wo führte das hin? Zurück zu den Anfängen, so schließt sich der Kreis.

Bis zum Beginn des 20. Jh. war Kunst generell Auftragskunst, was keineswegs abwertend gemeint ist. Wunderbare und zeitlos gültige Werke entstanden im Auftrag von Religionsgemeinschaften und Fürsten dieser Welt. Michelangelo hat vieles für die Medici hergestellt. Lorenzo di Medici war ein großzügiger Mäzen mit weitläufigen Interessen, der seinen ›Angestellten‹ viel Freiraum ließ und sie so mit Geld versorgte, dass sie über den direkten und begrenzten Auftrag hinaus forschen und sich treiben lassen konnten. Ein krasses Abweichen von den herrschenden Geschmacksnormen wäre jedoch nicht möglich gewesen. Viele der so genannten Gönner waren launisch und von zweifelhafter Zahlungsmoral, wie Isabella d'Este, Markgräfin von Ferrara, unter der zum Beispiel der arme Mantegna so zu leiden hatte, dass er ein abgelehntes Bild signierte: »Dreimal schlimmer eine böse Frau als der Teufel!«

Immer haben Künstler nach individueller Entfaltung gestrebt. In der Spätrenaissance und an anderen Wendepunkten der Geschichte versuchten sie die Fesseln der klassischen Norm abzustreifen. ›Maniriert‹ war nicht immer negativ belegt; im Übergang zum Barock war es eine Forderung, die leitende Künstler, wie der Bildhauer Giorgio Vasari, stellten: Die Werke sollten eine ›maniera‹ haben, eine stilvolle Eigenart, Handschrift (drei Schritte vorgeprescht). Bis etwa 1600 entstanden Plastiken mit so überzogenem Ausdruck, so verschraubt und detailliert, dass von Charakter und Substanz des Werkstoffs

Stein tatsächlich nichts übrig blieb. Folgerichtig bekam wieder die gefügige Bronze den Vorrang. Stein wurde mehr wegen seines Symbolwerts verwandt, war aber eigentlich ein ungeeignetes Material. Es gab Materialmixturen, wie schon einmal in Rom: Stein neben Bronze, Elfenbein, Gips, Holz ... Auf das Figurengewimmel des Barock folgte die Ruhe einer neuen Klassik, orientiert an der römischen Kaiserzeit (ein Schritt zurück). Stein als Stein gab es nur in der gekünstelten und rein dekorativen Darstellung von Felsen, als Hintergrund zu den Nymphen, Faunen, Waidmännern und Bergsteigern.

Der künstlerische Fortschritt hatte den Mäzen als Klotz am Bein. Die Meister wetterten über Geiz und Geschmacklosigkeit derer, die sie ablehnten und behinderten – aber »Kunst geht nach Brot«, der Eigenwillen hatte wirtschaftliche Grenzen. Das heißt: Menschen, die selbst keine Künstler waren, orderten, ermöglichten und beeinflussten die Entwicklung der Kunst. Mit dem Niedergang der Katholischen Kirche, des Bürgertums und spätestens mit dem Ersten Weltkrieg verschwanden die Mäzene. Das war ein Schicksalsschlag für die Künstler. Für wen sollten sie arbeiten? Wer würde das Material bezahlen? Wovon sollten sie leben? Doch was zunächst hart erschien, erwies sich als Befreiung. Flucht nach vorn: Die Künstler konnten plötzlich tun, was sie wollten: L'art pour l'art ... Kunst um der Kunst willen. Eine nie dagewesene Individualisierung des Formgefühls konnte sich entwickeln – Freiheit!

Gegensätze und Extreme können nun erforscht und bis ins Extreme, ins Hässliche ausgereizt werden. Das Unvollendete wird zur eigenen Ausdrucksform. Und menschliche sowie tierische Körper, alle Gestalten der Natur, können nun auf ihre reine Form hin betrachtet werden, wie bei Hans Arp ›Menschliche Konkretion‹, einer knubbeligen Marmorskulptur, bei der Knie, Gesäß und Schultern eines nach vorn zusammengekauert Knienden nur noch zu erahnen sind – oder bei Henry Moores dem Elefantenschädel abgeleiteten Formen. Gleichzeitig beginnt eine neue Mystifizierung des Steins, endlich nicht mehr bloß Sklave. Endlich schenkt man ihm selbst Beachtung, seiner Geschichte, seiner inneren Natur. Stein wird nicht nur benutzt, sondern reflektiert: »Was da geworden ist in Jahrmillionen der Verdichtung, was durch die tausend Mühlen der Verwandlung ging, ist Stoff vom Leib der Erde, in den wir unsere Spuren prägen, den wir gestalten, wie sie uns gestaltet hat. Wir, ihre Kinder, versuchen unsere Sprache in den Lettern eines gewaltigen Alphabets der Steine. Geformter Stein ist uns mehr als Stein: Sein stummes

Wort wird menschlich und sagt doch immer mehr, als wir sagen könnten. Sagt als Gestaltetes mehr, als wir deuten können. Und wir selbst sind Chiffren in einem Text, den keiner von uns entziffert.« (Karl Kleinschmidt)

Viele Bildhauer verlassen ihre Werkstätten, wo möglich, begegnen dem Stein in seinem Revier. Weitab von den Steinbrüchen wird der Stein ja in fertigen Blöcken geliefert, sein Ursprung ist nicht mehr zu ahnen. Deshalb wird es heute als Glück empfunden, den Stein in seiner natürlichen Umgebung selbst auswählen zu können. Mehr und mehr kommt man davon ab, ihm eine ganz und gar Stein-fremde Form aufzuzwingen. Die Arbeit wird, obwohl von Maschinen und modernem Werkzeug vereinfacht, langsamer, nachdenklicher. Zeit hat bei der Steinbildhauerei immer schon eine Rolle gespielt. Indem das Material dem Künstler Lebenszeit abfordert, gibt es ihm Gelegenheit, den Schaffensprozess lang auszudehnen, dabei nachzudenken, das Wesen des Materials zu erfahren und auszukosten. Dabei können dann Dinge mit dem Schöpfer geschehen, wie sie Novalis in *Die Lehrlinge zu Sais* beschrieben hat. Es ist keine einseitige Handlung mehr.

Für Michelangelo steckte die fertige Figur bereits im Stein. Man hatte nur die verdeckende Hülle zu entfernen. »Wie gefährlich wäre es, wenn Bildhauer stattdessen Politiker würden«, sagte mir andererseits Yoshimi Hashimoto. Sie seien gewalttätig, zwängen einem Fremden von Anfang bis Ende ihr Bild, ihre Vorstellung auf; mehr noch als jeder andere seien sie auf Selbsterfüllung aus. Steinbildhauerei in traditioneller Weise sei eine Form extremer Machtausübung.

Auch heute gibt es Steinskulpturen, denen ein solcher Akt der Machtausübung anzusehen ist. Daneben aber sieht man Werke, die dem Stein gefolgt sind. Am liebsten geht Hashimoto hinaus ins Gelände, mit seinen Schülern in einen Steinbruch auf Kreta. Dort sucht er, bis er einen Stein findet, der ihn anspricht. Er betrachtet ihn lange, findet heraus, was er darin sieht und klopft es dann heraus, wobei das entfernte Material auch eine Bedeutung hat, nicht nur Hülle ist, die das Hervortreten verhindert. Kennen gelernt habe ich ihn in seinem kleinen Zimmer, das er als Lehrkraft der Berliner Hochschule der Künste zugewiesen bekommen hat, einem Raum, vollgestopft mit Steinen und Steinskulpturen. Sie liegen auf den Tischen, dem Boden, quellen neben Büchern aus Regalen, und über allem liegt eine feine Schicht Steinstaub. Er servierte mir grünen Tee und wir saßen uns gegenüber, zwischen uns auf dem Boden ein polierter schwarzer Torso, der mich zur Berührung reizte. Ich sah ihn um Erlaubnis fragend an, ließ voller Genuss meine Finger über die kühle Glätte streichen, wurde mutiger, erforschte die Form mit der ganzen Handfläche. »Ich fühle das nicht mehr«, sagte er nach einer kleinen Weile. Hashimoto liebt den Handkontakt, Maschinen setzt er nur aus Notwendigkeit ein, weil nach dreißig Jahren seine Fingerspitzen gefühllos geworden sind. Es ist ein hoher Preis, den er gezahlt hat. Das Glücksgefühl der völligen taktilen Erfahrung ist für ihn Erinnerung. Am liebsten macht er Lochsteine, die an prähistorische Monumente erinnern, warum? »Ich möchte sehen, was auf der anderen Seite ist«, sagt er und lacht. Hashimoto macht es sich immer noch nicht leicht, im Gegenteil: Inzwischen ist er dazu übergegangen, nur noch schwedischen Schwarzgranit zu verarbeiten, das härteste, dichteste Material, das es gibt. Er möchte sich nur noch auf die Form konzentrieren und Ablenkung durch Farbe und Muster vermeiden. Letzten Endes bleibt er aber ein lächelnder Tyrann: Aus dem Granit werden filigrane Rauchringe, Wolken und stilisierte Bäume, der Stein nicht nur behauen, sondern auch noch teils roh belassen, teils geschliffen und zum Schluss mit dem Schweißbrenner behandelt – wenn das keine Gewalt ist …

Auch sein Lehrer Akiyama verlangt dem Material alles ab. Seine Skulpturen sind von taoistischer Schlichtheit, von der Würde einer Teezeremonie. Er setzt sie in die Landschaft wie ein kalligrafisches Zeichen. Doch bei allem Respekt vor dem Stein wird er doch nicht geschont: Es steht die Kraft der Idee gegen die Faszination des Steinblocks. Der Bildhauer heute kämpft gegen die Versuchung an, dem Stein zu erliegen und ihn zufrieden zu lassen. Diese beiden Künstler scheinen mir besonders bemerkenswert, weil die Steinskulptur in ihrer Heimat keine Tradition hat.

Freiheit kann eine Last sein. Der Kampf, sich von der traditionellen Steinmetzkunst zu lösen, war ein lang andauernder, wiederum von Trippelschritten vor und rück gekennzeichnet. So einmalig, unwiederholbar und perfekt schien die Bildhauerkunst der griechischen Klassik, dass es zum Verzweifeln war. Es war ein wenig wie der Versuch eines Sohnes, den Vater zu negieren. Zwei Wege boten sich an, den Übervater loszuwerden: die ›taille directe‹, und die primitive Kunst. Die nach sorgfältigster Planung, nach Zeichnungen, Ton- und Gipsmodellen geschaffenen Werke wurden nun als ›Salonkunst‹ diffamiert.

Paul Gauguin ließ Europa in mehrerer Hinsicht hinter sich: Vor 1880 meißelte er noch in Paris ein virtuoses, aber im Salonstil gehaltenes Bildnis seiner Mutter, 1895 hieb er in Tahiti eine primitive, stehende Frauenfigur aus Korallenkalk, wild und mythenschwanger. Von nun an beschäftigte sich das eine Lager der Steinmetzen mit den Kolossen der Osterinsel, den Buckelmännern von Sardinien, den Steinköpfen der Olmeken und den glotzäugigen, grobschlächtigen Tiki von Tahiti.[8] Die Tiki-Sammlung von Paul Gauguin kann man heute im Gauguin-Museum auf Tahiti besichtigen. Man wandte Vater Europa einfach den Rücken. Was dabei gewonnen wurde, ist eine Mythisierung des Steins und eine Stilisierung. Schluss mit den Faltenwürfen, Stand- und Spielbein.

Henri Gaudier-Brzeska (im Ersten Weltkrieg gefallen) bot den erfrischenden Anblick des fanatisch meißelnden Bildhauers vor einem nur mit wenigen Führungslinien bezeichneten Block. Ihm hatten es die *moai* der Osterinseln angetan.[9] Jakob Epstein bewunderte die monumentale assyrische Palastplastik, sammelte afrikanische Skulpturen und schuf auf dem Pariser Friedhof Père Lachaise ein Denkmal für Oscar Wilde, eine kubifizierte, bombastische Symbolfigur. Für ihn war die Faszination mit dem ›Primitiven‹ aber nur eine Phase und er kehrte bald zur modellierten Bronzebüste zurück. Das mit der Abkehr war nicht so einfach. Wie soll man sich von etwas abwenden, etwas nicht tun und nicht beachten, das man ebenso gelernt hat wie sprechen und atmen? Sogar in Paul Gauguins Südseebildern, wie in den wenigen Bildhauerarbeiten, erkennt man griechische und römische Vorbilder, europäische Renaissance, Botticelli und Michelangelo lassen sich bis in Bilddetails hinein nachweisen – daneben aber auch ägyptische Reliefanordnungen, japanische, chinesische und indische Gruppen. Giacometti fand Inspiration in den dünnen, stilisierten Kykladenfiguren, Henry Moore bei den Tolteken und Azteken.

Das andere Lager war also das der ›taille directe‹. Hatten bislang die Meister oft genug ›nur‹ entworfen, vorgezeichnet, in weichem Ton gezeigt, was aus dem Stein werden sollte, und die staubige Arbeit den Lehrlingen überlassen, so verlangten die Vertreter der ›taille directe‹ jetzt unbedingt, dass der wahre Künstler selbst Hand anlegen müsse. Alles andere sei unmoralisch. Ein ›effort vers la nature‹, eine Anstrengung in Richtung der Natur/Natürlichkeit sollte zurückführen zur ›echten‹ Steinskulptur der romanischen und gotischen Steinmetzen. Der Stein sollte erfahren und nicht umgangen werden. Bezeichnenderweise war einer der richtungsweisenden Bildhauer in diesem Lager Joseph Bernard (1866–1931), der zunächst von seinem Vater das Steinmetzhandwerk gelernt hatte. Er sollte dann an den Kunstakademien von Lyon und Paris modellieren, wie es üblich war. Die Pampelei mit weichem Ton oder Gips, wo er doch den Stein im Kopf hatte, kam ihm aber so unnatürlich vor, dass er auf der erlernten Arbeitsweise beharrte und heute in Frankreich als Vater der modernen, der ›echten‹ Steinbildhauerei gilt. (Künstlern, die von der Malerei her kamen, muss der Schritt ungleich schwerer gefallen sein.)

Aber von nun an hatte es die Steinbildhauerei schwer. Konstruktivismus, Objektkunst, Surrealismus brauchten andere Materialien: Bronze, Stahl, Zement und Gips, die sich beliebig schneiden, formen und polieren ließen. Steinbildhauer fanden sich unerwartet und unverdient plötzlich auf der Seite der Gestrigen. Sie wurden von staatlichen Auftraggebern und Akademien gegen die Anarchie des Surrealismus ins Feld geschickt und schließlich zu Handlangern totalitärer Regime gemacht. Der aufrechte Nazi übrigens bevorzugte Granit – Marmor war für Weicheier.

Neben den klotzigen Heroen, den billig abgekupferten Triumphbögen und anderem steinschweren Pathos gab es zwar durchaus Inspiriertes, aber die Steinkunst insgesamt war richtungslos, entwurzelt in jener Zeit. Es blieb ihr wirklich nichts anderes übrig nach dem Zweiten Weltkrieg, als einen radikalen Schnitt zu machen und ganz von vorn anzufangen. Die Sprache der Bildhauer in Deutschland war, wie auch die der Literatur, missbraucht und ausgebrannt. Die ganze Welt suchte einen Neuanfang. Es begann wieder ganz bei Null, bei den Steinsetzungen der Prähistorie, groben Blöcken, die Menschengestalt oder Gesichter nur ahnen lassen, bei Menhiren, Stelen. Daneben begann in den Fünfziger Jahren die ungegenständliche Steinplastik, etwas, mit dem die meisten von uns Schwierigkeiten haben.

Für mich ist das herausragendste Merkmal der modernen Kunst eine überaus schwer verdauliche Kopfigkeit. Es geht ja nichts mehr ohne langatmige Erklärungen und gequält philosophische Unterkonstrukte, die von Richtungslosigkeit und mangelnder Originalität ablenken sollen. In der Materialschlacht der Installationen hat der Stein ausgedient. Vielleicht ist es gut so. Es ist alles gesagt. Der Kreis ist geschlossen, wozu noch einmal von vorn anfangen.

Da blieben noch die ›environmentalen Dramatisierungen‹ – ein aufgeblasenes Wort. Steinsetzungen in der Landschaft sind gemeint, so wie die prähistorischen ›dallages‹. Sie regen zur Ruhe an, zum Einhalten in all der Hektik, der wir ausgesetzt sind und der wir uns selbst aussetzen. Sie befriedigen das Bedürfnis nach einem Gegengewicht, nach einem Fünkchen Individualität im Moloch der Städte. Und ausgerechnet der Stein soll das leisten. Er leistet das, wenn man ›ruhig‹ sagt statt ›leblos‹, ›kühl‹ statt ›kalt‹, ›solide‹ statt ›schwer‹. Der Stein bietet ein Gegengewicht zum überbordenden, naturfernen Alltag.

Richard Long, 1974, ›A line in Ireland‹. Sie sind im Freien, sagen wir an einem regenverhangenen Tag. Der Himmel ist grau/weißlich, die Steine sind grau/weißlich. Sie sehen vor sich eine Hügelkette, von Urströmen rundgeschliffen, die Ebenen dazwischen mit ebenfalls geglätteten Gesteinsbrocken aufgefüllt, abgeflacht (Kalkstein? Schiefer?). Sie wirken immer noch im Fluss, graue Schollen, kurzzeitig zur Ruhe gekommen, jemand hat die Zeit angehalten. Mitten in einem dieser bewegt-stillen Täler hat Richard Long eine Linie aus Steinen aufgeschichtet, nicht hoch genug für eine Mauer – einfach nur eine Linie. Was tun Sie? Sie hocken sich davor, suchen den Bezugspunkt, auf den sie weist. Sie wandern herum, betrachten die Steine aus verschiedenen Perspektiven, die Landschaft beginnt sich aufzulösen in Licht und Schatten. Wollen wir die Zeit wieder loslassen und sehen, wie die Steine fließen, zerfließen, der Fluss die Schollen davontreibt? Sie assoziieren, lassen schließlich die Vorstellungen ganz los, sehen, ohne zu sehen, geraten in Trance, versteinern.

Das ist vielleicht der letzte mögliche Schritt: Stein sich selbst darstellen lassen.

Einige Aussagen zeitgenössischer Künstler zum Stein:

Ich möchte den Staub der Vollkommenheitsidee von den Dingen fegen, um die Dinge dahin zurückzubringen, wo sie in uneingeschränkter Einfachheit nur sie selber sind.

Nobuo Sekine, geb. 1942, Japan

Wie leicht ist es doch, einen Stein zum Sprechen zu bringen. Man braucht ihn nur mit ins warme Bett zu nehmen und ihn gut unter der Federdecke anzuwärmen. Kaum ist er warm, erzählt er die längsten Geschichten. Er wird freundlich und gibt dem Bildhauer die schönsten Ratschläge für seine Arbeit.

Hans Arp, 1886–1966, Schweiz

… ich halte daran fest, im Stein das einzig wahre, weil echte Material des Bildhauers zu sehen. Alles andere, Blech, Pappendeckel, Eisenstangen, Konservenbüchsen und Spiralfedern, sind doch nur armselige Surrogate, die einen eitlen Anspruch darauf erheben, das Material des Jahrhunderts zu sein.

Fritz Wotruba, 1907–1975, Österreich

I like common materials, whatever is to hand, but especially stones. I like the idea that stones are what the world is made of.
Ich mag alltägliche Materialien, was immer gerade zur Hand ist, aber besonders mag ich Steine. Mir gefällt der Gedanke, dass Steine sind, woraus die Welt gemacht ist.

                                        Richard Long, geb. 1945, Großbritannien

12.
Der raue Stein –
Die Welt der Baumeister

Was hat die Menschheit nicht alles aus Stein gebaut: Häuser jeglicher Form, Pagoden, märchenhafte Paläste und Grabmäler, Tempel auf schlanken Säulen, die den Himmel zu tragen scheinen, geheime Gänge, tiefe Brunnen, hohe Türme, Treppen, künstliche Berge und hängende Gärten, klotzige Burgen, elegante Schlösser mit marmornem Rank- und Häkelwerk verziert, Mauern, die man noch aus der Erdumlaufbahn sieht, Arenen, Schlachthöfe, Pyramiden, Kathedralen, Wolkenkratzer ... die Erde ist voller Blüten und Aussatz aus Stein.

Drei Hüllen hat der Mensch: Haut, Kleidung, ein Haus. Die Haut ist dünn, empfindlich. In dieser natürlichen Hülle sind wir nackt und verletzlich. Kleidung und Haus werden nach Vermögen und Geschmack hinzugefügt. Sie reflektieren uns nach außen, repräsentieren, wenn möglich, unser Bild von uns selbst und unsere Weltsicht. Die zweite und die dritte Hülle sind so wichtig, nicht nur, weil sie uns vor Naturgewalten und Feinden schützen, sondern weil sie uns gestatten, in eine ›andere Haut zu schlüpfen‹. Deshalb kann man über eine Kultur viel erfahren, wenn man sieht, wie sie baut.

Als der Mensch die Höhle verließ, baute er sie zunächst an gewünschter Stelle einfach nach. Er war insofern mobil geworden, als er seinen Schutz selbst schaffen konnte und nicht mehr auf natürliche Gegebenheiten angewiesen war. Es wird angenommen, dass diese ersten künstlichen Höhlen aus Holz waren. Dann aber der Quantensprung: Bauen mit Steinen, einem dauerhaften, aber anspruchsvollen Material. Bei allen Vorteilen, die es bot, stellte es den Erbauer vor gewisse Probleme. Es war schwer, unflexibel und schon die einfachsten Formen erforderten ein geistiges Konzept, ein Bild im Kopf.

Das erste Haus hat wohl Iglu-artig ausgesehen, aus trocken geschichteten Steinen, ohne Mörtel oder andere Binder, nach oben verjüngt und schließlich zur Kuppel geschlossen. Aber wie hinderte man die Steine daran, ab einem bestimmten Punkt der Innenwölbung der Erdanziehungskraft zu folgen? Solche primitiven Buckelhäuser kann man heute noch an einigen Orten in Südfrankreich, in den Pyrenäen und in Italien sehen. In Frankreich heißen sie ›bories‹ und wurden noch bis ins 19. Jh. von Schäfern auf dem Feld und von bitterarmen Leuten genutzt, die sich nichts Besseres leisten konnten. Bis heute verstehen sich einige Bauern noch auf den Bau von ›bories‹, und wenn sie nicht schlicht schummeln und die Steine mit Zement verkleben, dann behilft man sich beim Kuppelbau mit einem Gerüst aus Zweigen. Sind die keilförmig flachen Kalksteine erstmal eingefügt, dann halten sie sich durch ihr eigenes Gewicht am Platz und sind stabiler als manches moderne Haus. (In Südfrankreich bei Gordes kann man noch ein ganzes Dorf solcher ›bories‹ besichtigen.)

Doch wie man an den Megalithmonumenten erkennen kann, wurde die reine Schutzfunktion bald von der Idee überflügelt. Die Menhirstraßen von Carnac, das Observatorium von Stonehenge, der Turm zu Babel, alle Gebäude entstanden nun als Versuch, die Zyklen des Lebens einzufangen und nachzubilden. Es war und bleibt ein Grundbedürfnis des Menschen, die ewige Ordnung in symbolischen Formen darzustellen.

Und diese sinnerfüllte Form war der Sprung vom Bau zur Architektur. So wie unsere fernen Vorfahren sich durch ihr Feuerstein-Werkzeug die Welt erschlossen, sich an ihm schulten und in ihren Fähigkeiten wuchsen, so haben sie auch beim Bauen nicht nur das Material, sondern sich selbst verändert. Alle Erfahrungen, Wünsche und Vorstellungen konnten schließlich in so ein Bauwerk eingebracht werden, so dass es zur Summe menschlicher Zivilisation wurde. Am besten lässt sich das verdeutlichen am Beispiel der gothischen Kathedrale, einem der geheimnisvollsten und faszinierendsten Baukunstwerke der Welt. Nur in den Pyramiden und in den steinernen Kalendern der Maya sind Ideen so sehr zu Stein verdichtet wie hier.

Schon das plötzliche Auftreten der Gotik ist einmalig und rätselhaft. Jeder andere Baustil hat Vorläufer. Man kann die Entwicklung verfolgen. Es gibt Fehlschläge, Neuanfänge, Weiterbildung. Nicht bei der Gotik. Um 1130 ist sie auf einmal da, völlig ausgereift, und innerhalb von nur hundert Jahren entstanden allein 80 vollkommene und herrliche Kathedralen, vom Einfluss der Gotik auf weltliche Bauten ganz zu schweigen. Woher kamen alle diese Baumeister und Steinmetzen? Wer bezahlte den ungeheuren Aufwand, da weder Städte noch einzelne Bistümer über solche Mittel verfügten? Das Volk war arm und von den einzelnen Stiftern weiß man genau, dass sie Fenster, Altäre, Bilder geschenkt haben, aber keine ganzen Kathedralen. Diese Fragen sind bis heute ungelöst, aber es gibt viele Vermutungen.

Interessant ist schon der Standort. Viele Kirchen stehen auf älteren Heiligtümern. Und das ist mit der Demütigung von besiegten Feinden oder ›Heiden‹ nur sehr oberflächlich erklärt. An vielen Orten in Europa haben Archäologen Kirchen über Tempeln über Tempeln gefunden, ganze Schichten davon, so wie die christliche Religion, näher betrachtet, aus Schichten über Schichten von älteren Mysterien besteht.

Louis Charpentier hat die Baugeschichte der Kathedrale von Chartres so packend aufgerollt wie einen Kriminalroman: Die Kathedrale von Chartres ist gebaut worden auf einem Hügel, der schon keltischen Druiden heilig war. Es gab dort eine unterirdische Quelle, einen Gang aus Großsteinen, durch den Pilger in der Frühzeit prozessierten, um von dem wundertätigen Wasser zu trinken und eine Frauengestalt anzubeten, die für die Kelten Belisama hieß (Belisama, ›die sehr Glänzende‹, Göttin von Feuer und Licht); heute nennt man die ganze Landschaft ›Beauce‹.

Nach den Kelten haben gallische Stämme die Tradition weitergeführt, unter ihnen die Carnuten, was bedeutet: ›Hüter des Steins‹. Sie bewachten einen ganz speziellen Menhir, den Stein der Belisama und er soll heute noch dort sein, unter der Kathedrale. Und auch die Quelle und der uralte Gang sind noch da; ja die ganze Kirche – abweichend von anderen christlichen Tempeln – ist in derselben Himmelsrichtung ausgerichtet wie das druidische Heiligtum. Wäre es um die Vernichtung und Überbauung einer heidnischen Kultstätte gegangen, warum sich dann nach ihm ausrichten und ihr Zentrum bewahren?

Warum war dieser Ort so wichtig, dass Tausende von Pilgern schon lange in vorchristlicher Zeit weite, mühselige und gefährliche

Reisen auf sich nahmen, um ihn einmal im Leben zu erreichen? Es musste sich um einen der Orte auf der Erde handeln, an denen erd- und kosmische Strömungen zusammenlaufen, so dass die Menschen eine besondere Kraft spürten und meinten, hier ihrem Gott besonders nahe zu sein.

Nun wurde also an dieser Stelle eine gotische Kathedrale erbaut, aber nicht auf dem Reißbrett entworfen und nach Gesetzen eines individuellen Formwillens oder der Statik konstruiert – nein, diese mächtigen Bauwerke entstanden aufgrund von Vorstellungen, die zunächst einmal mit dem eigentlichen Bauhandwerk wenig zu tun hatten: nämlich nach geometrischen Formen von magischem und mythischem Symbolgehalt, nach Planetenkonstellationen und … Musik!

Und da kommen jetzt die Tempelritter ins Spiel. Im Jahr 1118, erzählt Charpentier, traten neun gottesfürchtige französische Ritter in Jerusalem vor König Baudouin II. Sie seien ins Heilige Land gekommen, um die Pilger vor den Überfällen der Heiden zu schützen. Eine löbliche Absicht. Der Patriarch gestattete die Gründung einer Rittergemeinschaft mit diesem Ziel und erlaubte es dem frisch gebackenen Orden, sich auf dem *Masjid-el-Aksa* anzusiedeln, einem Hügel auf dem nur noch ein paar Ruinen standen. Warum haben die Ritter sich kein großes Haus gewünscht oder eine bequeme Herberge? Sie hätten es zweifellos bekommen. Nein, gerade dieses Grundstück wollten sie haben, und zwar weil an dieser Stelle Salomons Tempel gestanden hatte. Und dann – so Charpentier – begannen sie unter den ehemaligen Pferdeställen zu graben. Sie seien nämlich keineswegs gekommen, um ein paar Straßen zu bewachen, sondern hatten den Auftrag, in den Ruinen die Bundeslade mit den Gesetzestafeln zu suchen. Vielleicht haben sie sie tatsächlich gefunden, denn im Jahr 1128 kamen die neun Ritter zurück nach Frankreich und sie haben einen wertvollen Gegenstand mitgebracht, einen so schweren Gegenstand, dass sie ihn auf einem eigens gekauften Ochsenkarren transportieren mussten. Die Szene ist am Nordportal von Chartres, dem so genannten Eingeweihtenportal, in Stein gemeißelt. Zwei Jahre später begann die große Bauphase der gotischen Kathedralen, die angesichts sonstiger architektonischer Entwicklungen wie von einer Hand geplant und gesteuert erscheint. Die Fäden scheinen beim Zisterzienserorden zusammenzulaufen, in den Händen des Heiligen Bernhard von Clairveaux. Bauplan und Vorgehensweise unterscheiden sich erheblich von denen eventueller Vorgängermodelle. Charpentier glaubt in seinem Buch schlüssig beweisen zu können: Was auf den steinernen Gesetzestafeln Moses' stand, war nicht mehr oder weniger als die Weltformel, das Maß des Menschen im Weltenraum, der Weg zur göttlichen Harmonie.

Wie beim Bau des salomonischen Tempels von Jerusalem schon, bestand der erste Akt in der Errichtung einer Säule von ganz bestimmter Höhe. Sie war die Verbindung zwischen Himmel und Erde. Angeblich hatte Moses auf seinen Gesetzestafeln die genaue Höhe dieser Grundsäule angegeben. (Welche Zahl das ist, wissen wir heute nicht mehr, da die Lade verloren gegangen ist.) Nun hieß es beobachten und aufzeichnen. Aus den rundumwandernden Sonnenschatten ergaben sich Gebäudemaße, die eine Beziehung zum Kosmos hatten, zu Sonne, Erde, Planeten und Jahreszeiten, zum Rhythmus des Lebens. Diese Tempelsäule wurde später wieder entfernt. Dann wurden geometrische Leitfiguren auf dem Boden angelegt und zwar eine so genannte rechteckige Tafel, ein Quadrat und ein Kreis, Figuren, die schon beim Bau der Pyramiden eine Rolle gespielt haben. Alle drei Figuren hatten denselben Flächeninhalt. Sie wurden so angeordnet, dass man in der fertigen Kathedrale vom Hauptportal bis zum Altar zuerst den Kreis, dann das Quadrat und dann das Rechteck durchschreiten würde. (Kaum zufällig ist dabei, dass dieser Mittelgang exakt über dem alten Druidengang liegt ...).

Die so genannte runde Tafel ist eines der Ursymbole der Menschheit: Anfang und Ende, Geburt, Tod und Wiedergeburt, ewiges Leben. Wenn also der Kreis das Leben in seiner unendlichen Vielfalt darstellt, dann steht das Quadrat für die Ordnung; Leben ist Chaos, die Ordnung stiftet Rationalität. Die rechteckige Tafel endlich ist das Symbol der Mystik: Das Abendmahl wurde an einer rechteckigen Tafel eingenommen; sie ist die Opfertafel Gottes. Man beginnt also im Chaos, erreicht die Rationalität und gewinnt am Ende die Mystik zurück, einen Glauben, der nicht aus Unkenntnis und Chaos, sondern aus dem Verstehen gewachsen ist.

Eine weitere Leitfigur der gotischen Kathedralen war der Siebenstern. Die Sieben ist in der christlichen Zahlensymbolik die Zahl der Inkarnation: der Abstieg der göttlichen Dreiheit in die Vierheit des Stofflichen. Sieben ist die Zahl der durch den göttlichen Atem belebten Erde.[10]

Mit Hilfe des Siebensterns wurde die gesamte harmonische Gliederung der inneren Elemente der Kathedralen gefunden: Chor, Querschiffe, Säulen und wahrscheinlich noch andere Gestaltungen. Man zeichnete dafür an vorgeschriebener Stelle einen Siebenstern auf die Erde. Durch Verlängerungen von Linien und durch Schnittpunkte ergaben sich daraus die Platzierungen aller gliedernden Elemente.

Im Gewölbe dagegen findet sich der Fünfstern, das Zeichen des Menschen. Am erstaunlichsten aber ist die Tatsache, dass sich die horizontalen Linien, Bodenpflaster, Basis, Fenster, Gewölbeansatz und dergleichen in Tonleitern umrechnen lassen. Der Stein der Kathedrale folgt denselben Harmonien wie die gregorianischen Gesänge. Die Kathedrale war ein Musikinstrument. Das Göttliche, meinte man, würde in der perfekten Kathedrale schwingen und seine Gegenwart spürbar werden.

Um diese Art der Konstruktion zu verstehen, muss man sich vor Augen führen, dass für den Menschen des Mittelalters Harmonie eine existentielle Bedeutung hatte. Harmonie und Symmetrie waren göttlich. Sie zu erreichen war keine Frage von Augenmaß und Geschmack, ästhetischem Vergnügen, es war eine Sache von Leben und Tod beziehungsweise: Leben und Leben nach dem Tod. Denn alles Disharmonische und Asymmetrische war vom Teufel.

Man hat oft darüber geschrieben, dass die reichen, geradezu pompösen Kathedralen dazu gedacht waren, Rang, Macht und Reichtum der kirchlichen und weltlichen Fürsten auszudrücken. Das mag zum Teil zutreffen. Aber diese gotischen Kathedralen waren nicht konstruiert, um einzuschüchtern, Demut und Gehorsam zu erzwingen. Sie waren gebaut, um den Menschen aufzunehmen in das große kosmische Gleichmaß und um ihn zu bessern durch Erde, Himmel, Musik und Licht.

Der Mensch des Mittelalters glaubte an die Realität der Idee. Deshalb konnte die Wirklichkeit durch Zeichen verändert werden, konnten zum Beispiel Menschen, die in eine solche Kirche kamen, tatsächlich zum Guten beeinflusst werden.

Als die Tempelritter zu Beginn des 14. Jh. durch König Philipp den Schönen und Papst Clemens V. verfolgt und ausgerottet wurden, endete gleichzeitig die Gotik – ein Zufall? Wohl kaum. Man hat wohl nachher noch im gotischen Stil gebaut, aber es waren nur noch halbverstandene Äußerlichkeiten. Das geistige Gefüge fehlte. Warum sich dieser reiche und mächtige Orden so bereitwillig abschlachten ließ, ist aus heutiger Sicht nicht mehr zu begreifen. Es muss ihnen tatsächlich um Erleuchtung gegangen sein, obwohl sie das Schwert führten. Mit ihnen sind nicht nur große Schätze und wahrscheinlich die Bundeslade verschwunden, sondern auch Wissen. Man kann vermuten, dass einiges davon in den Riten der Freimaurer überliefert worden ist. Es kann sich dabei aber nicht um die Weltformel oder Ähnliches handeln, denn bei aller Geheimnistuerei, mit der sich die Logen gern umgeben, traue ich ihnen doch nicht zu, dass sie böswillig etwas verschweigen würden, das die Menschheit so dringend nötig hätte. Es wird einfach vergessen und verloren sein, falls solches Wissen je existiert hat.

Zur Zeit der Gotik herrschte eine gesteigerte Form der Marienverehrung, die sich in zahlreichen Bildnissen, von der ›Himmelskönigin‹ am Portal bis in den Innenraum fortsetzt. Sie sind Ausdruck eines respektvollen Frauenbildes, besonders der ›Mutter‹, der sich die Gläubigen zuwenden konnten. Überhaupt war die Zeit des Kathedralenbaus eine Zeit großer christlicher Begeisterung. Eine Bewegung von Frömmigkeit setzte ein, die Menschen vergaben ihren Feinden und taten Gutes. Viel Volk und sogar reiche Bürger und hohe Herren und Damen sah man sich vor Karren spannen und Steine zur Baustelle ziehen. Dieser Teil des Mittelalters war wohl erleuchteter, als es aus heutiger Sicht scheint.

Betrachtet man die Geschichte der Templer und der großen Marienkathedralen, dann ist es bezeichnend, dass sich die Freimaurerei einerseits auf die Tempelritter beruft, andererseits aus den Rängen römischer Steinhandwerker und Baumeister hervorgegangen ist. Einige Freimaurer glauben ihre Ursprünge bis zum Bau des Tempels von Salomo zurückverfolgen zu können, was durch judäische Traditionen in den Logen unterstrichen würde. In jedem Fall taucht ab dem frühen Mittelalter in religiösen Texten der Vergleich Gottes mit einem Baumeister auf, wie überhaupt Bilder aus allen Bereichen der Architektur und des Steinhauerhandwerks gern genutzt werden. So ist der ›raue Stein‹ ein neu aufgenommenes Mitglied, an dessen Veredelung gearbeitet werden muss; so stammt der ›weiße Stein‹ aus Off. 2, Vers 17: »Wer überwindet, dem will ich geben von dem verborgenen Manna und will ihm geben einen weißen Stein, auf dem Stein aber steht ein neuer Name geschrieben, welchen niemand kennt, als der ihn empfängt«, und so werden Winkelmaß und Zirkel in das Wappen geführt und »maurerische Kleidung« getragen.

Bauleute waren früher alles andere als ungebildete Kellenschwinger. Der große römische Architekt Vitruvius verlangte, sie sollten »des Zeichnens kundig … unterrichtet in der Rechenkunst und in vielen Geschichtswerken bewandert sein, ferner die Philosophie mit Eifer gehört haben, Kenntnis in der Tonkunst besitzen … und sich Kenntnisse in der Sternkunde angeeignet haben.« Für Vitruvius war der Baumeister eine Art Magier, der die Summe allen menschlichen Wissens in Stein zu übersetzen hatte. Er war ein Schöpfer. Die Künste waren auch noch nicht gespalten. Am Bau kamen alle zum Einsatz: Maurer, Steinhauer, Steinmetze und Bildhauer und Maler – ein Werk auf's andere abgestimmt. Bildhauerkunst existierte praktisch nur in Beziehung zu Gebäuden und Raum. Vitruvius empfahl den Baumeistern bereits, Genossenschaften zu bilden, was im Mittelalter den Zünften entsprach. Steinmetzen, Maurer und Architekten waren hoch angesehene Leute, von Königen, Kardinälen und Päpsten protegiert. Sogar Königssöhne scheuten sich nicht, das Handwerk zu lernen. Vergleicht man den sozialen Rang und die Bildung von Bauleuten damals und heute (von Architekten einmal abgesehen), dann wird klar, wie recht Victor Hugo hatte, als er prophezeite, die Bücher in Granit würden vom gedruckten Buch abgelöst. Zwar spiegeln Bauten immer noch Lebensgefühl und Kultur wieder, aber die von Einzelpersonen und Institutionen. Sie sind nicht mehr das vorrangige gesellschaftliche Ausdrucksmittel. Entsprechend ist die Qualität der Ausführung und die Qualifikation der Ausführenden gesunken.

Zurück zu den Freimaurern: Zur Zeit des mittelalterlichen Kathedralenbaus waren die Bauleute also eine insgesamt angesehene und verschworene Gesellschaft. Sie zogen in Gruppen von einem großen Bauvorhaben zum nächsten, wohnten miteinander in ihren Bauhütten und erkannten sich an geheimem Handgriff, Passwort und Zeichen. Damit sollte die Qualität der Arbeit gewährleistet und dafür gesorgt werden, dass kein Lehrling sich als Geselle und sich kein Geselle als Meister ausgab. Nach jeder bestandenen Prüfung gab es die Geheimzeichen des nächsthöheren Rangs – ein Brauch, den sich die Freimaurer auch dann noch bewahrt haben, als in ihren Reihen mehr Intellektuelle als wirkliche Maurer waren. Und so wie einmal vom Baumeister verlangt wurde, dass er nicht nur Steine aufeinander schichtete, sondern dem Bau Kultur und Seele eingab, so machten es sich die Freimaurer zum Ziel, zum Wohl aller Menschen zu wirken. Dazu sollte der einzelne Bruder zunächst an sich selbst arbeiten, sich geistig und sittlich vervollkommnen, um dann daran zu wirken, den Rest der Menschheit von Furcht und Zwietracht zu befreien – ein hehres Unterfangen. Rituale mögen dazu beitragen, sich die Ernsthaftigkeit der eigenen Ziele immer wieder einzuprägen, die Notwendigkeit der Geheimnistuerei hat sich mir nie ganz eröffnet; auch nicht, warum Frauen, die die kleinen Menschen schließlich in prägender

Zeit erziehen, von all dem ausgeschlossen werden müssen. Es ist vielleicht doch eine Spur Pharisäertum dabei.

Die Verschwiegenheit wurde immer wieder durch Verfolgungen notwendig gemacht. Als Geheimgesellschaft gegründet hatten sich die Freimaurer schließlich nach der blutigen Niederschlagung der Templer. Danach waren sie immer wieder eben wegen ihrer Geheimhaltung verdächtig. Es heißt auch, dass sie zu Zeiten, in denen die freie Meinung unterdrückt war, fortschrittliche Ideen verfolgten – viele von ihnen waren ja in hohen und höchsten Positionen.

So fantastisch, wie die Geschichte von den Tempelrittern und der Weltformel klingt: Selten wird die Parallele von Gedankenwelt und stofflicher Welt deutlicher als anhand der Gotik. Nach jetzigem Wissensstand stammten ja alle wesentlichen magischen, chemischen und mathematischen Formeln aus dem alten Ägypten. Die Ägypter waren besessen vom Jenseits. Unermüdlich erforschte ein Heer von Priestern die Mysterien und das Universum. Und während die weltlichen Häuser aus Lehm konstruiert waren, wurden die wertvollen und arbeitsaufwändigen Steine nur für die Häuser der Ewigkeit verbaut.

Die seltsame Form der Pyramiden erklärt sich zum Teil aus ihrer Ähnlichkeit mit Sanddünen, die ihre Erbauer ja täglich vor Augen hatten, zum Teil auch aus der Tradition in der Mittelmeerregion. Im Zweistromland baute man *Zikkurats,* Treppentürme, auf denen die Götter wieder zu den Menschen herabsteigen sollten. In Ägypten türmte man *Mastabas* – gigantische Steinbänke – aufeinander und gelangte im Prinzip zu einem ähnlichen Ergebnis. Die große Stufenpyramide von Sakkara wurde unter dem einflussreichsten Baumeister aller Zeiten errichtet: Imhotep. Er war Kanzler des Pharao Djoser und galt als mächtiger Zauberer. Die Erfindung des Steinhauses wird ihm zugeschrieben.

Nach der Stufenpyramide der Frühzeit ging man rasch über zu der relativ glatten Pyramidenform, die für uns sprichwörtlich geworden ist, innen aus weicherem Gestein, außen mit härteren, weißen Kalksteinplatten verkleidet, die vom anderen Nilufer herbeigeschafft werden mussten. Zu dieser Zeit waren die ägyptischen Steinmetzen schon außerordentlich geschickt: Zwischen die fertig verlegten Platten der Außenverkleidung passte nicht einmal mehr eine Messerklinge. Wie müssen die Pyramiden in der gleißenden Wüstensonne geschimmert haben! Und diese Gräber wurden immer größer und mächtiger. Die gewaltigste sollte die Cheops-Pyramide werden: 25 Jahre Bauzeit;

mit Menschen- und Ochsenkraft wurde so viel Material bewegt, dass man damit 3 Güterzüge hätte füllen können, jeder davon so lang wie die Strecke Wien – Prag. 20 000 bis 30 000 Menschen wurden dafür verbraucht (man hört heute gelegentlich, es habe sich nicht um Sklaven gehandelt, sondern es sei eine Arbeitsbeschaffungsmaßnahme gewesen für Nilbauern in der unproduktiven Zeit der Überschwemmung, in den Steinbrüchen aber schufteten Kriegsgefangene und Sklaven). An Hilfsmitteln hatte man Hebebäume, Bretterschlitten und einfache Flaschenzüge zur Verfügung.

Was für eine Anstrengung, was für ein Aufwand, um einen einzigen Menschen zu beerdigen. Aber er war ja eben kein Mensch; er war ein Gott. Und er wurde nicht beerdigt, sondern sein Weiterleben wurde gesichert. Die Ägypter, wie die Europäer des Mittelalters, waren fest davon überzeugt, dass symbolische Handlungen Kraft haben, dass es eine unauflösliche Bindung gibt zwischen Gedanken und Welt. So standen die Pyramiden in Beziehung zu einem ganzen Komplex von Gebäuden, die den Lebensweg, die Gott-Werdung des Verstorbenen, und die Rückkehr der Ba-Seele nicht nur darstellten, sondern garantieren sollten, wenn man nur alle Abläufe getreu befolgte.

Der Standort eines Königs- oder Pharaonengrabs wurde mit großer Sorgfalt gewählt. Da der Westen, die untergehende Sonne, mit dem Tod gleichgesetzt wurde, stehen die meisten dieser Anlagen auf dem Westufer des Nils. Hatten die Priester die passende Stelle gefunden, so wurden nach strengem Ritus der Grundriss und die Verhältnisse der Gebäude untereinander bestimmt. Vom Taltempel führte ein Prozessionsweg (oder: Reinigungsweg) zum Totentempel, einem Verehrungstempel mit überlebensgroßen Standbildern des Pharao, dann gab es eine Scheintür und noch diverse raffinierte Arrangements. Die eigentliche Grabkammer war nicht nur voller Schätze, sondern auch mit prächtigem Stein ausgestattet. Im Fall der Cheopspyramide ist der Boden mit Alabaster ausgelegt und die Wände sind verkleidet mit jenem roten Granit, auf den später die römischen Kaiser so begierig waren. Ausgerichtet war die Grabkammer nach dem Sternbild Orion und den Zirkumpolarsternen, damit die Ba-Seele zu ihnen aufsteigen könne. Die Ka-Seele blieb zurück und vergnügte sich in der Wartezeit mit den bereitgestellten Lebensmitteln, Kunstgegenständen und (Abbildungen von) Frauen.

Über die Gigantomanie hat sich in damaliger Zeit sicher niemand gewundert. Es handelte sich immerhin um Götter. Nach einer Theorie von Richard Lepsius (dt. Philologe, 19. Jh.) wurden die Pyramiden, stand der Kern einmal, wie Baumkuchen Schicht um Schicht vergrößert: große Pyramide – lange Regierungszeit. Und für die Form gibt es außer der Herleitung von der Zikkurat und dem Vorbild der Sanddüne noch eine dritte Erklärung: Demnach sind Pyramiden einem einfallenden Keil von Sonnenstrahlen nachgebildet.

Für ihre tiefe Spiritualität sind die alten Ägypter von vielen späteren Völkern bewundert worden. Allerdings hatte diese Spiritualität einen Preis. So wie die Mayas versklavt wurden von ihren steinernen Uhren, so wurden die Ägypter geschwächt durch ihre Angst vor dem Tod und schließlich unterjocht von den Römern, die ganz im Hier und Jetzt standen.

Im Hier und Jetzt standen eine Zeitlang auch die Nabatäer, obgleich sie ihren Toten eine unvergleichlich schöne Stadt bauten. Es waren Straßenräuber, ein Volk von ehemaligen Nomaden im heutigen Jordanien, die schließlich nahe dem Toten Meer eine Fluchtburg fanden, wie sie sich kein Feldherr besser hätte ausdenken können. Hohe Felsen umgaben ein weitläufiges Tal. Es gab nur einen Weg hinein und hinaus. Mehrere Quellen ließen sich leicht zuleiten; die Wasserleitungen waren mit Steinen abgedeckt und kaschiert. Dass Steine sie schützten, war angemessen. Sie nannten ihren Gott den, ›der im Stein wohnt‹. Offenbar bestand für sie, wie für die späteren Muslims, ein Verbot der figürlichen Darstellung. Ihr Gott oder ihre Götter sind nur als Steinwürfel zu sehen.

Die Stadt Petra (griechisch für Stein), heute in Jordanien, lag im 3. Jh. v. Chr. an einem Verkehrsknotenpunkt. Kamelkarawanen aus dem Jemen passierten den Engpass vollbeladen mit Weihrauch und Drogen; sie wollten nach Gaza, Ägypten und Syrien. Die Nabatäer erhoben Zölle und bekamen, was sie verlangten. Petra wurde reich.

Betritt man ihre Stadt oder reitet, was passender wäre, auf einem weißen Kamel durch die Schlucht des Halbmonds, dann erblickt man als Erstes das *chasnet firaun,* ein Grab im Stil eines schmalen, griechischen Tempels mit einer steinernen Urne auf halbrundem Dach. Taucht der Reisende auf aus den tiefen Schatten der hohen, engen Schlucht, dann fällt das Sonnenlicht ihn an wie ein hungriger Tiger. Geblendet schließt man die Augen; öffnet sie wieder, dann watet man durch rosenfarbigen Sand und trinkt sich satt an Violett und Rottönen, an grünlichem und bräunlichem, an lichtem Ocker, Goldocker und immer wieder an feurigem Sienna und Englischrot.

Und in diesen Sandstein ist eine aberwitzige Mischung von Elementen eingegraben, reichhaltig, aber nicht überladen, ein arabisches Barock. Römische, griechische, arabische Formen vereinen sich hier, zusammengehalten durch die Farben des Steins. Das sind die Werke von Wüstennomaden, die sehr schnell aufgestiegen sind zu einer Macht in der Region, die sich eine Kultur und eine Architektur zusammengeborgt haben, die nicht die ihre war. Die Prinzipien der Architektur sind hier allerdings auf den Kopf gestellt; statt Mauern und Säulen zu errichten, wurden sie in den lebenden Fels hineingegraben, wurde ein Schein von Baukunst vorgetäuscht, wie ja auch die Bewohner einen Schein von Kultur vortäuschten. Aber der Stein rechtfertigt sie. Petra ist die schönste Stadt, die ich kenne.

Das Vorbild von Petra lieferten die kultivierten Griechen, die zu dieser Zeit die halbe Welt mit ihrem Geschmack und ihrer Philosophie beeinflussten. Was sehen Sie in griechischen Tempeln, öffentlichen Plätzen, Theatern? Ich sehe da eine Weite, eine Großzügigkeit. Man kann als Individuum atmen, fühlt sich als Mensch erhoben. Im antiken Griechenland nahm die Demokratie ihren Anfang. Ermöglicht wurde das durch die geografische Lage: Das Land war ein Flickenteppich; da konnte ein König sein Reich tatsächlich von einem Hügel aus überblicken. Fruchtbare Ebenen waren voneinander durch schroffe Berge, Flüsse, Meeresarme getrennt, keine Situation, die eine Bildung ausgedehnter Reiche begünstigte – nicht in dieser Zeit. Und so gab es viele verschiedene Volksstämme und Kulturen, die ihre Besonderheiten pflegten. Oft bestand ein Staat nur aus einer einzigen Stadt, der *polis*.

Unter diesen Voraussetzungen konnte sich im Bereich des heutigen Griechenlands frühzeitig ein politisches System entwickeln, dass es dem Einzelnen ermöglichte, Vorgänge direkt zu beobachten und sich zu beteiligen. Natürlich gab es hin und wieder mal einen Tyrannen, doch der – so erzählen es die Sagen – wurde dank eines Helden aus dem Bürgertum beseitigt. Und der Bürger hatte Pflichten gegenüber der Gemeinschaft, nicht nur den Tyrannenmord …

All diese Dinge finden sich als Grundthema in der Architektur der Epoche wieder: Das Ringen um Harmonie zwischen allen Teilen der Gesellschaft, der Handlungsspielraum des Einzelnen, das rechte Maß, die Zugänglichkeit von Entscheidungsträgern und Göttern. Das Kernstück antiker Architektur ist der öffentliche Raum, Gymnasien, Theater, Plätze, wo man sich treffen und Diskussionen führen oder anhören konnte. Götter wurden verehrt, ohne den Verehrenden zu erniedrigen. Nicht Demut, wie im christlichen Glauben, sondern

Angemessenheit war hier entscheidend. Allein der Aufwand für Erziehung und Kunst sagt alles über diese Gesellschaft. Sie hinterließ Schulen, Tempel, Theater und Statuen – und wir?

In der späten, der hellenistischen Phase sieht man am Formenreichtum, wie das Individuum noch gestärkt wurde. Leider muss man eingestehen, dass diese harmonieliebenden und demokratischen Hellenen von einer Militärdiktatur geschluckt wurden, den Römern. Rom war zu dieser Zeit eine Metropole mit einer Million Einwohnern. In einem antiken Stadtplan sind 432 Straßen, 40 602 Häuser, 1790 Paläste, 11 Thermen, 856 Bäder, 1352 öffentliche Brunnen und 8 Brücken über den Tiber verzeichnet. Die Stadt wurde von 11 Aquädukten versorgt, das längste davon war 91 Kilometer lang. Der von den Etruskern übernommene Ehrentitel *pontifex maximus,* den der römische Kaiser und später Päpste führten, bedeutet ›Oberster Brückenbauer‹. Die Römer zeichneten sich besonders durch Organisationstalent und technische Fähigkeiten aus. Die Idee, von der sie besessen waren, das war die Macht durch Zusammenhalt. Durch den Zusammenhalt waren sie groß geworden.

Dass die Römer keine großen Künstler hervorgebracht hätten, ist nicht ganz richtig. Es sieht vielleicht so aus, weil durch massenhafte Kopien griechischer Kunst für neureiche Römer viele Stücke von entsprechend schlechter Qualität in Umlauf kamen – die spätere Generationen dann ausgebuddelt haben. Aber es war nicht die Bildhauerei, in der die Söhne der Wölfin sich hervortaten, sondern die Architektur.

Eine Meisterleistung römischer Baukunst, eine, die ganz und gar der Idee gewidmet ist, ist das Pantheon (›allen Göttern geweiht‹) in Rom. Es symbolisiert die Vereinigung aller Glaubensrichtungen und Weltgegenden in der *pax romana,* dem Römischen Frieden. Auch das Siegen und Halten durch Assimilation ist mit diesem Gebäude in Stein gebannt.

Das Pantheon – »ein Werk von Engeln und nicht von Menschen« – hat Michelangelo poetisch übertrieben. Es wurde 27 v. Chr. von Agrippa gebaut und zwischen 117 und 138 n. Chr. unter Kaiser Hadrian völlig erneuert. Laut den späteren Aufzeichnungen von Konsul Cassius Dio enthielt es einst die Skulpturen sämtlicher Planetengötter: des Sonnengottes Sol, Venus, Mars, Merkur, Jupiter, Saturn und Neptun – die Statuen waren allerdings zu diesem Zeitpunkt schon wieder verschwunden. Beim Pantheon handelt es sich um eine sogenannte Rotunde, ein rundes Gebäude mit Kuppeldach. Sie hat einen

Innendurchmesser von 44,4 Metern und die Kuppel ergäbe, bis zum Boden weitergeführt, eine perfekte Kugel.

Ein in Stein übersetztes Abbild des Kosmos war das Pantheon, so wie man ihn damals sah. Die halbkugelige Kuppel repräsentierte das Himmelsgewölbe, das nach unten fortführt und im Zentrum die Erde berührt, die Welt der Menschen, als deren Beherrscher die Römer sich sahen. Oben, in der Mitte der Kuppel, lässt eine einzige kreisrunde Öffnung Sonnenlicht ein und in diesem Lichtstrahl stand der Imperator bei wichtigen Staatsakten, eine Demonstration seiner göttlichen Legitimation, Rom: Mittelpunkt der Erde. So war das Pantheon eine Aussage über die Beschaffenheit der Welt und gleichzeitig über die Machtverhältnisse in dieser Welt.

Das Faszinierende an der Ausführung des Pantheon, auch genannt ›das Wunder von Rom‹: Nicht einmal mit all unserem Wissen über Baustoffe wären wir imstande, dieses Kunststück nachzuvollziehen, nur aus Beton, ohne Stahlträger und ähnliche Hilfen. Man weiß einfach nicht: Wie haben die das gemacht? Es hätte eigentlich nach dem Stand der damaligen Technik nicht möglich sein dürfen, eine solche Kuppel zu bauen. Sie hätte unter ihrem eigenen Gewicht zusammenbrechen müssen. Aber sie steht immer noch. Was man weiß: Der römische Baumeister hat die Decke von innen mit fünf konzentrischen Kreisen, quasi Rippen, verstärken lassen. Die Kuppel besteht aus zwei gemauerten Schalen, mit Beton ausgegossen. Der Durchmesser der Schale wurde nach oben hin verringert, um den Druck vom Unterbau zu nehmen. Dabei wurde das Gewicht der Kuppel verringert, indem man der Betonmischung progressiv immer leichtere Steine beimengte: unten Travertin, dann Ziegelsteinmehl und für ganz oben nur noch feinen Kalktuff. Ja, die Römer hatten bereits eine Art Beton, ›opus caementitium‹. Bis dato hatte man Bitumen, Naturasphalt, als Binder verwandt. Beton also brachte die viel gerühmte römische Kultur ein gutes Stück voran, indem er den Guss von Fertigteilen ermöglichte, von Wasserrohren, Staudämmen und Straßenbelägen.

Dann kam bekanntlich das ›finstere‹ Mittelalter und bei aller Romantik und beim Zauber der Gotik bin ich froh, dass es vorbei ist. Es ist eine Zeit voller Angst und Willkür, voller Gewalt gewesen. Vom Recht des Stärkeren erzählen noch die dicken Mauern; dazu die niedrigen Türen … Die waren nicht so niedrig, weil die Menschen so klein waren, sondern damit ein eventuell eindringender Feind auch den

Kopf einziehen und senken musste und damit verletzlich war. Das meiste, was vom Mittelalter an Bauten übrig geblieben ist, spricht von Angst, Demut und Gehorsam als Leitthemen. Als Ausnahme sehe ich da nur die Gotik mit ihren schlanken Formen und ihren Spitzbögen, die übrigens eine erstaunliche psychologische Wirkung haben. Stellen Sie sich vor, Sie gingen unter einem romanischen Rundbogen hindurch – und jetzt unter einem Spitzbogen ... Spüren Sie, wie es Sie förmlich am Scheitel nach oben zieht? Der Spitzbogen richtet auf. Und darin nahm die wahre Gotik ein wenig die *rinascita* vorweg, die Wiedergeburt des freien antiken Menschen.

An der Schwelle zur Renaissance hatten die Europäer allerlei mitgemacht: Völkerwanderungen, den Zerfall großer Reiche, Kriege, Epidemien von unvorstellbaren Ausmaßen. Man sehnte sich nach einstiger Größe, glorifizierte sicher auch vieles, wie das so ist mit vergangenen Zeiten. In den 1450ern kamen griechische Gelehrte als Flüchtlinge nach Italien, nach dem Fall von Konstantinopel – und das brachte wohl die Sache in Gang. Plötzlich wurden in großer Menge antike Ruinen wieder ausgegraben, nach Kunstwerken wurde gesucht. Da gab es schwerreiche Fürstendynastien wie die Medici, die zum Glück als Mäzene wirkten, die Aufträge und Geld gaben für Bauwerke, Statuen und Gemälde im neuen/alten Geschmack. Bei der Gelegenheit wurde auch die Opulenz der Farben und Strukturen von Stein wiederentdeckt: Griechischer Marmor war es, der bevorzugt wurde, weiß und rein, weil die alten, verwitterten Stücke die poppige Kriegsbemalung von einst nicht mehr zeigten.

Die Architekten und Baumeister konnten sich jetzt vor Aufträgen nicht retten. Manches Schloss wurde von Grund auf umgemodelt, wenn schon nicht neu gebaut: Die engen Türen und Fenster wurden herausgebrochen, Licht und Luft sollten herein! Säulchen und Tympanon (durch Reliefs belebtes dreieckiges Giebelfeld) waren ein Muss. Plötzlich waren die Häuser nicht mehr zum Schutz da, sondern dienten der Repräsentation, dem Vergnügen und der feinen Lebensart. Von innen nach außen: Es war ein architektonischer und gleichzeitig ein menschlicher Aufbruch. Die antiken Formen wurden nicht sklavisch nachgeahmt, sondern boten Anlass für eigene ästhetische Wege. Vielleicht bedingt die Umgebung tatsächlich das Verhalten: Die Renaissance war wohl die kreativste Epoche der europäischen Menschheit. Trotz der Variationen und dem Erfindungsreichtum blieb der Grundstil erhalten, weil er gefühlt wurde und also echt war.

In Deutschland kam von der mächtigen Woge der Wiedergeburt nur noch ein plätschernd ausschwappendes Wellchen an. Den Nordlichtern, den ›Goten‹, war das Romanische ohnehin fremd. Die Renaissance erreichte Deutschland bereits geschwächt und abgefälscht. Viele Baumeister hier kannten den Stil nur von Kupferstichen und nicht aus eigener Anschauung. Da war nicht viel von der politischen Mitwirkung des Bürgers, so wie die Griechen es vorgelebt hatten. Der Barock dann, das war die Kunst und Architektur des Absolutismus, der fand auch bei uns Anklang. Schön war der Barock als Stil, weniger, wofür er stand.

Der am meisten missbrauchte Baustil der Menschheitsgeschichte aber ist wohl der Klassizismus. Alle mächtigen Diktatoren ließen bauen. Sie bauten so, wie frisch an die Macht gekommene Rudelführer sich in der Gruppe einrichten: wegbeißen, töten, Marken setzen, dann erst als Jäger und Anführer überzeugen. Übersetzt in die Bausprache heißt das: Vorgänger und Rivalen vernichten, repräsentativ bauen, dominieren, einschüchtern – dem Rudel/Volk eine neue Perspektive vorgaukeln.

Mussolini, Stalin und Hitler bekannten alle drei eine ›große Liebe zur Baukunst‹, kein Wunder: Die Architektur sollte ihren Anspruch untermauern. Alle gaben sie unverzüglich monumentale Projekte in Auftrag. Alle drei zogen den Klassizismus anderen Stilarten vor. Alle drei liebten Naturstein. Der Grund liegt auf der Hand: Beton und Backstein konnten weder ihren Ewigkeitsanspruch tragen, noch ihren Wunsch nach Legitimierung durch die Vergangenheit. Welche Vergangenheit? Da eigneten sich die militaristischen Römer am besten. Über die Griechen schrieb der ›Beauftragte des Führers für die Überwachung der gesamten geistigen und weltanschaulichen Schulung und Erziehung der NSDAP‹: »Wir sehen im griechischen Tempel den vollkommensten Ausdruck eines schönheitstrunkenen, am Diesseits haftenden Volkes.«

Von den Ägyptern übernahm Albert Speer gern die Formensprache, doch da ging es allein um Größe. Aber die Römer ... »Bei den Römern gingen unsere Vorfahren in die Schule ...« Architektur diente der politischen Repräsentation und ganz nebenbei noch der persönlichen Eitelkeit des Führers. Anfangs erregte er sich noch öffentlich darüber, wie Kaufhäuser und Bankenpaläste die Städte dominierten, griff den hellenistischen Gedanken auf von ›Stätten der Gemeinschaft‹ als Zentren des Lebens, vom Bau von Schulen und Theatern, aber dann ging es doch nur um pathologische Großmannssucht, um Dominanz. Da freute er sich sogar an der Beklommenheit von ausländischen Diplomaten, wenn er hinter seinem übergroßen Schreibtisch saß mit einer Platte aus poliertem Stein, der Härte und Unnachgiebigkeit verstrahlte, und spielte mit einem gezückten Schwert herum, ein neuzeitlicher Attila.

Eine Vergangenheit sollte her, koste es, was es wolle. Die, die wir hatten, war doch zu schmählich ... 1936, Hitler zu Speer: »Einen Bauauftrag habe ich noch zu vergeben, den größten von allen ... Berlin zur Welthauptstadt zu machen, nur mit dem alten Ägypten, Babylon oder Rom vergleichbar.«

1940 dann, nach der Besetzung der französischen Hauptstadt: »Bereiten Sie einen Erlass vor, in dem ich die volle Wiederaufnahme des Bauens in Berlin anordne ... War Paris nicht schön? Aber Berlin muss viel schöner werden. Ich habe mir früher überlegt, ob man Paris nicht zerstören müsse, aber wenn wir mit Berlin fertig sind, wird Paris nur noch ein Schatten sein.«

Träger seiner Fantasien sollte Stein werden, harter deutscher Stein: Granit, Grauwacke, Kalkstein. In einem Aufsatz über Naturstein und Baukunst von 1943 zum Beispiel wird zunächst der Stefansdom beschrieben – (das Mittelalter galt ja als nachahmenswerte Vergangenheit, von der Gotik nichts begriffen). Da strotzt es von Vokabeln wie: aufwärtsweisend, prächtig, einheitlich, riesig, schlicht, natürlich, großartig, monumental ... (nichts begriffen, nur Äußerlichkeiten) und dann wird dargelegt, warum der Naturstein der Werkstoff der Stunde sei: Nur Stein sei in der Lage, Formträger großer Kulturen zu sein – Träger und Bewahrer echter Gefühle. Das hat er nicht verdient.

Kolossal sollte alles sein, einschüchternd, dabei schlicht und streng und versteinert im schlimmsten Sinn: »Alles kleinliche Grünzeug auf dem Platz selbst ist verschwunden und einer großzügigen steinernen Plattenfläche gewichen.«

Sogar ›Dichterfürst‹ Goethe übrigens hatte doch ansatzweise markig gedacht: Das Romantische sei krank, befand er, das Klassische gesund ...

Genug! Wie konnte das bloß irgendjemandem gefallen, fragt vielleicht einer, der heute Anfang zwanzig ist. Der Erste Weltkrieg war noch nicht lange vorbei, es gab Arbeitslosigkeit, Elend in einem Maß, das wir uns heute nicht vorstellen können. Versailles: Friedensschlüsse waren damals anders als heute: Der besiegte Gegner wurde bestraft und gedemütigt. In einer solchen Situation mag Pathos und Kolossalität ein Bedürfnis stillen: Das Bedürfnis nach Schutz in einem starken Kollektiv, das Bedürfnis nach einem positiven Heimatbild.

Schutz in der Gemeinschaft mag auch das Leben in Metropolen attraktiv machen. Die moderne Architektur ist in diesem Zusammenhang kaum relevant. Denn die Ideen, wenn welche zu entdecken sind, sind individuelle Ideen und kaum Ausdruck einer Gemeinschaft oder Epoche mehr. Vielleicht ist das an sich schon das Sinnbild unserer Epoche: Die Pluralität oder Beliebigkeit. Keine Form, kein Gedanke ist mehr verbindlich. Dazu passt die Vielzahl von Materialien: Stahl, Beton, Kunststein und Glas.

Nicht einmal der Symbolgehalt ist mehr verlässlich. Man hat einmal gemeint: Glas ist Symbol für Wahrheit, Durchlässigkeit. Nun sind die Glasfassaden der Städte opak oder weisen den Betrachter spiegelnd zurück. Einer, der hineinsehen will, sieht nur sich selbst. Alles ist Blendwerk. Sogar Stein. Betonwände sind mit dünnen Platten von Naturstein überzogen. Stein – der echte – ist Statussymbol. Er gilt als besonders edel, weil ihn sich nicht jeder leisten kann. Möglichst protzig soll er aussehen, poliert, gern schwarz, bedeutungsschwanger. Im Umfeld von Versicherungspalästen wirkt er fremd und glatt.

Und als Straßenpflaster, im Regen glänzend, unter der Laterne – vertraut.

13.
Botschaften aus der Vergangenheit

Was unterscheidet den Menschen vom Tier? Eine Frage, die man schon Kindern in der Schule stellt.
Eine Antwort: Nur der Mensch hat das Bedürfnis, Spuren in der Welt zu hinterlassen. Und ich spreche nicht vom Revier markieren, wie man es auch bei geschlechtsreifen Menschenmännchen gelegentlich beobachten kann, nein: Menschen müssen ihrer Umgebung einen Stempel aufprägen, um den Tod zu überwinden. Wenn sie etwas für richtig und wichtig befunden haben, dann genügt es nicht, dass sie es wissen. Sie setzen alles daran, es für die Ewigkeit festzuhalten, es weiterzugeben an Nachkommen, die sie niemals sehen werden und deren Schicksal ihnen doch eigentlich gleichgültig sein könnte. Tiere haben keine Angst vor dem Tod, weil sie ihn weder vorhersehen, noch in all seinen Konsequenzen begreifen können. Außerdem ist ihnen von der Natur ein ausgeprägter Instinkt, wahrscheinlich sogar so etwas wie ein Gruppengedächtnis mitgegeben worden. Ein Tierjunges wächst verhältnismäßig schnell heran. Instinktgeleitet weiß es, was es fressen muss, wer seine Feinde sind und wie es den Winter zu verbringen hat. Das Menschenjunge weiß das nicht, wenn es ihm nicht von seiner Mutter mitgeteilt wird. (Auch Tierjunge haben Defizite, wenn sie ihre Mütter zu früh verlieren, aber sie sind im Prinzip lebensfähig, sobald ihr Körper stark

genug ist.) Nur Menschen müssen jedes Mal von vorn anfangen. Sie haben von allen Lebewesen die weitaus längste Kindheit und das kommt der Entwicklung ihres Gehirns zugute: Je länger die Kindheit, desto intelligenter der Erwachsene. Das machte den Menschen zum Herrscher der Erde. Doch die Überlegenheit hatte einen Preis: den Verlust der Instinkte, die Gefahr, dass alles, was ein Mensch gelernt hatte und was er war, nach seinem Tod in Vergessenheit geraten würde. Herausragende Anführer der Menschheit wussten das und sie bezogen in ihr Planen ein, dass es noch größere Katastrophen geben konnte als die persönliche des Sterbens, und dass die Menschheit ständig in Gefahr war, alle mühselig errungenen Einsichten mit einem Schlag wieder zu verlieren.

Deshalb haben Menschen, solange es sie gibt, ihre Zeichen in das dauerhafteste Material geschlagen, geritzt und gegraben, das sie kannten: in Stein. Petroglyphen (von *petra* = Stein und *glyph* = Inschrift) finden sich rund um den Erdball. Manche von ihnen sind hunderttausende von Jahren alt Ihre Schöpfer besaßen keine mechanischen Hilfsmittel, nicht einmal Metallwerkzeuge. Und so haben wir direkt vor unseren Augen Nachrichten, die unseren unbekannten Vorfahren so überaus mitteilenswert erschienen, dass sie große Mühen auf sich genommen haben, sie an uns weiterzugeben.

Wichtige Botschaften in Stein, da waren sie und man verstand sie nicht. So viel Zeit war vergangen, so viel Wissen war durch Kriege und Katastrophen ausgelöscht, dass, was einst als logisches und einzig wahres System galt, zum unentzifferbaren Kauderwelsch geworden war. Es gab diese Mitteilungen als Buchstaben und es gab sie als Bilder und in beiden Fällen wurde lange Zeit gar nicht erkannt, dass es mehr war als Dekoration.

Als die Spanier im 16. Jh. über die Andenreiche herfielen, da schmolzen sie alles ein, was nur entfernt nach Edelmetall aussah. Übrig blieben Bauwerke aus Stein. So überzeugt waren die Eroberer dieser Zeit von der Richtigkeit und Überlegenheit ihrer Weltsicht, dass sie gar nicht auf die Idee kamen, nach dem Sinngehalt fremder Systeme zu fragen. Man war gekommen, um fette Beute zu machen, gerechtfertigt durch eine intolerante, aggressive Religion. Seltsamerweise waren es aber gerade die das Heer begleitenden Patres, die eine gewisse Neugier zeigten. Ihren Befragungen und Aufzeichnungen ist es zu verdanken, dass man später doch noch einen Zugang zur Azteken- und Mayakultur finden konnte. Ihre Aufzeichnungen landeten in verschiedenen Archiven der Kirche und der spanischen Krone, so wie die des zweiten Erzbischofs von Yucatan, Diego de Landa. Dort sammelten sie ein paar Jahrhunderte lang Staub an.

Als die Ruinen im 19. Jh. eine ganz andere Art von Entdeckergeist entfachten, da war wieder einmal vergessen, was man schon gewusst hatte. Die neuen Eroberer hielten die Piktogramme zunächst nur für die überbordende Fantasie einer hitzigen, heidnischen Kultur, eine Art Andenbarock. Unter der üppigen Vegetation, den Lianen und Würgefeigen, kamen Tempel, Stelen und pyramidenartige Bauten zum Vorschein. Aber wo man in Ägypten schöne und erhabene Gesichter sah, da fanden sich hier lauter schreckliche Fratzen, Totenköpfe, Raubtiere, gefiederte Riesenschlangen.

Man fotografierte die Ornamente, zeichnete und publizierte sie wegen ihres exotischen Sensationswertes. In diesen Ruinen fanden die Romantiker alles, was sie liebten: Verwitterung und Verfall, halb vergessene Zeichen, Geheimnis, Nekrophiles und jede Menge feindselige und unzugängliche Erhabenheit in Stein. Die Auffindung verlassener Mayastädte in Yucatan beschäftigte die Gemüter des 19. Jh. Aber niemand wollte glauben, dass hier die Reste einer Zivilisation lagen, die der Ägyptens gleichwertig war. So wenig schätzten sogar die direkten Nachfahren der Mayas ihre Ahnen, dass ein amerikanischer Abenteurer namens John Lloyd Stephens die Ruinenstadt Copàn für fünfzig Dollar kaufen konnte. Stephens durchstöberte Museen und Archive und stieß auf das Buch des Bischofs Diego de Landa. Und da fanden sich neben Geschichten über den Alltag und die Götter der Maya auch exakte Abbildungen der Zeichen, mit denen sie Zahlen, Tage, Monate und Jahre ausgedrückt hatten. Stephens erkannte jetzt, dass die Tempelbauten nicht einfach mit fantastischen Fratzen geschmückt waren, sondern dass diese Dämonengesichter einen ganz bestimmten Sinngehalt hatten, ebenso wie die Maße und die Zahl der Treppenstufen. Es waren steinerne Kalender, dreidimensional, Ausdruck einer sich wiederholenden Raum-Zeit. Die Mayas waren besessen von einem Zyklus, den sie in der Schöpfung zu erkennen glaubten.

Alle 52 Jahre mussten die Herdfeuer gelöscht und in einem Opfer umfassenden Ritus neu entzündet werden. Alle 52 Jahre mussten die Tempelpyramiden mit einer neuen Schicht Steine ummantelt werden. So wuchsen die Mayapyramiden wie Bäume, bis ihre Erbauer sie im Stich ließen. Der Mayakalender erwies sich als so exakt, dass keine andere Zeitrechnung ihm gleichkam. Leider war das rationale Denken nicht konsequent durchgehalten. Wie sie ihre Baukunst dem Kalender unterwarfen, so unterwarfen die Maya ihm ihr ganzes Handeln. Zusammengenommen mit einem bedingungslosen Mystizismus ergab das eine tödliche Mischung, tödlich für ein Volk, tödlich für eine ganze Kultur.

Die Sterne beobachteten sie akribisch, um zu erfahren, wann sich der Kreis von Schöpfung und Vergehen schließen und ihr Gott zu ihnen zurückkehren würde. Alle Mayavölker glaubten, dass ihre Vorfahren von den Sternen gekommen seien und dass die Toten über die Milchstraße dorthin zurückkehrten. Der Sternenhimmel war ihnen also Heimat und Seelenwelt.

Tun ist das Mayawort gleichzeitig für ›Jahr‹ sowie für ›Stein‹. Stein hatte eine zentrale Bedeutung in ihrer Kultur. Sogar die Zeit haben sie in *tun*/Stein gemessen: *katun* – 20 Jahre, *baktun* – vierhundert Jahre, *pictun* – 8000 Jahre, *calabtun* – 158 000 Jahre.

In einer Maya-Schöpfungsgeschichte aus dem *Chilam Balam von Chumayel,* dem Buch der Jaguarpriester, im 16. Jh. niedergeschrieben, heißt es: »Als der Himmel noch nicht war und die Erde, da sprach Gott das erste Wort. Und Er löste sich von Seinem Stein und offenbarte Seine Göttlichkeit. Und die Unermesslichkeit der Ewigkeit erzitterte.«

Bei der Entschlüsselung der von den Maya hinterlassenen Botschaften hatte man das Glück, Berichte und Übersetzungen eines Zeitzeugen zu besitzen. Das *Chilam Balam,* wenn auch christlich beeinflusst, war noch nahe genug am Ursprung, um als einigermaßen authentisch zu gelten. Und zu Beginn dieses Jahrhunderts gab es sogar noch ein Manuskript, in der Mayasprache mit lateinischen Zeichen aufgeschrieben. Dieses Manuskript ist verschwunden, aber mit seiner Hilfe konnten die Zeichen in Stein, die Buchstaben- und Zahlenfratzen entschlüsselt werden. Was man erfahren hat vom Denken der Mayavölker, was sie ihren Nachkommen mitteilen wollten durch ihre Steinbilder und Bauten, das war ihre feste Überzeugung, dass die Welt des Geistes und die Materie sich gegenseitig beeinflussen. Sie meinten, nur durch ihre aktive Hilfe werde die Zeit in Gang gehalten. Unterließen die Menschen die akribische Befolgung aller Riten, würde die bekannte Welt untergehen und ihnen der Weg zurück zu den Sternen verschlossen.

Weil sie jedoch all ihre Anstrengungen, all ihren Verstand auf die Mathematik und Astronomie richteten und nichts davon auf die Landwirtschaft, die ihre großartigen Städte ernährte, war die Kultur bereits geschwächt, als die Spanier kamen. Spätere Generationen fanden in den Ruinen alle Anzeichen einer ausgeprägten höheren Wissenschaft, aber keinen einzigen Pflug.

Nicht so leicht hatte man es mit der Entzifferung des Rosettasteins. Kinder heute kennen den Begriff als Markenzeichen für eine Übersetzer-Software. Man gebraucht das Wort als Metapher für ein Teil in einem Puzzle, welches das Verständnis eines Ganzen ermöglicht.

Der Rosettastein ist eine Platte aus schwarzem Basalt, ziemlich schwer, 100 mal 70 cm, 30 cm tief, auf einer Seite mit Inschriften bedeckt. Das Besondere und Aufschlussreiche daran: Es handelt sich um eine Mitteilung in drei verschiedenen Sprachen, wovon eine zum Zeitpunkt der Entdeckung bekannt war: Griechisch.

Dies ist – in Kürze – die Geschichte des so sprichwörtlich gewordenen Rosettasteins: 1798 machte sich Napoleon, der sich gern mit Alexander dem Großen verglich, auf, den ›Maulwurfshügel‹ Europa hinter sich zu lassen. Ein kurzes ägyptisches Abenteuer begann. 328 Schiffe stachen in See, darauf 38 000 Mann. Darunter befanden sich auch hundert Wissenschaftler, von der Truppe ›die Esel‹ genannt. Es waren auch Massen von Büchern an Bord und nicht nur Kanonenkugeln. Napoleon war nämlich ein Mann, der Kultur und Bildung schätzte und sich der Tatsache durchaus bewusst war, dass er in Ägypten hochehrwürdigen, geschichtsträchtigen Boden betrat. »Soldaten, vierzig Jahrhunderte blicken auf euch herab«, soll er vor den Pyramiden gepredigt haben.

Für die französischen Soldaten dieser Zeit muss es ein Märchenland gewesen sein: Das Gewirr der schattigen Gassen, die Souks mit den Färber-, den Silber-, den Gewürz- und den Teppichhändlervierteln, die Farben und wechselnden Gerüche, die verschleierten Frauen, das lärmende Nebeneinander verschiedenster Rassen, der Singsang des Muezzin von der Spitze hoher und filigraner Minarette; blendend weiß gekalkte Häuser mit ihren beschlagenen Türen und ornamentalen Fenstergittern; Hitze, Sand, Sonnenglut und draußen in der Wüste die gewaltigen Pyramiden, Tempel, Säulen und schweigende Sphingen. (Die Nase haben übrigens die Mamelucken abgeschossen. Ich habe behaupten hören, es seien die Franzosen gewesen, aber das hätte Napoleon niemals geduldet.) Ägypten ist heute noch ein Märchenland, nur sind *wir* durch Film und Fernsehen an jede Art von Wunder gewöhnt. Aber wie war es wohl, wenn man vollkommen unvorbereitet darauf stieß?

Beim Abriss irgendwelcher alter Gemäuer, die einem Festungsbau weichen sollten, stießen Napoleons Soldaten auf die gewisse schwarze Steinplatte. Sie werden also einen jener Esel geholt haben – wie befohlen – und der konfiszierte das Ding zur späteren Untersuchung. Rosetta oder französisch ›Rosette‹ wurde der Stein genannt nach dem Ort, an dem er gefunden worden war – Rashid in der Landessprache. (Von Rechts wegen müsste er ›Rashid-Stein‹ heißen, aber was ist in der Kolonialgeschichte schon ›von Rechts wegen‹?) Napoleon ließ Kunst zusammenklauen wie jeder andere Feldherr auch, er fledderte aber immerhin mit Respekt. Sein Chef-Fledderer hieß Dominique Vivant Denon. Aufgrund dessen Notizen und vielen Zeichnungen entstand ein Werk, das die Ägyptologie begründete: *Description de l'Egypte*.

Bereits 1799 war das ägyptische Abenteuer für Napoleon vorbei. Und 1801 musste das gedemütigte Frankreich die geraubten Schätze an England ausliefern. Der Rosettastein kam – wie so vieles andere – ins British Museum, wo er heute noch ist. Und doch, das hätte Napoleon gefreut, war es ein Franzose, der das Geheimnis der drei Inschriften löste. Jean-François Champollion, Sohn eines Buchhändlers, machte als Kind die Bekanntschaft eines jener ›Esel‹, die beim Feldzug in Ägypten mit dabei gewesen waren. Was der dem Jungen erzählt hat, das kann man nur raten. Es muss umwerfend gewesen sein. Und dann zeigte er ihm auch noch Papyrusfragmente und Steintafeln mit Hieroglyphen. Welches Kind ist nicht von Hieroglyphen (heilige Inschriften) fasziniert. Und *wie* geheim die waren. Kein Mensch wusste etwas damit anzufangen. So gründlich war diese alte Hochkultur in Vergessenheit geraten, dass man nicht einmal wusste, ob es sich überhaupt um eine Sprache in unserem Sinne handelte, mit Konsonanten und Vokalen, mit Wörtern, die man aussprechen konnte. Noch heute spricht man schließlich von Hieroglyphen, wenn man ausdrücken will, dass jemand eine unleserliche Schrift hat. Diese Zeichen also sah der kleine Jean-François und er verkündete: »In ein paar Jahren werde ich das lesen. Wenn ich groß bin!«

Und er hielt sein Versprechen. Er muss ein Sprachgenie gewesen sein; mit dreizehn beherrschte er bereits Griechisch, Hebräisch und Latein, lernte Arabisch, Syrisch und Chaldäisch, dann kam Koptisch an die Reihe. Koptisch war bis ca. 1600 die Sprache der christlichen Nachfahren der alten Ägypter, im griechischen Alphabet geschrieben, das aber auch sieben demotische Buchstaben enthielt. Demotisch wiederum war eine Schriftsprache, die relativ spät in der ägyptischen Geschichte entwickelt wurde. Sie wurde mehr für weltliche

Dokumente verwendet, während die Hieroglyphen, die traditionelle Schriftform, Inschriften mit Ewigkeitswert vorbehalten war. In Frankreich existierte von Napoleons *Pierre de Rosette* nur noch eine Kopie.

Nun war in all diesen Jahren den Briten in Sachen Entzifferung der Hieroglyphen kein nennenswerter Fortschritt gelungen. Ein junger Arzt namens Thomas Young hatte immerhin Erfolge mit der demotischen Schrift aufzuweisen und behauptete, dass auch die Hieroglyphen nicht nur Symbole waren, sondern ein regelrechtes Alphabet.

Da hatte man also denselben kurzen Text dreimal vor sich: drei Kolumnen auf der polierten Seite eines schwarzen Steins. Und eine konnte man lesen, kannte also den Inhalt. Es war ja zu vermuten, dass die anderen beiden denselben Inhalt hatten. Warum also war es so schwierig, Parallelen zu finden, die Zeichen einander zuzuordnen? Weil die Alphabete – wenn es denn welche waren – nicht mit derselben Anzahl von Buchstaben funktionierten. Der erste – hieroglyphische – Abschnitt hatte vierzehn Zeilen, der zweite – demotische – hatte zweiundzwanzig Zeilen und der dritte – griechische – vierundfünfzig. Wie sollte man da eine Zuordnung finden?

Während Champollion an seinem Lebenswerk, dem Text des Rosettasteins arbeitete, teils in bitterer Armut, wie ein Besessener, da traf ihn die Nachricht wie ein Keulenschlag, jemand sei ihm zuvorgekommen. Die Hieroglyphen seien entziffert. Da ich seine Geschichte gelesen habe und nicht die des anderen, bin ich parteiisch und freue mich für ihn, dass es eine Fehlmeldung war. Da war mehr Fantasie im Spiel als systematische Erkenntnis. Schon oft in der Geschichte hatte es wilde Vermutungen über die vergessene Schrift gegeben. Aber der frische Schrecken muss Champollion zu noch größeren Anstrengungen angetrieben haben.

Und dann, plötzlich, war alles so einfach: Champollion, um endlich dem bekannten Text wenigstens erstmal ein einziges Wort, eine geschlossene Zeichenkolonne zuordnen zu können, suchte nach Hervorhebungen. Die gab es, die hatte man schon an vielen Gräbern und Heiligtümern gesehen. Da waren bestimmte Worte mit einem ovalen Ring umgeben; wie ein Stempel oder ein Markenzeichen sah das aus. Das nannte man eine *cartouche*, einen Zierrahmen. Da lag es doch – aus heutiger Sicht – nahe, anzunehmen, dass ein so hervorgehobenes Wort einen Gott oder den Namen eines Königs ehren sollte. Und richtig: Im griechischen Vergleichstext fand sich an etwa gleicher Stelle der Name Ptolemäus. Jetzt brauchte Champollion also ›nur‹ noch die griechischen, demotischen und die ägyptischen Zeichen untereinander zu schreiben, um Zuordnungen zu finden. Es war der Durchbruch. Und wie schön, dass Champollion, der arme Gelehrte, am Ende auch noch das Land seiner Träume betreten durfte. Als Verräter gebrandmarkt (das ist eine andere Geschichte), von der Wissenschaft verlacht, konnte er in den Jahren 1828 und 1829 Ägypten bereisen. Es war ein Triumphzug. Zwar sollen neidische französische Beamte versucht haben, ihm Steine in den Weg zu legen, aber die Ägypter feierten ihn als den Weisen, der die Schrift der alten Steine lesen konnte. Er ist der Mann, der einem ganzen Volk seine Vergangenheit zurückgeschenkt hat. Drei Jahre nach dieser ersten und einzigen Ägyptenreise ist er gestorben.

Die Botschaft des Rosettasteins war ein Loblied auf König Ptolemäus V. Die makedonischen Ptolemäer waren von Alexander dem Großen als Stellvertreter über das eroberte Nilreich eingesetzt worden und nisteten sich dort ein. So diente die Inschrift der Rechtfertigung ihrer Herrschaftsansprüche, indem Ptolemäus V. – der gelernt hatte, dass es hier so üblich war – den Untertanen seine Gottgleichheit einhämmern ließ, im wahrsten Sinne des Wortes: »König Ptolemäus, der Ewiglebende, der ein Gott ist, gezeugt von einem Gott und einer Göttin ...« In Ägypten durften nur Götter herrschen.

Vom Stein des Hammurabi haben wohl viele schon gehört, wenn nicht sogar seinen Abguss im Pergamon-Museum zu Berlin gesehen. Dieser Gründer des großbabylonischen Reiches ließ schon 2000 Jahre v. Chr. eine Gesetzessammlung in Stein gravieren, in einen Doritblock, und gleichzeitig Kopien davon auf Tafeln im ganzen Reich verbreiten. Darauf waren Grundsätze der bisherigen sumerischen Rechtsprechung und Brauchtümer zusammengefasst, mit dem erklärten Zweck: »... dass der Starke den Schwachen nicht schädige ...« Durch die Kopien war es möglich, beschädigte Stellen im Text des Originalsteins zu rekonstruieren. Unter anderem enthält er die erste ärztliche Gebührenordnung: »Wenn ein Arzt jemandes zerbrochene Knochen oder kranke Eingeweide heilt, so soll der Kranke dem Arzt 5 Sekel Silber geben, war er ein Freigelassener 3 Sekel, war es ein Sklave 2 Sekel.« Starb der Patient, so sollten ihm, handelte es sich um einen Freien, beide Hände abgehauen werden. Starb ein Sklave, so hatte der unglückliche Arzt lediglich dem Besitzer den Verlust in Geld zu erstatten. Erstaunlich, dass es damals Ärzte gab.

Im 6. Jh. v. Chr. ließ der persische Herrscher Kyros seine Heldentaten in einem schweren Stein verewigen, einem Stein von länglicher Fassform, wie ein gigantisches Rollsiegel, mit dem damals durch Abrollen auf einem weichen Untergrund, z. B. Ton, bereits beliebig viele Kopien erzeugt werden konnten – frühgeschichtliche Druckerkunst. In jedem Fall verdankt die Nachwelt diesem Akt herrscherlicher Eitelkeit eine genaue Beschreibung von Babylon. Kyros war daran gelegen, der Nachwelt zu verkünden, dass er friedlich einmarschiert sei. Nebukadnezar war gestorben, es herrschte ein Machtvakuum, in das der Perser stieß. Er gab sich als Wohltäter des Volkes und veranlasste 539 v. Chr. sogar die Rückkehr der von Nebukadnezar verschleppten Juden nach Palästina.

Der persische Großkönig und Eroberer Dareios ließ Lobeshymnen auf sich selbst sicherheitshalber in drei Sprachen/Schriften festhalten, fünfzig Meter hoch über einer Karawanenstraße. Drei Keilschriften waren es diesmal, die die Gelehrten herausforderten: Altpersisch, Elamisch und Babylonisch. Wie die Bergsteiger mussten sich die Wissenschaftler hier an Seilen und mit Kletterhaken entlanghangeln und dabei mit Papier und Bleistift hantieren. Fotoapparate gab es ja noch nicht. Auch hier gelang schließlich die Entzifferung, und die Botschaft wurde verständlich. Aber nicht nur seinen eigenen Ruhm hat König Dareios konservieren lassen, sondern vor allem einen Ratschlag, der ihm wichtig schien. Aus der Vergangenheit spricht er zu uns: »Du, der du in Zukunftstagen diese Inschrift sehen wirst, die ich in den Fels hämmern ließ, diese Menschenbilder hier – zerstöre nichts! Sorge, solange du Samen hast, unversehrt sie zu erhalten.« Das könnte man als ökologische Warnung lesen.

An der Entzifferung der Keilschriften hatte übrigens ein deutscher Lehrer aus Münden großen Anteil: Georg Friedrich Grotefend. Er hatte keinen Rosettastein, von dem ein Teil bereits verständlich war. Sein Verdienst war es, anhand der Kopien steinerner Inschriften aus Persepolis überhaupt erst zu erkennen, dass es sich um verschiedene Schriftsysteme handelte. Andere übernahmen an dieser Stelle.

In Ägypten, wo man Papyrus als Schreibmedium des täglichen Bedarfs kannte, diente die Steingravur der Götterverehrung, der Magie und den Toten, die dadurch im Gedächtnis, also am Leben erhalten werden sollten. Dementsprechend gab es ein lustiges Steineklopfen, wenn rivalisierende Herrscher einander ablösten; da war immer Arbeit für die Steinmetze im Lande. Die Verwandtschaftsverhältnisse sind manchmal ein wenig kompliziert, wie bei Falcons

Crest. Ich will versuchen, das an einem Beispiel darzustellen: Die berüchtigte Hatschepsut war die einzige legitime Tochter von Pharao Thutmosis I. Als ihre Mutter, die Königin Amose, starb, wurde Thutmosis I. abgesetzt, da er die Pharaonenwürde nur durch seine Frau besessen hatte. Eine Fraktion im Lande stützte nun die Ansprüche Hatschepsuts, andere die ihrer Halbbrüder Thutmosis II. und Thutmosis III. Der dritte Thutmosis schaffte es, Hatschepsut zur Heirat zu überreden, während Nummer zwei sich mit seinem Vater Thutmosis I. gegen das Paar verbündete. Die böse Verwandtschaft konnte Hatschepsut und ihren Gemahl zunächst vertreiben und sich selbst krönen. Warum sie einen solchen Zorn gerade auf die schöne Hatschepsut hatten, ist nicht überliefert. Jedenfalls ließ das Duo ihren Namen aus allen Inschriften, Votivtafeln und Bildsäulen herausschlagen. Das war aber voreilig, weil der alte Thutmosis bald darauf starb. Thutmosis II. kränkelte und war nicht eben beliebt. Jetzt verbündete er sich mit seinem abgesetzten Bruder Thutmosis III. und sie versuchten, ohne Hatschepsut zu regieren. Doch die Königin, die inzwischen erfahrener und gar nicht milder geworden war, mobilisierte ihre Fraktion im Lande, ließ die beiden Thutmosisse absetzen und ihren Namen auf's Neue überall in die Steine graben. Von geteilter Macht wollte sie jetzt nichts mehr wissen, hängte sich einen Bart um und nannte sich selbst Pharao. Sie hielt sich einen Liebsten, ihren Kanzler Senmut, und soll eine großartige Förderin der Steinmetz- und Bildhauerkünste gewesen sein. Nachdem sie gestorben war, ließ Thutmosis III., nun endlich, endlich ans Ruder gekommen, erneut Hatschepsuts Namen tilgen und den ihres Liebsten natürlich auch. Er muss ein paar Stellen übersehen haben, denn schließlich wissen wir von der Geschichte.

Viele solcher stummen Zeitzeugen gibt es, rund um den Globus verteilt, nicht alle sind entziffert und wahrscheinlich nicht einmal ein Bruchteil überhaupt wieder entdeckt. Ob wir jemals Moses' Gesetzestafeln wiederfinden? Einen Satz soll er ja vor Wut zerschlagen haben, als er vom Berg Sinai herunterkam und das Volk Israel beim Tanz um's goldene Kalb vorfand. Während er oben den Vertrag mit Gott schloss, hatten sie ihn unten schon gebrochen. So ist das oft mit den hehren und guten Absichten hoch stehender Persönlichkeiten. Aber er beruhigte sich wieder und bekam noch einen zweiten Satz der Gebote von göttlicher Hand in Stein gebrannt. 1300 v. Chr. soll das geschehen sein. Angeblich verschwanden sie zusammen mit der Bundeslade und wurden entweder von Kreuzfahrern nach Rom und von dort durch die Ostgoten ins Languedoc verschleppt, oder – die andere schon erwähnte Theorie – sie wurden unter den Ställen von Salomos Tempel vergraben und dort im 12. Jh. von den Tempelrittern geborgen. In dieser Version wie gesagt enthält dieser zweite Satz Tafeln nicht einen Verhaltenskodex konventioneller Art, sondern nicht weniger als die Weltformel.

Moses soll auch auf einem seltsamen Stein abgebildet sein, der 1860 im amerikanischen Bundesstaat Ohio ausgegraben wurde, der so genannte ›Dekalog-Stein‹, der Stein der Zehn Gebote. Es ist ein schwarzer Stein, auf dem die Zehn Gebote rundumlaufend eingegraben sein sollen, und zwar in einem altertümlichen Hebräisch, das dem der Qumran-Rollen vom Toten Meer gleicht. Diese Rollen sind auf ca. 200–100 v. Chr. datiert worden. Wegen der Übereinstimmung meinen nun die ›Anhänger‹ des ›Battle Creek Stones‹, es müsse sich um Nachrichten von einem der ›verlorenen Stämme Israels‹ handeln. David Wyrick, der Finder, scheint ein Sonderling gewesen zu sein, der in seiner Freizeit nach Hügelgräbern und raren Steinen suchte, sich mit Geomagnetismus, Biberdämmen und Sorghum-Anbau beschäftigte. Die Sache ist ziemlich mysteriös und man hat Wyrick Fälschung unterstellt, aber es blieben Zweifel. Immerhin ruht der ›Battle Creek Stone‹ heute im Museum für Naturgeschichte in Washington D.C.

Noch ein anderes Volk behauptet, steinerne Tafeln von Gott erhalten zu haben: die Hopi-Indianer. Ich las darüber im Internet auf der Homepage von Robert Ghost Wolf und er erzählt in etwa folgende Geschichte: Zu Beginn der Zeit versammelte der Große Geist alle Menschen um sich. Er gab ihnen unterschiedliche Farben, wies ihnen unterschiedliche Lebensräume zu, gab aber allen dasselbe Gesetz, damit sie in Frieden miteinander leben konnten.

Er gab jedem Volk Gesetzestafeln aus Stein und befahl ihnen, gut darauf aufzupassen. Wenn sie es nicht täten, würde es ihnen schlecht ergehen und die Erde würde sterben.

Die Tafeln der Hopis sollen im Reservat in Arizona sein. Ich habe nichts darüber gefunden, ob diese Tafeln tatsächlich existieren oder wie alt sie sind. Es spielt auch keine Rolle. Auffallend in diesem Zusammenhang ist nur der Gedanke dahinter: Gottes Gesetze sind in Stein gemeißelt; sie haben ewige Geltung und müssen sorgfältig überliefert und befolgt werden. Sonst wird die Welt für uns Menschen verloren gehen.

Unter den ›gelben Menschen‹, so Robert Ghost Wolf, sind es die Tibeter, denen Gottes steinerne Gesetze zur Aufbewahrung anvertraut sind. Und unter all den steinernen Inschriften in Klöstern und Tempeln – wer weiß … Eher in den Bereich Science-Fiction gehört wohl die Saga von den 717 Steinscheiben, die Archäologen zwischen 1938 und 1965 in den Bergen von Bayan-Kara-Ula, Tibet, gefunden haben wollen. Die erste der Scheiben von einem knappen Meter Durchmesser und ringsum mit Zeichen graviert, wurde nach Peking gebracht, wo Forscher angeblich zwanzig Jahre lang versuchten, die uralte Schrift zu entschlüsseln. Einem Dr. Tsum Um Nui schließlich gelang es, den Code zu knacken, und er fand Folgendes heraus: Die Steinscheiben von Bayan-Kara-Ula berichten von einem – ja – einem abgestürzten Raumschiff. Die Aliens waren zwar menschenähnlich, aber sie hatten übergroße, lange Schädel und schmächtige Körper. Das Volk der Han fürchtete sich vor ihnen und tötete sie. Anhand der Zeichnungen auf den Höhlenwänden schätzt man, dass sich diese Geschichte vor 12 000 Jahren ereignet hat. Bevor sie getötet wurden, müssen die Besucher allerdings auch Gelegenheit zu einigen mehr freundschaftlichen Kontakten gehabt haben, denn angeblich gibt es in der Gegend einen Stamm, Dropas genannt, dessen Mitglieder auffallend große, längliche Schädel haben sollen, sonst aber kleinwüchsig seien, sogar für chinesische Verhältnisse.

Steinerne Nachrichten also wurden immer dann hinterlassen – auch bei Völkern, die Leder, Papyrus, Papier als Schreibunterlage kannten –, wenn etwas lange über den eigenen Tod hinweg bewahrt und weitergegeben werden sollte: Begegnungen der Dritten Art, Gottes Gesetze, der Ruhm von Herrschern oder die Warnung vor Katastrophen …
    Im 7.–10. Jh. n. Chr. erlebte China ein Goldenes Zeitalter, Reichtum, Weltoffenheit und Toleranz. Kunst und Wissenschaften standen in höchster Blüte. Papier und Kompass waren gerade erfunden worden. Die Bewohner dieses mächtigen Reiches hatten allen Grund, optimistisch in die Zukunft zu blicken. Aber ein junger buddhistischer Mönch namens Jingwan traute dem Frieden nicht. Er war fest davon überzeugt, dass der Weltuntergang bevorstünde. Und da legte Jingwan das Gelübde ab, das Wissen der Welt zu bewahren. Er schlug – oder ließ schlagen – eine Kammer in den Fels oberhalb seines Klosters. Im Jahr 628 war die erste Höhle fertig. Am Eingang steht Jingwans Prophezeiung vom Ende der Menschheit und der bevorstehenden Finsternis der Welt. 147 Schrifttafeln wurden in seiner Lebenszeit fertig gestellt und die Kammer damit aus-

gekleidet. Insgesamt 15 000 sind es geworden, verteilt auf neun Höhlen, von denen aber nur eine zugänglich ist. Noch ist ja die Katastrophe nicht eingetreten. Wenn sie aber kommt und danach noch Menschen überleben, dann könnten sie hier lesen, wie man Bäume pflanzt, mit der Natur umgeht, wie man sich gesund ernährt, Rezepte für Arzneien und andere Überlebenstipps. Die Prophezeiung, nach der Entschlüsselung des deutschen Ostasienspezialisten Professor Lothar Ledderose, liest sich erschreckend aktuell. Von brennenden Wäldern ist da die Rede, von Fluten und Naturkatastrophen, von ungekannten Epidemien, die die Menschheit dezimieren, alles identifizierbar im Jetzt und Heute: Brandrodung, Klimaerwärmung mit Landunter für küstennahe Gebiete, flache Inselwelten und Flusstäler, Vulkanausbrüche, Stürme, Erdrutsche, Aids, Krebs, das dank der Erderwärmung sich ausbreitende Denguefieber, Malaria, Strahlenverseuchung ...

Es gibt mehrere solcher Orte in China. Die Zeitgenossen der Tangdynastie müssen gerade in ihrem Reichtum und Wohlleben geängstigt worden sein von der Idee, es könne einmal anders kommen. Kaiser und Adel unterstützten das Projekt der Mönche großzügig.

In Yunyusi, dem Wolkenheimkloster, gibt es in einer unterirdischen Krypta aus dem 6. Jh. 4500 Sutrensteine, dem Buddha geweiht, außerdem 5500 weitere Tafeln mit Lebensregeln. Es sieht so aus, als ob die beiden Projekte zusammenhingen. 1956 wurden die Steine von Yunyusi gehoben. Sie waren fein säuberlich gestapelt, immer mit einer Schicht Löß dazwischen. Man pauste die Zeichen auf Papier ab und grub die Originale wieder ein. Warum sind sie nicht in ein Museum gebracht worden? Aus Ehrfurcht vor der Absicht und Leistung der Mönche? Wenn jedenfalls die Katastrophe kommt, dann sind sie dort unter der Erde besser aufgehoben als in jedem Museum und erleiden nicht das Schicksal der Bibliothek von Alexandria.[11]

Eine dritte steinerne Bibliothek befindet sich auf dem heiligen Berg Gangshan. Nur hier sind die Botschaften weder vergraben, noch in einer Höhle vor Blicken geschützt. Im Gegenteil: Sie sollen gesehen werden. Aber von wem? Überdimensionale Schriftzeichen bis zu einen halben Meter hoch wurden auf Findlinge und in den bloßen Fels geschlagen. Viele der Petroglyphen finden sich an Überhängen oder oben auf riesigen Steinblöcken – zum Himmel gerichtet. Buddhisten blicken beim Beten aber nicht nach oben. Anders als frühe, naive Christen haben sie ihren Heiligen nicht im sichtbaren blauen Himmel vermutet. Ziehen Sie selbst ihre Schlüsse.

Noch weiter ins Fantastische geht eine Sammlung von gravierten Feldsteinen in Peru: die steinerne Bibliothek von Ica. Zwischen Anden und Meer, nach beiden Seiten von unwirtlicher Mesa begrenzt, liegt eine merkwürdige Gegend. An der einen Seite eines eng begrenzten Gebietes liegt die Halbinsel Paracas, schon zu Inkazeiten ein heiliger Platz. Paracas – das Wort bedeutet Sandregen. Die Erde ist verbrannt und windgepeitscht, nur wenig wächst hier. Aber in den rötlich-gelben Felsen spielen violette und schwarze Schatten; Robben, Seelöwen, Kormorane, Pinguine, Pelikane und Inkaschwalben tummeln sich hier; an manchen Tagen kann man sogar die mächtigen Kondore beobachten, wie sie sich auf Luftströmen von den Kordilleren her über das Wasser tragen lassen.

Paracas ist ein Friedhof. In den bizarr ausgewaschenen Höhlen hat man Mumien gefunden, ganze Nekropolen aus Vorinkazeit. Es ist viel darüber spekuliert worden – Sie können das an anderer Stelle genauer nachlesen –, ob hier wohl Überlebende des untergegangenen Atlantis begraben liegen, wie die Azteken und die Mayavölker ihren so plötzlichen Kultursprung vollziehen konnten. In diesem Zusammenhang ist aber nur von Bedeutung, dass man auf Paracas, auf einem Sandhügel dem Meer zugewandt, eine gigantische Scharrzeichnung sieht, eine Art Dreizack. Man könnte ihn als Kandelaber deuten oder als Lebensbaum.

Auf der anderen Seite wird das kleine Gebiet der Anomalitäten von der Nazcawüste begrenzt, deren Geoglyphen schon ganz andere als Erich von Däniken zu Spekulationen hingerissen haben.[12] Und inmitten dieses Fleckens auf der Landkarte, da will ein Dr. Chavier Cabrera, Arzt und Nachkomme eines Konquistadoren, gravierte Steine gefunden haben, die unvorstellbar alt sind, älter als alle bislang bekannten menschlichen Hinterlassenschaften. Wenn sie echt wären, dann bekäme die Sage von der Sintflut eine ganz andere Dimension. Aber genau das ist der Punkt: Sind die Steine von Ica echt?

Von vorn: 1966 bekam Dr. Cabrera von einem zahlungsunfähigen Patienten oder aus Dankbarkeit einen faustgroßen Stein geschenkt, auf dem ein Vogel eingeritzt war. Das war an sich noch nichts Besonderes. Eine Menge der bitterarmen Campesinos, Landarbeiter, halten sich mit Grabräuberei und Artefaktenfälschung über Wasser. Dr. Cabrera freute sich also der guten Absicht und benutzte das Ding im Krankenhaus, in dem er arbeitete, als Briefbeschwerer. Da soll er ein paar Jahre gelegen haben, bis Dr. Cabrera auffiel, dass dieses Tier eigentlich keinem heute lebenden glich, sondern eher einem Flugsaurier. Im Übrigen ergaben genaue Messungen und eine Kopie auf Papier, dass der Vogel mit völlig realistischen und trotz der unebenen Oberfläche des Steins gleichmäßigen Abmessungen graviert worden war. Es ergab sich, dass auch ein paar Grundbesitzer der Umgebung ähnliche Steine besaßen, sie aber geheim gehalten hatten. Jetzt hatte es den Doktor erwischt. Die Steine von Ica wurden seine Lebensaufgabe. Cabrera forschte nach, wo und wie, das hat er nicht preisgegeben. Ich nehme an, er wollte diejenigen Campesinos schützen, die ihm zu seiner Sammlung verholfen haben – ihnen drohen nämlich schwere Gefängnisstrafen wegen Kunstraub. Als ich das letzte Mal von dem Projekt gelesen habe, soll er 11 000 Steine besessen haben, von handgroß bis zu einem knappen Meter hoch.

Sicher war zunächst nur, dass es sich um die Werke einer präkolumbianischen Kultur handelte. 1967 soll die Compania Minera Mauricio Hochschild einige der Steine untersucht haben. Anhand der Oxidationsschicht, die Stein und Gravur überzieht, wollen diese Fachleute festgestellt haben, dass die Gravur mindestens 12 000 Jahre alt ist. Ein wesentlich höheres Alter sei nicht auszuschließen, aber mit den zur Verfügung stehenden Mitteln nicht nachzuweisen.

Zu sehen sind auf den Icasteinen Menschen, die auf Dinosauriern reiten, die offenbar Fernrohre benutzen und chirurgische Eingriffe z. B. an Schädeln und Herzen vornehmen. Da gibt es Kometen und Bilder von Geräten, die man mit etwas Fantasie als Flugmaschinen deuten könnte.Und da sind Landkarten, die keiner heute bekannten Weltgegend ähneln, es sei denn, man legt die Kontinente puzzleartig wieder zusammen. Dann stimmt alles. Einiges ist sicher Auslegungssache, aber die genannten Motive sind eindeutig. Ein Pteranodon ist ebenso zu erkennen wie ein Triceratops, wenn auch der vermeintliche Tyrannosaurus viel zu lange Arme hat. Wir wissen ja, dass sie winzig klein und verkümmert waren. Oder?

Bei einer solchen Entdeckung wundert man sich, dass keine hochkarätige internationale Untersuchungskommission hingeschickt worden ist. Im Buch von Petratu und Roidinger werden zwar viele Einzelpersonen genannt, die die Echtheit des Fundes bestätigt hätten, aber jedes Mal, wenn man einen Wissenschaftler anspricht, der in Fleisch und Blut vor einem steht, bekommt man zu hören: »Blödsinn, Quatsch.«[13] Klar könnte man sowas fälschen, aber warum? Dr. Cabrera ist daran nicht reich geworden, wohl eher das Gegenteil. Ein ungebildeter Campesino könnte solche Darstellungen nicht erfinden. 11 000 Steine – hat Dr. Cabrera die alle vorgezeichnet und sie von

Campesinos der Ocucaje-Wüste im Akkord auf Stein kopieren lassen? Das – finde ich – klingt auch nach Blödsinn.

Natürlich wäre es für die offizielle Wissenschaft höchst unbequem, alles umschreiben, alles umdenken zu müssen. Sie gestehen den Hominiden auf der Erde ja höchstens acht Millionen Jahre zu. Wenn die Icasteine echt sind, das heißt: Wenn Menschen schon im Mesozoikum Dinosaurier als Haustiere hielten, dann hätte es schon vor 65 bis 200 Millionen Jahren eine menschliche Hochkultur gegeben. Sie muss durch irgendeine Katastrophe so komplett ausgelöscht worden sein, dass eventuell Überlebende alles vergaßen und auf Tierniveau reduziert wurden. Oder die Menschheit hat bereits einen oder mehrere komplette Zyklen hinter sich und erstand aus Überlebenden immer wieder neu. Hat ein Zusammenprall der Erde mit einem kosmischen Objekt nicht nur die Dinosaurier, sondern eine andere Menschheit ausgelöscht? So etwas würde vieles erklären: Die mythischen Ungeheuer, die alle Sagenwelten bevölkern – sind es Erinnerungen an Dinosaurier? Und die Religionen, die von ›Zyklen‹ sprechen, nicht von einem linearen Ablauf der Zeit. All die Geschichten von Atlantis, Mu und Lemuria ...

Ich höre schon: Blödsinn, Quatsch! Aber Geschichte ist relativ, je nach subjektiver Sichtweise und nach Faktenlage. Fakten sind aber dünn gestreut und zufällig, was die Frühgeschichte des Affen Adam betrifft. Vielleicht muss die Geschichte der Menschheit umgeschrieben werden.

14.
Suiseki – Die japanische Kunst, Steine zu bewundern

Wenn du diese Regeln missachtest, dann wird der Besitzer des Hauses krank werden, das Haus wird zur Ruine verfallen und Dämonen werden kommen:

Du darfst keinen Stein aufrecht stellen, der ehemals flach gelegen hat.

Du darfst keinen Stein flach platzieren, der ursprünglich gestanden hat.

Wenn du diese Regeln brichst, beleidigst du den Geist des Steins und deine Familie wird zu Schaden kommen.

Wenn du aber einen Stein aufrecht platzierst (wenn du unbedingt musst ...), der ehemals gelegen hat, dann richte ihn nicht auf das Haus weisend aus. Der Stein würde sonst zur Quelle des Übels werden.

Auszug aus dem *Sakutei-ki*, einem japanischen Gartenbuch aus dem 12. Jh., auch bekannt als *Zen sai hisho* – ›Zusammenfassung der Geheimnisse des Gartendesigns‹.

Steinschnitt, -schliff und -skulpturen, also bearbeitete Steine, haben in der japanischen Kultur niemals die Rolle gespielt, die ihnen in der europäischen Zivilisation zukam. In Japan hat sich seit frühester Zeit eine naturnahe Philosophie entwickelt, deren Höhepunkt die *Suiseki* (sprich: Suu-ii-sekki) und die Steingärten der Zen-Mönche sind. Es ist eine sehr interessante Entwicklung, weil sie so verschieden von der unsrigen ist.

Alles begann mit der Shinto-Religion.

Die japanische Insel, die nicht immer vom Festland getrennt war, wurde in prähistorischer Zeit von zwei Gruppen besiedelt: Die eine kam aus den Gebieten des heutigen Korea und China, die andere aus Sibirien. Diese zweite Gruppe, das waren gleichzeitig die Ahnen der Ainu, eines Eskimovolks. Ebenso wie die Ainu verehrten sie insbesondere Bären. Man hat in steinzeitlichen japanischen Gräbern Halsketten aus Knochen, Korallen und Nephrit gefunden, die in der Form Bärenzähnen nachempfunden waren. Vielleicht waren es die Ainu-Vorfahren, die für eine enge und andauernde Naturverbundenheit gesorgt haben, in jedem Fall aber hat der Umgang mit der Natur hier eine andere Richtung genommen als in Europa.

Im 1. Jh. n. Chr. einte der legendäre König oder Kaiser Jimmu-Tenno das Inselreich, und seitdem bezeichneten sich alle japanischen Herrscher als Söhne der Sonne. Sie betrachteten sich als direkte Nachkommen von Amaterasu, der Göttin von Sonne und Licht.

Es gibt eine hübsche kleine Geschichte über Amaterasu, in der Steine eine Rolle spielen: Eines Tages schmollte Amaterasu, zog sich in eine Grotte zurück und verschloss sie von innen. Sie konnte nicht überredet werden, wieder herauszukommen. Die anderen Götter waren einigermaßen beunruhigt. Da kam Uzume, die Göttin des Lachens. Sie legte vor den Eingang der Höhle Halsketten aus kostbaren Steinen und einen magischen Spiegel und begann, vor der Höhle zu tanzen und zu singen. Davon wurde Amaterasu herausgelockt. Uzume verspottete sie und behauptete, die Götter seien ganz einverstanden mit ihrem Verschwinden, weil man endlich eine Schönere gefunden hätte als sie. Eifersüchtig legte Amaterasu den Schmuck an und schaute in den Spiegel. Diesen Moment der Ablenkung nutzten die anderen Götter, um mit einem Blitzstrahl die Grotte zu versiegeln, so dass Amaterasu, die Sonne, bis heute in der Welt ist.

Wie andere Völker auch, meinten die frühen Japaner, in auffallenden Naturschauspielen Zeichen höherer Mächte zu sehen. Aber im Gegensatz zu uns blieben sie dabei; vielleicht glaubt man im modernen Japan nicht mehr an Geister und an die alten Legenden, aber sie nicht zu vergessen, schenkt eine Form der Geborgenheit in der kulturellen Identität, die man nicht missen möchte. Außerdem – man weiß ja nie …

Ungefähr im dritten Jahrhundert entwickelte sich aus verschiedenen Animalismen eine fester gefügte Form des Naturglaubens: Shinto. Ängste sowie Lebenskraft der Menschen kamen von der Natur. Shinto verband beides. Menschen sind hier Teil des Kosmos. Sie haben keine abgetrennte Individualität, die sie dazu in Gegensatz stellen könnten. Alles ist Teil von allem. Die Leere ist mit so feiner Materie gefüllt, dass die Menschen sie nicht wahrnehmen können. Dennoch ist da etwas. In der Leere werden die Verbindungen unter den Dingen geschaffen.

Das Sichtbare und das Unsichtbare sind so miteinander verwoben, dass die unsichtbare Welt einen ebenso realen Stellenwert hat wie die sichtbare. Überall in Japan kann man große rote Tore erblicken, die scheinbar ins Nichts führen, die *torii,* Geistertore, die in die Welt der *kami* führen, der Naturgeister, und in die unsichtbare Welt. Manche der *kami* waren wohlwollend, manche, wie Inari, der Fuchs, aber auch zu Streichen aufgelegt oder regelrecht bösartig. Sie waren (und sind) Teil des täglichen Lebens. Man muss sie achten und mit symbolischen Gaben freundlich stimmen. Shinto-Altäre befanden sich in allen Häusern, außerdem gab es Tempel für eine unendliche Anzahl von Shinto-Göttern. Steine, Wasserfälle sowie große Bäume konnten ihr Zuhause sein.

Sogar heute noch kann man in Japan Bäume sehen, die mit Seilen aus Reisstroh verziert und mit Gebetszetteln behängt sind. An Japans Pazifikküste nahe der Insel Ise, in der Futamigaura Bucht, stehen zwei große Felsen im Wasser, die durch dicke, troddelverzierte Seile miteinander verbunden sind. Diese Verzierung wird seit Jahrhunderten immer wieder erneuert. Es ist in seiner Einfachheit ein wunderbarer Anblick, diese beiden bekränzten Felsen vor der Weite des Meeres, bei dem man ins Sinnieren verfallen kann über Beziehungen, Bindungen, Fülle und Leere. Und genau das ist der Sinn dieser natürlichen Skulptur, die mit einer simplen Geste, mit einer einfachen Dekoration in ein Kunstwerk und in ein Symbol verwandelt wurde. Kunstwerken gestand man in Japan nur dann einen Wert zu, wenn sie eine weiterführende Aussage zu machen hatten. Diese beiden Felsen symbolisieren wieder einen Teil der Schöpfungsgeschichte: Das Götterpaar Izanami und Izanagi, die Schöpfer Japans. Als Izanami starb, war Izanagi so verzweifelt, dass er ihr in die Unterwelt folgte, um sie zurückzuholen. Izanami wollte aber nicht in die Welt zurückkehren.

Ungefähr zur gleichen Zeit, als der Buddhismus von wandernden Mönchen aus Indien via China nach Japan eingeführt wurde, kamen auch die ersten Suiseki aus China. (Die Vorgeschichte ist wichtig, wenn man die Tradition der Suiseki verstehen und vielleicht diese schöne Kunst für sich entdecken möchte). Suiseki sind auf natürliche Weise geformte Steine, die den Betrachter an ein größeres Stück Natur erinnern, die in ihm Bilder wachrufen von entfernten Bergen, einsamen Felsen im Mondlicht, Wasserfällen, Inseln im Strom. Die ersten dieser Steine wurden der Regentin Suiko als Geschenk des chinesischen Hofs überbracht. So wie der Geschmack in China zu dieser Zeit ziemlich wild und bizarr war, so hatten diese Steine ein ausgesprochen dramatisches Äußeres. Sie waren ausgewaschen, zackig, kantig, zerlöchert, so wie Felsen in der Brandung, vom Wind ausgehöhlte Bergflanken oder erodierte Fingersteine. In diesen Gegensätze provozierenden Formen fand sich das philosophische System von *yin* und *yang* (japanisch: *in – yo*) repräsentiert:

yin: weich, leer, nachgiebig, feucht, kühl, dunkel, geheimnisvoll, schwach, passiv, zart, empfindsam und aufnahmefähig. Wasser ist *yin.*

Die (männlichen) Steine dagegen haben *yang*-Qualitäten: hart, solide, unnachgiebig, trocken, heiß, hell, stark, gewalttätig, rau, durchdringend.

Das Wort *Suiseki* setzt sich zusammen aus *sui* = Wasser und *seki* = Stein.

Eines der ersten in Japan schriftlich festgehaltenen Gesetze ist eigentlich mehr eine philosophische Aussage: »Harmonie ist die wertvollste Gabe. Wir alle wechseln zwischen Weisheit und Wahnsinn.« (Prinz Shotoku Taishi, 604 n. Chr.)

Es verwundert nicht, dass diese chinesischen Geschenke am japanischen Hof auf fruchtbaren Boden fielen, da man ja ohnehin bereits sonderbar geformte Steine als Häuser von Geistern und Göttern betrachtete. So entwickelte Japan eine eigene *Suiseki*-Kultur, die die Chinas bald übertreffen sollte.

Mit den außergewöhnlich geformten Steinen wurden Miniatur-Landschaften aufgebaut. Manche bewunderten sie für ihren ästhetischen Wert, andere wegen ihres religiös-symbolischen Gehalts. Für Buddhisten stellen gewisse Steine den Heiligen Berg Shumi, das Zentrum der Welt dar. Für einzelne Steine, aber auch für die Miniaturgärten wurden Sockel hergestellt, zuerst nur glänzende, meist schwarze, den Formen der betreffenden Steine folgende, rundlich ausgebuchtete Keramik-Schalen mit hohem Rand. Sehr viel später erst kamen die runden, ovalen oder rechteckigen Tabletts mit niedrigem Rand auf, die den Arrangements mehr Raum und Wirkung verliehen.

Seit dem 7. Jh. beeinflusste der sich schnell verbreitende Buddhismus auch die japanische Kunst. Nach einer Zeit teils gewalttätiger Auseinandersetzungen wurde schließlich eine Form gefunden, in der die beiden Religionen, Buddhismus als Staatsreligion und Shinto im mehr privaten Bereich, friedlich nebeneinander existieren konnten. Im 12. Jh. wandelte sich der Buddhismus indischen Imports langsam zum Zen-Buddhismus, der die japanische Kultur so wesentlich prägt. Zen wurde besonders von den *Samurai*, der Kriegerkaste, geschätzt und weiterentwickelt.

Eine der wesentlichen Aussagen im Zen ist die, dass man Erleuchtung durch trivialste alltägliche Handlungen erreichen kann, indem man sie absolut konzentriert und perfekt ausführt. Man spürt etwas davon, wenn ein Zen-Mönch in äußerster Ruhe einen Hof kehrt genauso wie in den harmonischen und präzisen Bewegungen japanischer Bogenschützen oder bei verschiedenen Kampfsportarten, die auf der Tradition der *Samurai* beruhen. Es ist eine Religion oder Philosophie, die Erkenntnis des Kosmos im Kleinen sucht, die aus der ruhigen Betrachtung Energie schöpft.

In allen Kunstformen galt jetzt als oberste Regel, dass ein Werk nur Wert hat, wenn es Leben vermittelt. Ein Zen-Kunstwerk hat immer unvollständig zu sein, um dem Betrachter die Möglichkeit zu lassen, es in seinem Geist selbst zu vollenden. Welche Kunstform wäre nun wohl geeigneter gewesen, als die der Steingärten, um all diese Regeln in sich zu vereinigen?

Etwa seit dem 15. Jh. hatte sich der Zen-Gedanke so weit verbreitet, dass man nun weniger Steine von dramatischem Aussehen bevorzugte, als solche, die Ruhe vermittelten. Die neuen Steine hatten unpretentiös zu sein, subtil im Ausdruck, um der Imagination Raum zu lassen. Sie sollten Szenen oder Dinge nur andeuten und die Meditation fördern.

Seit dieser Zeit haben Steine Titel wie ›Li Po meditiert an einem Wasserfall‹, ›Schneebedeckte Hütte‹, ›Mond über dem Reisfeld‹ und ›Ewiger Pinien-Berg‹ … Heute gibt es sehr bekannte Steine, die einfache Namen tragen wie ›Stille‹ oder ›Eleganz‹. Einige Suiseki sind in Japan und China ebenso berühmt und bekannt wie bei uns die Werke großer Maler, die in den Museen hängen. Der *Sue no Matsuyama*, ›Ewiger Pinienberg‹ übrigens soll im Jahr 1580 zusammen mit einer feinen Teeschale gegen die Burg Ishiyama (heute: Burg von Osaka) eingetauscht worden sein.

Im 13. Jh. gab es einen Kaiser namens Go-Daigo, der nach einer verlorenen Schlacht gegen die Kamakura-Familie in die Berge fliehen musste. Als einzigen seiner Schätze soll er seinen Lieblings-Stein mitgenommen haben, den *Yume no Ukihashi* – ›Schwimmende Brücke der Träume‹. Der Name bezieht sich auf die literarische Geschichte von Lady Ukifune, die sich aus einer Welt von Schmerz und Sorgen zurückzog. Angesichts des Steins, der ihm als Einziges von all seiner Macht und seinen Reichtümern geblieben war, mag sich Kaiser Go-Daigo ähnlich gefühlt haben wie die Dame Ukifume. Dieser Suiseki ist ein sanft glänzender, schwarzer Stein, flach und langgezogen mit einer abgerundeten Erhebung auf einer Seite, den man in seinem Tablett voll weißem Sand interpretieren könnte als entfernten Hügel in einer Landschaft, als flache Insel oder auch als einen Menschen, der, mit den Händen unter dem Kopf, reglos auf dem Rücken liegt und in den Himmel schaut.

Sen no Riyu, ein Großmeister der Teezeremonie im 16. Jh., war Sammler und Verehrer von Miniatur-Landschaften. Von ihm soll die Sitte herrühren, in der Nische eines Teehauses einen einzelnen Stein von höchst ruhiger und simpler Form auszustellen. Der Stein wird in die Mitte des Alkoven gesetzt und darüber wird traditionell eine Schriftrolle mit einem Gedicht gehängt.

Zen-Mönche suchten für ihre Gärten einfache und unaufdringliche Formen, die sie nicht ablenken sollten. Damit beeinflussten sie den allgemeinen Geschmack.

Für Zen-Buddhisten ist der Stein der materialisierte Zen-Gedanke. Alles Endliche weist für sie auf das Unendliche hin; das Beseelte und das Unbeseelte sind Schöpfungen derselben Kraft. Durch die Versenkung in das Wesen des Steins soll es dem Meditierenden gelingen, das Wesen von Bergen und die Essenz des ganzen Universums zu erfassen. Eine gute Übung, um den Geist zu leeren, ist zum Beispiel, bei der Betrachtung eines Suiseki nach und nach alle Bilder und Vorstellungen abzustreifen, alle Assoziationen und Gedankengänge Schicht für Schicht fortzuschieben und gehen zu lassen, bis der Stein einfach nur noch ein Stein ist.

Einen guten Landschaftsstein zu finden ist nicht einfach. Er muss bestimmte Kriterien erfüllen und vorgeschriebene ästhetische Qualitäten besitzen. Sammler betrachten angebotene Suiseki sehr sorgfältig von allen Seiten, bevor sie sich zum Kauf entschließen; und für besonders gute oder historische Steine werden heute wieder enorme Summen gezahlt. Eine der gesuchten Qualitäten ist die der Andeutung. Der Stein sollte eine Szene oder ein natürliches Objekt andeuten oder eine Stimmung erzeugen.

Die Farbe ist ein wichtiges Kriterium. Die meisten Suiseki sind matt und dunkel. Es gibt sie in Schattierungen von grünlich, braun, schwarz und grau, seltener in rot, blau oder gelb. Die besten Steine vereinigen dunkle wie hellere Töne in sich, sind lebendig. Kristalle werden als ›oberflächlich‹ betrachtet und weiße Steine als gänzlich unbedeutend – es fehle ihnen an Charakter. Um ihnen Patina zu verleihen, auch sehr geschätzt, wässern manche der Besitzer ihre Stücke mehrmals täglich oder sie nehmen sie in die Hände, um Körperöle zu übertragen, so dass die Oberfläche einen tiefen Glanz bekommt.

Bei der Wahl der Form ist die Balance entscheidend: Ein Gleichgewicht, das aus der Ausgewogenheit von dynamischen Unterschieden entsteht: hoch-tief, breit-schmal, rau-glatt, Bewegung-Ruhe. Man schaut sich den Stein an und sucht die ›Vorderseite‹, die, welche den interessantesten oder erbaulichsten Anblick bietet. Runde oder einfach eckige Steine werden selten ausgewählt. Sie gelten als zu starr und formell.

Gute Suiseki sind hart und nicht weich, das erklärt sich aus ihrem yang-Wesen. Talg oder Bimsstein käme niemals in Frage. Auch bearbeitete, von Menschenhand geformte Landschaftssteine sind für den wahren Kenner undenkbar. Einmaligkeit und Natürlichkeit sind Bedingung.

Dann gibt es noch vier Qualitäten, die wahrscheinlich nur Japaner verstehen. Sie gründen sich auf komplexen ästhetischen Konzepten, die auch zur Tee-Zeremonie wie zur *haiku*-Dichtung gehören:

> *wabi* kann u. a. heißen: melancholisch, einsam, ruhig, unpretentiös …
> *sabi* bedeutet u. a.: sehr alt, ernst, reif, vom Alter gemildert …
> *shibui*: elegant, beherrscht, reserviert, verfeinert …
> *yugen*: geheimnisvoll, tief, subtil, unsicher …

Zwei klassische Bilder für *yugen* sind ›Mond scheint hinter einem Schleier aus Wolken‹ oder ›Morgennebel verhüllt einen Berghang‹.

Steine, die *wabi, sabi, shibui* oder *yugen* besitzen, sind meist alte Steine und solche mit von der Zeit abgerundeten Kanten, mit Rissen und Patina, Steine, denen man ansieht, dass sie Jahrhunderte von ständigen Angriffen durch Wasser, Eis, Sonne, Hitze, Wind haben über sich ergehen lassen. Und – wieder ein typisches Zen-Element – sie werden bewundert für ihre Härte und Standhaftigkeit und gelten gleichzeitig als Symbole für die Unbeständigkeit der materiellen Welt.

In der Edo-Periode (1603–1867) kamen Handelsleute zu Reichtum und Ansehen. Wenn sie auch nicht die gleiche Freiheit oder Rechte hatten wie die Aristokratie, so konnten sie diesen Mangel doch kompensieren, indem sie mit den Adligen um den Besitz der schönsten ›Wassersteine‹ und Miniatur-Gärten in ästhetischen Wettstreit traten. In derselben Zeit entwickelte sich eine Schule von Malern, die Steine und Berge malten und dazu entsprechende Gedichte schrieben, die *Bunjin* oder *literati*.

Im 19. Jh. geriet die Kunst der Stein-Bewunderung ein wenig in den Hintergrund. Der Reichtum der Samurai war dahin und die wohlhabenden Bürger interessierten sich für andere, moderne Kunstformen. Der Gesichtsverlust durch den Zweiten Weltkrieg mag zur Wiederentdeckung dieser ureigenen Tradition geführt haben. Offensichtlich ist den Japanern geglückt, was uns Deutschen bislang misslungen ist: einen Frieden zu schließen mit der eigenen Geschichte, die kulturelle Identität anzunehmen und aus ihren positiven Seiten ein einigermaßen gesundes Nationalbewusstsein zu entwickeln, während in Deutschland ja oft schon die Bezeichnung »echt deutsch« als negativ empfunden wird.

Seit 1961 sponsort die *Japanese Suiseki Association* in Zusammenarbeit mit der *Japanese Bonsai Association* jährliche Ausstellungen in Tokyo, die sich vor Besuchern kaum retten können. 1976 hat das japanische Volk den Vereinigten Staaten sechs Suiseki von unschätzbarem Wert geschenkt, die sich heute im National Arboretum in Washington befinden.

Die Sammelleidenschaft hat inzwischen sogar das Ausland erfasst, dort meist in Verbindung mit den winzigen Bonsai-Bäumchen. Und die Ausstrahlung dieser Landschaftssteine, selbst wenn wir den kulturellen Hintergrund nicht besitzen, ist wirklich faszinierend und anrührend. Man sollte aber im Kopf behalten, dass es sich nicht um kleine Disney-Welten handelt. Das ›Hübsche‹ und das ›Niedliche‹ sind billig und kommen hier nicht ins Spiel.

Ein Vogel ruft,
die Stille des Bergs vertieft sich.
Eine Axt klingt,
die Bergstille wächst.
              Antikes Zen-Gedicht

Eine andere Form der japanischen Steinbewunderung ist die der Trockengärten oder Steingärten. Die Bewunderung gilt allerdings weniger den Steinen selbst. Sie sind hier ›nur‹ Vehikel zur Meditation.

Gartendesign ist ebenfalls eine sehr alte japanische Tradition. Im Idealfall ist so ein Garten eine in sich abgeschlossene Landschaft, ein Stück gezähmte und in der Bedeutung vertiefte Natur. So wie bei den antiken griechischen Bildhauern wurde hier versucht, die Natur zu übertreffen, indem man alles, was man an ihr schätzte, auf engem Raum zusammenführte und kunstvoll komponierte.

Bäume für solche Gärten wurden ausgesucht wegen ihrer dunklen Blätter, um eine Atmosphäre von Harmonie, Respekt, Reinheit und Ruhe *(wa, kei, sei, jaku)* zu schaffen. Es gibt Gärten mit einem Teich und einer Insel darin, die Buddhas Paradies symbolisiert, und solche, die vor dem Teepavillon einen aus weißem Sand aufgeharkten Hügel enthalten, der – im Mondlicht betrachtet – einen Eindruck vom surrealen Weiß mondbeschienenen See und von Bergen erweckt. Die Platzierung schroffer Natursteine ist wohlbedacht. (Und Vorsicht: Es könnten Shinto-Geister, *kami,* darin wohnen!) Kein anständiger japanischer Garten ohne ein paar schöne Steine. Erst durch Gegensätze, durch grün-lebendig-weich und grau-starr-hart wird der erwünschte harmonisierende Effekt erreicht. Viele der berühmten Gärten alter Residenzen wurden von den angesehensten Malern ihrer Zeit entworfen.

Japan war und ist ein Designer-Eldorado, allerdings kaum in dem oberflächlichen Sinn von Ästhetik als reiner Genussform. Diese Ästhetik ist deshalb so überzeugend, weil sie auf einem festen philosophischen Fundament steht, weil sie etwas Gewachsenes ist und keine vergängliche Laune.

›Dry gardens‹ oder Zen-Gärten bestehen ausschließlich aus Stein, die Kargheit gelegentlich mit Absicht unterstrichen, indem man den Bereich außen um solche Anlagen herum mit dichter Vegetation bepflanzte. Trockene Steingärten gaben den Zen-Mönchen einen leeren Platz für ihre Meditation. Es muss dort wohl ein ähnliches Gefühl entstehen, wie das, von dem mir Wüsten-Reisende erzählt haben: Keine ablenkende Vegetation, sondern ›Landschaft pur‹. Da gibt es aufgetürmte Hügel aus Kieseln und glatte Flächen von Sand. Die welligen Muster der Harken weisen auf starke Bewegungen unter der ruhigen Oberfläche.

Im Daisen-in Kloster gibt es einen unregelmäßigen Stein, der Buddha symbolisiert; die größte Sehenswürdigkeit von Daisen-in ist aber ein rechteckiger Platz, auf dem weißer Sand jeden Tag aufs Neue zu drei Hügeln aufgehäuft wird. Und egal, wo man steht, man kann nie alle drei Hügel gleichzeitig erfassen.

Der berühmteste Zen-Garten Japans ist der des Ryoan-ji Klosters in Kyoto. Dort wird der Sand sorgfältigst um fünfzehn unregelmäßige Steine herum arrangiert, von denen jeder in Beziehung zu einer Shinto-Gottheit steht. Auch hier kann man nie alle Steine des Arrangements gleichzeitig im Blick haben. Das Ziel ist, ein Gefühl für das Unsichtbare zu schaffen und damit eine andächtige Stimmung.

Wie in der *haiku*-Dichtung und ihrer kalligrafischen Niederschrift, musste in diesen Gärten der leere Raum gewährt werden. Bei Zen-Kunstwerken gibt es immer leere Stellen, leere Ecken, weißes Papier.

Religion und Ästhetik sind auch in Europa miteinander eng verbunden. Viele haben die Pracht unserer Kathedralen kritisiert, die Verschwendungssucht der Kirchenhierarchie getadelt. Es ist wahr, dass Kathedralen auch entworfen wurden, um Menschen einzuschüchtern, sie auf ihre Kleinheit zu verweisen, ihnen Demut und Ergebenheit einzubläuen. Es ist aber auch wahr, dass Kunst und Schönheit einen Sinn für das Gute und Beständige wecken und dass die Bewunderung eines Kunstwerks einem Gebet gleicht. Darin sind dann wiederum die Kulturen doch nicht so unendlich verschieden.

Eine Dame des *Genji*-Hofes – die japanische Hofgesellschaft hatte damals zugegebenermaßen nichts anderes zu tun, als sich fünfmal am Tag mit großer Sorgfalt umzuziehen, zu dichten und Blüten zu bewundern – schrieb im 16. Jh. in ihr Kissen-Buch:

> *Elegante Dinge:*
> *ein weißer Mantel, über einem violetten Kleid getragen,*
> *Enteneier,*
> *geschabtes Eis mit liana-Sirup gemischt in einer neuen Silberschale,*
> *Schnee auf Wisteria oder Pflaumenblüten,*
> *ein schönes Kind, das Erdbeeren isst,*
> *ein Rosenkranz aus Bergkristall.*

Nachwort
An einem Fluss in Afrika

Es war früher Morgen und die Hitze noch erträglich. Sonnenflecken tanzten über das flache Wasser des kleinen Flusses, an den ich gegangen war, um mich zu erfrischen. Webervögel pfiffen in den Bäumen, ihre kugeligen Nester schwankten, und einige Affen schaukelten an den Ästen, um mir beim Zähneputzen zuzuschauen. Ich hätte der erste Mensch auf Erden sein können. Plötzlich verstummten die Tiere. Ich schaute hoch und sah am anderen Ufer, lautlos aufgetaucht aus dem Nichts, einen jungen Samburu-Mann in seinen besten Kleidern, ein schwarz- und ockerfarbenes, handbedrucktes Hüfttuch, schön geflochtene Haare, üppiger Perlenschmuck. Ich glaube mich zu erinnern, dass er eine Lanze in der linken Hand hielt. Die rechte hatte er leicht gehoben und hielt darin einen großen, hellblauen Kristall. Der Kristall leuchtete im weichen Sonnenlicht des frühen Tages. Ich schaute lange auf die Szene, in den Bann geschlagen von der Schönheit dieses Bildes. Schließlich nahm ich meine Sachen – ich war ein wenig schüchtern. Wahrscheinlich wollte er den Stein verkaufen, aber ich habe mich nicht getraut. Das Bild aber wird mich nie verlassen. Und da nahm meine Leidenschaft für Steine ihren Anfang.

Später habe ich in diesem Fluss eine Handvoll dunkler Granate gefunden, am Lake Turkana dann einen blauen Chalzedon gegen mein Taschenmesser getauscht. Ich begann, unsystematisch schöne Schmucksteine zu horten, von all meinen Reisen brachte ich welche nach Haus.

In Australien habe ich mich als Saphirschürfer versucht. Das war in der Nähe einer Minenstadt namens Emerald, nicht weit von der Ostküste und dem Great Barrier Reef. Verlässt man den grünen Küstengürtel, dann kommt man rasch in ein wahrhaft höllisches Outback aus glühendem rötlich-violetten Stein und Sand, garniert von niedrigem Strauchwerk und stacheligen Spinifexgräsern. Kommt man zu den Edelsteinfeldern – Smaragd und Saphir wurden dort früher in großen Mengen aus dem Boden geholt –, dann zaubert die unerträgliche Hitze Staubteufel und Fatamorganen auf die verlassenen Straßen.

Die Edelsteinfelder, lange ausgespielt, mit schwerem Gerät aufgerissen und durchsiebt, sind öde – gemarterte Natur. Einige wenige abgerissene Gestalten, dazu vereinzelt abenteuerlustige Touristen wie ich, schuften hier bei 40 Grad im Schatten. Es gibt kein Wasser. Was nötig ist, um die Funde auszuwaschen, das muss man in Plastikkanistern mitschleppen, 80 Liter wird man verbrauchen an einem Tag. Außerdem zur Ausrüstung gehören Spitzhacke, Schaufel, ein Sieb und eine leere Öltonne, in die man das mitgebrachte Wasser schüttet. Und dann heißt es hacken, graben, das flache Sieb mit Steinen und Erde füllen. Man trägt es zur Tonne und taucht es einmal ein, während die Sonne im Nacken sticht, liest die größten Steine ab, alles, was nicht Saphir ist. Dann muss man das schwere Sieb ein ums andere Mal eintauchen und rütteln, ablesen, eintauchen, rütteln bis – hoffentlich – der schwere Korund nach unten gesunken ist. Dann macht man Backe-Backe-Kuchen und stürzt das Sieb auf den Boden. Und da, jetzt obenauf, im nassen, harten Glanz, da geben die Saphire sich zu erkennen, grau, bläulich, milchig-schwärzlich die Sternsaphire, grün, gelblich oder bunt die ›fancy stones‹. Aber sehr wahrscheinlich erscheint da nichts. Lotto spielen ist sehr viel weniger mühselig und verspricht etwa dieselbe Erfolgschance. Aber welches Gefühl, wenn man doch ein oder zwei fingernagelgroße Splitter entdeckt. Der Puls erhöht sich, mit zitternden Fingern greift man nach dem Edelstein und hält ihn ins Licht. Und wie er beginnt zu leuchten und zu leben. Nicht rein, kaum etwas wert, aber selbst gefunden. Erst wenn das Wasser in der Tonne so schlammig ist, dass man nichts mehr erkennt, erst wenn die Arme schmerzen und die Knie wackeln, dann kehrt man zurück in die Herberge – die man durch einen Hintereingang betritt, um nicht alles dreckig zu machen. Und nach einer Dusche und bei einem wohlverdienten Bier sitzt man dann auf der Veranda, hält den Schatz in einer Hand und ist völlig irrational glücklich.

Der nächste Schritt ist die Kontaktaufnahme zu einem Kreis von Gleichgesinnten. Fortan wird jedes freie Wochenende in deutschen Kiesgruben verbracht, werden auf Karten die Verläufe von Urstromtälern und südlichem Geröll studiert. Man macht die Bekanntschaft von interessanten und definitiv seltsamen Menschen wie »Gabelmeier« (Name geändert), der seine Freizeit damit verbringt, auf dem Bauch liegend und mit einer Essgabel Kiesberge nach winzigen Moldaviten (Meteorglas) zu durchstochern.

Die Wohnung verwandelt sich mehr und mehr in einen mineralogischen Ausstellungsraum. Erste häusliche Konflikte um Platz. Reisen werden nach Fundorten von Quarzen ausgewählt. Freunde und Bekannte ziehen sich zurück. Vor einer Ausstellungshalle mit Malerei der deutschen Romantik bleibt man angewurzelt stehen, betrachtet die Wand und murmelt: »Schau Liebling, was für ein schöner Travertin!« Der Abstieg zum Steinjunkie ist vorprogrammiert.

Ganz so schlimm war's zum Glück nicht, aber es ist schon was dran: Schmuck- und Edelsteine machen süchtig. Sie erfüllen eine Sehnsucht in uns nach Farbe, Licht und Schönheit in Dauer. Und wie vielfältig und wunderbar die einfachsten Gesteine sind, wenn man genau hinschaut – erst recht, wenn sie geschnitten und geschliffen ihre volle Pracht entfalten. Kein Wunder, dass so viele Mythen um sie entstanden sind, die besten davon nicht aus Habgier, sondern geprägt von kindlichem Staunen und Freude über dieses Geschenk der Natur.

Danksagung

Für geduldige Auskünfte, Exkursionen, Buchtipps bedanke ich mich herzlich bei

Prof. Franz K. List, Dipl. Geologe FU Berlin

Yoshimi Hashimoto, Steinbildhauer, Lehrkraft an der Universität der Künste, Berlin

Dr. Dieter Schwarz, sehr bewanderter Hobbymineraloge, Cottbus

Dr. rer. nat. Klaus Goldmann, eh. Oberkustos Museum für Vor- und Frühgeschichte, Berlin

Prof. H. J. Bautsch, Mineraloge, Naturkundemuseum Berlin

Prof. J. Hofmann, Bergakademie Freiberg

Elke Possiwan-Vieweg, Ärztin für Naturheilkunde

Janet Starkey, London, Association for the Study of Travel in Egypt

Rosemarie Klemm, Uni München

Prof. Dr. Wolfgang Schäche, Architekt, Berlin

Max Dudler, Architekt, Berlin

Martin Möhrer, Steinmetz, Berlin/Dresden

Redaktion »Ecoute« (Dt.-französisches Magazin) für die hübsche Geschichte über den Glöckner von Notre Dame

(Nur die Fehler sind allein meine ...)

Weiterführende Literatur

Agricola, Georg: *12 Bücher vom Berg- und Hüttenwesen.*

Aristoteles: *Meteorologie.* Berlin 1984

Bax, Karl: *Schätze aus der Erde. Die Geschichte des Bergbaus.* München 1984

Ceram, C. W.: *Götter, Gräber und Gelehrte.* Reinbek bei Hamburg 1987

Charpentier, Louis: *Die Geheimnisse der Kathedrale von Chartres.* München 2001

Chu, Arthur und Grace: *Jade. Stein des Himmels.* Stuttgart 1982

Delay, Nelly: *The Art of Culture of Japan.* London 1999

Führer, Hermann: *Lithotherapie.* Ulm-Donau o. J.

Führer, Hermann: *Historische Studien über die medizinische Verwendung der Edelsteine.* Stuttgart o. J.

Gienger, Michael: *Steinheilkunde.* Saarbrücken 1995

Hildegard von Bingen: *Das Buch von den Steinen.* Salzburg 1997

Hugo, Victor: *Der Glöckner von Notre-Dame.* München o. J.

Hutton, James: *Theory of Earth.* Reprint 1997, Edinburgh University Library

Klemm, Rosemarie und Dietrich: *Die Steine der Pharaonen,* Staatliche Sammlung Ägyptischer Kunst München 1981

Marco Polo: *Il Millione. Die Wunder im Licht.* Zürich 1997

Mason, Stephen F.: *Geschichte der Naturwissenschaft in der Entwicklung ihrer Denkweisen.* Deutschsprachige Ausgabe von: Klaus M. Meyer Abich/Bernhard Sticker, Bassum 1997

Norberg-Schulz, Christian: *Vom Sinn des Bauens. Die Architektur des Abendlandes von der Antike bis zur Gegenwart.* Stuttgart 1979

Novalis: *Die Lehrlinge von Sais.* In: *Schriften.* Hrsg. Friedrich Schlegel und Ludwig Tieck, Berlin 1802

Orpheus. Altgriechische Sagen. Hrsg. Joseph Plassmann, München 1992

Petratu, Cornelia/Roidinger, Bernd: *Die Steine von Ica.* Essen 1994

Plinius: *Naturkunde. Buch XXXVI. Die Steine.* Zürich 1992

Plinius: *Naturkunde. Buch XXXVII. Edelsteine, Gemmen, Bernstein.* Zürich 1994

Quellmalz, Werner/Karpinski, Jürgen: *Die edlen Steine Sachsens.* Leipzig 1996

Rätsch, Christian/Guhr, Andreas: *Lexikon der Zaubersteine aus ethnologischer Sicht.* Graz 1989

Reuth, Ralf Georg: *Auf der Spur des Bernsteinzimmers.* Berlin 1998

Schlüter, Jochen: *Steine des Himmels.* Hamburg 1996

Scholten, Jan: *Homöopathie und Minerale.* Utrecht 1994

Schumann, Walter: *Der neue BLV Steine- und Mineralienführer.* München 2002

Albert Speer. Architektur, Arbeiten 1933–1942. In: *Neue deutsche Baukunst.* Berlin

Stein – Steinskulpturen im 20. Jahrhundert. Zug 1982

Wermusch, Günther: *Adamas. Diamanten in Geschichte und Geschichten.* Berlin 1984

Wilkinson, Sir John Gardener: *Notes on a part of the Eastern Desert of Upper Egypt.* In: The Journal of the Royal Geographical Society. London 1832

Anmerkungen

1 *Ogam* ist eine aus Strichen bestehende Symbolschrift der Kelten gewesen. Angeblich wurde sie durch lybische Missionare nach Irland gebracht und die keltische Bevölkerung hat sie gelernt, weil die Mönche ihre Bekehrungsbotschaft in dieser Schrift auf die uralten Menhire einritzten.

2 Empedokles dachte allerdings noch nicht in Atomen. Als Begründer der Atomistik gelten Leukipp und sein Schüler Demokrit, 5. Jh. v. Chr.

3 Diamanten haben die Griechen aber kaum gekannt. Wahrscheinlich war von Bergkristall die Rede. Der Begriff Kristall kommt aus dem Altgriechischen: *krystallos* und bedeutet ›Eis‹. Man dachte, dass Kristalle versteinertes Eis seien.

4 Tierkreis: Ein am Himmel gedachter Gürtel entlang der scheinbaren Sonnenbahn. In dieser Zone bewegten sich auch Mond und Planeten. Der Kreis wurde in 12 Abschnitte aufgeteilt, denen die Tierkreiszeichen und zugehörige Sternbilder zugeordnet wurden. Entsprechend gab es auch dazu passende Steine. Heute fallen die Sternbilder nicht mehr präzise mit der alten Einteilung zusammen.

5 Das Papyrus Ebers entstand um 1534 v. Chr. – nach der Zweiten Zwischenzeit, einer Ära des Niedergangs. In solchen Zeiten wandten sich Menschen vermehrt der Magie zu. Andererseits ist dieses das bei weitem umfangreichste und systematischste Werk unter den heilkundlichen Schriften Ägyptens; es umfasst 110 Seiten.

6 Shiva-linga ist der Penis/eregierte Phallus des Hindu-Gottes Shiva. Er wird meist dargestellt in einem runden, schalenartigen Objekt, der Yoni/Vagina. Hindus sehen den sexuellen als einen heiligen und segensreichen Akt, der Ausgleich zwischen Shiva und seiner Gefährtin Parvati bringt. In einer anderen Gestalt ist Shiva androgyn.

7 Zit. aus: Rosemarie und Dietrich Klemm: *Die Steine der Pharaonen*. Staatliche Sammlung Ägyptischer Kunst München 1981

8 Tiki: Polynesische Götterfiguren aus Stein. Benannt nach dem ersten Halbgott, der die Menschen schuf. Tiki heißen sowohl die menschengroßen bis übergroßen, grob behauenen Steinfiguren als auch kleine Fetische zum Umhängen um den Hals. Auch bestimmte Tätowierungen und alle Arten von heiligen Symbolen werden damit bezeichnet.
Die Olmeken lebten ca. vor 3500 Jahren an der Südküste des Golf von Mexiko. Sie waren ausgezeichnete Steinmetzen und bearbeiteten Jade für kleine Figurinen und Basalt zu Riesenköpfen von bis zu 50 Tonnen Gewicht. Die Köpfe sind sehr rundlich, volllippig und haben abgeflachte Nasen. Ungewöhnlich, Köpfe wie Bälle einfach in die Landschaft zu legen. Die eingravierten Symbole sind noch nicht entschlüsselt. Wahrscheinlich – so schließt man aus der Denkweise späterer, verwandter Kulturen stellen die Köpfe Sterne dar.

9 Moai: Die Steinkolosse der Osterinseln, bis zu 10 Meter hoch und bis zu 80 Tonnen schwer. Ihre Erbauer sind unbekannt, vermutlich Indianer vom Festland, die von den Polynesiern verdrängt wurden. Allerdings sollen heute noch auf der Insel hellhäutige Menschen existieren, die sich deutlich von dem polynesischen Menschentyp unterscheiden. Sie sind bereits mit Überlebenden von Atlantis in Verbindung gebracht worden – reine Spekulation. Thor Heyerdahl hat nachvollzogen, wie die Moai ohne Rad und Zugtier bewegt und mit Blick auf das Meer aufgestellt wurden. Er hat auch demonstriert, wie eindrucksvoll die Figuren werden, wenn man in die leeren Augenhöhlen weiße Augen aus Korallengestein steckt. Sie gewinnen sofort ein unheimliches Leben. Der Zweck dieser Figuren ist unbekannt. Waren es Darstellungen von Häuptlingen/Göttern oder wurden die Steine selbst zu Göttern, nachdem man ihnen Augen eingesetzt hatte? – Augen, die Heimstatt der Seele? Für Herstellung, Transport und Aufstellung der Kolosse haben die Schöpfer der Moai sich und ihre Umwelt ruiniert, auf eine fanatisch anmutende Weise all ihre Kraft und Ressourcen wie Bäume verbraucht. Die Inseln sind heute völlig baumlos und erodiert.

10 Der Kirchenvater Augustinus hat ein Werk über die Zahlen geschrieben, ebenso wie einige weiße Magier der Renaissance. Wie wir wissen, ist die Zahlenmystik keine Erfindung der Christenheit allein. Gerade die Sieben spielt seit sumerischer Zeit eine

wichtige Rolle in allen Philosophien. Für die Pythagoräer war die Sieben das Vehikel des Lebens, bestehend aus vier Elementen des Leibes und drei Elementen des Geistes.

11 Die Bibliothek von Alexandria soll 700 000 Schriftrollen enthalten haben. Ihr Ziel war es, alle Bücher der Welt zu beschaffen und an einem Ort der Gelehrsamkeit zugänglich zu machen. Sie wurde 47 v. Chr. durch Kriegshandlungen zwischen Pompeius und Julius Cäsar verbrannt.

12 Nazca-Kultur: Auf einer trockenen, weiten Ebene in Peru, ca. 200 km südlich von Lima wurden von Menschen einer unbekannten Kultur (ca. 250–750 n. Chr.) riesige Geoglyphen (Zeichen auf der Erdoberfläche) in Vegetation und Boden gekratzt, deren Gesamtformen sich nur aus der Luft erkennen lassen. Die Figuren erstrecken sich über ein Gebiet von 1300 km Länge und sind bis zu 20 km breit. Sie stellen Vögel, Affen, Fische, Spinnen, einen Wal, Pflanzen dar. Durch das trockene Klima und weil die Gegend unbesiedelt ist, blieben die Scharrzeichnungen bis heute erhalten. Über ihren Zweck kann nur spekuliert werden. Eine Theorie besagt, dass man mit den gigantischen Figuren Wasser vom Himmel rufen wollte. Herr von Däniken sagt ja, dass der Ruf an Aliens gerichtet war ... Angrenzend an dieses Gebiet liegt die Region Ica.

13 Ein Vertreter des Petrografischen Instituts in Bonn sagte mir, ihm seien weder die Steine noch die Autoren bekannt.